LE CAPITALISME DE LA SÉDUCTION

DU MÊME AUTEUR

L'Être et le Code, Éditions Mouton, Paris, 1972 ; Réédition : Éditions L'Harmattan, Paris, 2004.

Néo-Fascisme et idéologie du désir, Éditions Denoël, Paris, 1973 ; Réédition : Le Castor Astral, Paris, 1999.

Le Frivole et le Sérieux, Albin Michel, Paris, 1978.

La Bête sauvage, Éditions Sociales, Paris, 1983.

De la Modernité : Rousseau ou Sartre, Éditions Sociales, Paris, 1985.

Les Dégâts de la pratique libérale, Nouvelles Éditions du Pavillon, Paris, 1987.

Traité de l'amour fou, Scandéditions-Éditions Sociales, Paris, 1993.

Les Métamorphoses de la lutte des classes, Le Temps des Cerises, Pantin, 1996.

Refondation progressiste, Éditions L'Harmattan, Paris, 2003.

Critique du libéralisme libertaire, Éditions Delga, Paris, 2005.

Michel Clouscard

LE CAPITALISME
DE LA SÉDUCTION

editionsdelga@yahoo.fr, Tel : 01 44 23 90 89.
ISBN : 2-915854-04-1

Préface de l'éditeur

L'initiation mondaine à la nouvelle civilisation marchande, le système de dressage anthropologique au capitalisme du plan Marshall et des « Trente glorieuses » : voilà ce que s'emploie à décrire cet ouvrage. Tâche ambitieuse puisqu'il s'agit aussi, au-delà de la description contextuelle, de montrer comment l'idéologie conditionne la sensibilité. L'ouvrage parut en 1981, mais il faudra bien des années avant qu'on en saisisse toute la portée. Risquons-nous d'ores et déjà à quelques remarques.

Un livre à contre-courant

Bien que se présentant comme un ouvrage théorique, *Le Capitalisme de la séduction* a déjà attiré l'attention d'un vaste public (20 000 exemplaires vendus). A-t-il été compris ? Du public populaire auquel il était destiné, celui qui subit le système, certainement. De ceux qu'il attaquait, c'est peu probable, tant il se situait aux antipodes.

Dès sa parution en 1981[1], ce décryptage du système de rituels initiatiques à cette nouvelle société (flipper, juke-box, poster, jeans, cheveux longs, hasch, moto, rock) est apparu comme un évènement. On sortait alors à peine du structuralisme et les autoproclamées « sciences humaines » ne semblaient s'intéresser qu'aux rituels initiatiques des seuls Bororos (passionnants au demeurant). Vingt ans après, s'il conviendrait certes d'actualiser quelque peu ces rituels, convenons que le *Zeitgeist*, l'inconscient collectif n'a, quant à lui, pas changé. La gamme de « l'innocence contestataire » s'est tout au plus étoffée.

À l'époque, Bourdieu commençait sa longue litanie de lieux communs (reproduction des élites, domination masculine, culture aux mains d'une élite bourgeoise), quand Clouscard montrait ce qu'il y avait justement de nouveau dans l'évolution du capitalisme. Avec la Guerre froide, une nouvelle société de consommation s'était mise en place : le plan Marshall et mai 1968 ont débloqué les nouveaux « marchés du désir » nécessaires pour sauver le capitalisme de la crise. Clouscard y a vu le passage du fascisme au « néo-fascisme », un nouveau stade du capitalisme, le « stade suprême » de l'impérialisme, la colonisation systématique des âmes. L'esprit du capitalisme n'en est plus à l'austérité du protestantisme, mais au jésuitisme de la séduction.

À l'époque, Baudrillard s'enlisait dans le système des

1. Éditions Sociales, 1981.

objets, prônait le contresens consensuel de l'échange symbolique et se laissait séduire par la « séduction » sans même en analyser les enjeux de classes. Il subodorait la séduction, mais sans le capitalisme.

À l'époque, le capitalisme de la séduction n'était reconnu que comme « société de consommation ». Des gauchistes d'hier aux libéraux-libertaires d'aujourd'hui, du Club de Rome aux écolos-décroissants, on n'a cessé de nous dire que nous consommons trop. Mais il faudrait demander à ces censeurs « qui consomme? » et « qui consomme quoi? » et « pourquoi consomme-t-on? ». Clouscard le montre dans ce livre: « la consommation du surplus correspond au manque de consommation du producteur ». La société évolue donc à deux vitesses, « permissive pour le consommateur, répressive sur le producteur ». Clouscard est le seul à avoir analysé la société de consommation et ceci, ni de manière apologétique, ni sous l'angle moralisateur, mais avec une analyse de classe (horresco referens).

À l'époque, les soixante-huitards paradaient. Aujourd'hui encore; mais de gauchistes ils sont devenus simplement réactionnaires. Aujourd'hui, nous en sommes aux lois Sarkozy, aux attaques contre la démocratie sous couvert de « construction européenne ». Bouclant la boucle, Clouscard écrit, en 1998:

« Le néo-fascisme sera l'ultime expression du libéralisme social libertaire, de l'ensemble qui commence en mai 1968. Sa spécificité tient dans cette formule: tout est permis, mais rien n'est possible. À la permissivité de l'abondance, de la croissance, des nouveaux modèles de consommation, succède l'interdit de la crise, de la pénurie, de la paupérisation absolue. Ces deux composantes historiques fusionnent dans les têtes, dans les esprits, créant ainsi les conditions subjectives du néo-fascisme. De Cohn-Bendit à Le Pen, la boucle est bouclé : voici venu le temps des frustrés revanchards. »[2]

Critique de la raison sociologique

Comme *Le Capital* est une critique de l'économie politique, le *Capitalisme de la séduction* est une critique de la raison sociologique. Certes Clouscard était lui-même professeur de sociologie puisque, à l'époque, les marxistes trouvaient (encore) dans la sociologie universitaire un refuge, la faculté de philosophie étant la chasse gardée de l'idéalisme, mais cela ne l'a pas empêché d'être sans complaisances pour ses confrères. Jugez plutôt :

« Nous n'avons entrepris ni un travail de sociologue ni un travail d'expert. Rappelons que nous cherchons à définir les figures phénoménologiques de l'initiation mondaine à la civilisation capitaliste. Aussi que l'honnête homme n'attende pas de nous le discours culturel que justement nous cherchons à dénoncer. C'est-à-dire les spéculations du sociologisme et de l'expertisme. Car à expert contre-expert et à sondage contre-sondage. Nous récusons cette culture scientiste et empirique qui a fonction d'alimenter le confusionnisme de l'idéologie. »[3]

Cette critique des cadres idéologiques de la recherche suscite bien souvent l'incompréhension, voire la censure. La sociologie officielle, parfaitement quantitative, de Boudon à Bourdieu,

2. Michel CLOUSCARD, *Néo-fascisme et idéologie du désir*, Le Castor Astral, 1999.
3. *Le Capitalisme de la séduction,* p. 154.

ne s'est pas gênée. Clouscard, professeur de sociologie à l'université de Poitiers, auteur d'une dizaine d'ouvrages, salués par des personnalités aussi diverses que Jean-Paul Sartre[4], Emmanuel Leroy-Ladurie[5], Vladimir Jankélévitch[6] ou François Perroux[7] sera, comme son maître et ami, Lucien Goldmann, qui s'était pourtant appliqué toute sa vie à définir les conditions méthodologiques d'une sociologie de la connaissance, littéralement expulsé du corpus universitaire. Ni l'un ni l'autre ne figurent aujourd'hui, pas même en notes, dans un seul dictionnaire contemporain de sociologie (nous en avons consulté cinq, parmi les plus répandus dans le commerce[8]). Il faut dire que ces ouvrages, reflets de l'université

4. « La méthode suivie met en relief des relations jusque-là inconnues ou mal établies... L'ouvrage... est au commencement de travaux qui devront être faits en commun par des groupes de chercheurs... Son grand mérite revient à indiquer les meilleures conditions pour que l'histoire se révèle concrètement pour ce qu'elle est: une totalisation en cours. » (Sartre à propos de *L'Être et le Code*)

5. « Œuvre monumentale... grand et beau travail. » (Leroy-Ladurie à propos de *L'Être et le Code*)

6. « Je suis fasciné par la rigueur de l'analyse qui vous permet de démonter les mécanismes de la récupération capitaliste... » (Jankélévitch à propos du *Frivole et le Sérieux*)

7. « Le livre d'une vie [...] cet effort total et plénier [...] L'ampleur du sujet voulait beaucoup de courage ; on le lit en filigrane. » (Perroux à propos de *L'Être et le Code*)

8. — Sous la dir. de Massimo BORLANDI, Raymond BOUDON, Mohammed CHERKAOUI, Bernard VALADE, *Dictionnaire de la pensée sociologique*, PUF, 2005.

— Raymond BOUDON, François BOURRICAUD, *Dictionnaire critique de la sociologie*, PUF, 1982, 7e éd. 2005.

— Sous la dir. de Gilles FERREOL, Philippe CAUCHE, Jean-Marie DUPREZ, Nicole GADREY, Michel SIMON, *Dictionnaire de sociologie*,

actuelle, purgée du marxisme, citent à peine Marx, comme une bizarrerie, quand ce n'est pas pour le présenter, comme le fait le *Dictionnaire de sociologie* de Jean Étienne, au titre de « précurseur de l' "individualisme méthodologique" » de Boudon, c'est-à-dire comme simple précurseur... de ses pires adversaires ! Goldmann, sera, selon la même logique, à peine toléré dans le champ littéraire, pour « ses beaux passages » sur Pascal ou Racine. Même chose pour Lukács dont seule l'œuvre esthétique est couramment accessible au lecteur francophone. Quant à Clouscard, il faudrait rien moins qu'une révolution pour que les titulaires actuels de l'Université française daignassent se rendre compte de son existence ! Voilà ce qui arrive quand on ne veut pas « traiter les faits sociaux comme des choses » comme le préconisait Durkheim.

Sortons donc Clouscard de notre bien ingrate *alma mater* et replaçons-le dans la tradition des grands penseurs de l'aliénation : Marx dévoilant le « caractère fétiche de la marchandise », Lukács étudiant la « réification » et les conséquences de la division du travail capitaliste sur les œuvres de l'esprit, Lucien Goldmann analysant le technocratisme de la « société capitaliste d'organisation » et ses diplômés analphabètes[9] ...

Ce que décrit Clouscard, c'est peut-être le « stade suprê-

Armand Colin, 1991.
— Sous la dir. de Raymond BOUDON, Philippe BESNARD, Mohammed CHERKAOUI, Bernard-Pierre LECUYER, *Dictionnaire de sociologie*, Larousse, 1989. (Goldmann y apparaît néanmoins en bibliographie.)
— Sous la dir. de Jean ETIENNE, Françoise BLOESS, Jean-Pierre NORECK, Jean-Pierre ROUX, *Dictionnaire de sociologie*, Hatier, 1997.
9. Lucien GOLDMANN, *Epistémologie et philosophie politique*, Denoël, 1978.

me » de l'aliénation ; il veut montrer « comment l'innocence des premiers émois a pu en venir à l'actuelle social-démocratie libertaire. Autrement dit, comment le désir et l'imaginaire ont accédé au pouvoir culturel, pouvoir devenu ministériel. » Il revient aussi à sa manière à un projet entamé par son ami Henri Lefebvre, une analyse de la vie quotidienne, que les marxistes avaient jusqu'à présent plutôt laissée de côté.

Un auteur protéiforme

Dans cet ouvrage-ci, Clouscard fait surtout œuvre de moraliste, au sens d'analyste des mœurs. Mais sa critique du capitalisme ne saurait se réduire à ce seul champ, puisqu'il investit également, dans d'autres ouvrages, le terrain idéologique et politique. Notons bien, à ce propos, que *Le Capitalisme de la séduction* n'est que la première partie d'un triptyque sur la société capitaliste contemporaine, les deux autres étant *Critique du libéralisme libertaire*, que les éditions Delga viennent de republier[10] et *La Bête sauvage*[11].

Cette critique des mœurs a suscité bien des incompréhensions, notamment sur la question de la pilule et de l'avortement, alors que Clouscard les considère bien sûr comme de grandes avancées sociales et morales, ne condamnant que la récupération qu'en tire le néocapitalisme.

Mais en vérité, c'est aussi le genre qui étonne : ce n'est pas parce qu'on écrit des satires qu'on a les mêmes idées que Juvénal.

10. *Critique du libéralisme libertaire. Généalogie de la contre-révolution*, Delga, 2005. Titre original de l'ouvrage : *De la modernité : Rousseau ou Sartre*, Éditions Sociales, 1985.
11. Éditions Sociales, 1983.

Lisons par exemple les pages sur la maison de campagne en fin de l'ouvrage ; Clouscard s'y révèle également romancier — et quel romancier ! — au sens qui nous apparaît le plus complet, au sens de Balzac voulant écrire de façon irréfutable « l'histoire oubliée par tant d'historiens, celle des mœurs »[12]. Et à ce jeu, il excelle tant dans la fresque que dans le tableautin. « L'anodin est le révélateur de l'essentiel », dit-il. À ce moment les savants râlent : c'est pourtant la base de toute pensée dialectique.

Mais pour bien comprendre l'œuvre du philosophe en tant que tel, et non simplement celle du critique du capitalisme, on ne peut parler du *Capitalisme de la séduction* sans évoquer également son maître-ouvrage, *Le Traité de l'amour fou*[13]. Tristan et Iseult, protagonistes majeurs de ce traité, apparaissent déjà en filigrane dans les pages qui vont suivre ; ils étaient déjà présents, aussi, dans *L'Être et le Code*[14], son premier livre. Clouscard restera sans doute comme un philosophe qui a toujours préféré l'amour à sa copie, Tristan à Don Juan, l'amour fou à la séduction de classe et qui, rejetant le féminisme comme la phallocratie, pose en même temps les bases de l'amour fou et du contrat social.

L'avenir dure longtemps

Une fois n'est pas coutume, *Le Capitalisme de la séduction* fut salué tant par le grand public que par quelques représentants de la critique « avertie ».

12. Avant-propos à la *Comédie humaine*, 1842.
13. Scanéditions/Éditions Sociales, 1994.
14. Éditions Mouton, Paris, 1972. Réédition : Éditions L'Harmattan, Paris, 2004.

Ainsi, Vladimir Jankélévitch écrivait : « *Le Capitalisme de la séduction* est un chef-d'œuvre. L'acuité de la critique sociale, la profondeur et le sérieux de la pensée morale, sans compter le style, toujours incisif ou percutant selon les cas, vont bien au-delà de cette espèce de journalisme philosophique qui tient lieu de philosophie à nos contemporains. Merci de m'avoir envoyé ce livre lucide et salutaire. »[15]

La presse ne s'est pas trompée non plus sur la portée de l'ouvrage. *L'Humanité* écrivait : « Michel Clouscard comble, en toute légitimité, un vide en appliquant à la société française un modèle théorique qui n'est pas sans parenté avec celui de la découverte de l'inconscient par la psychanalyse. »[16]

À l'époque où Jankélévitch fustigeait le « journalisme philosophique », force est de constater que Clouscard pouvait encore dire son fait dans l'arène. Pour preuve, cette émission d'« Apostrophes » du 26 mars 1982 où il se retrouva face à Jacques Séguéla, comme Socrate jadis avait pu croiser les sophistes Protagoras ou Gorgias au coin des rues d'Athènes.

Mais la condamnation à mort du philosophe ne sera, cette fois, que médiatique. Clouscard ne reviendra pas sous les projecteurs de sitôt. Cette republication est néanmoins l'occasion de le faire apparaître en pleine lumière, celle qui jaillit naturellement de ces pages, où chevauche, altier, l'Esprit.

Aymeric Monville, février 2006.

15. Lettre à l'auteur datée du 16 octobre 1981. La correspondance de Clouscard n'est malheureusement pas encore publiée.
16. *L'Humanité*, 28 novembre 1981.

à Dominique Pagani,
à qui l'auteur doit beaucoup.

Prélude

Poster, flipper, juke-box ? Teen-agers. Une classe d'âge fait ses classes. École de la vie. Disciplines d'éveil. Exercices de pionniers. On les prend en main, par la main. Ce n'est pas bien difficile : il suffit de glisser la pièce. Et d'appuyer sur le bouton.

Premiers émois. La quotidienneté se balise de repères familiers, complices, chaleureux. On se retrouve. On se reconnaît. Autour du flipper et du juke-box. Les messages s'envolent. Remettra-t-elle le groupe qu'il aime ?

Ah ! les mots jolis qui font tilt : poster, flipper, juke-box... Le phonème fait déjà la chanson, l'accent tonique la musique. Les mots qui font les choses, celles du rêve. Tout près. Et prêt-à-porter.

Première dynamique de groupe. Elle va nous mener loin, très loin. Spontanée, informelle, innocente. Le free et le flipp.

Ces petits usages et objets anodins, d'une insignifiance

telle qu'ils sont *au-dessous* de tout soupçon, sont au commencement du rituel initiatique à la civilisation capitaliste.

Et magie, totem, potlatch, échange symbolique. Ethnologie... du plan Marshall.

Des énoncés aussi gros et simplistes vont faire frémir tout honnête homme. Mais ce n'est pas tout. Nous allons en rajouter : nous voulons en venir à une anthropologie de la modernité. Et celle-ci sera un traité de la frivolité.

Nous suivrons la vieille entremetteuse. La mode, si vous préférez. Le prêt-à-porter du désir. Comment la fesse fait signe ? Et comment le signe fait le désir ?

Nous entreprendrons un petit tour du monde, celui de la mondanité. Nous nous glisserons chez Castel et Régine. Plus rien de la jet-society ne nous sera étranger. Nous irons au Club. Au Club Méditerranée et à Ibiza. Au bal du samedi soir, aussi. Où sont les midinettes d'antan ? Psychédélique, sono, whisky-coca.

Quelle est la tenue de rigueur du rigorisme libéral et permissif? Que faut-il dire et faire à sa première fumette ? Sur quel ton faut-il disserter du bon usage de la drogue ?

Nous étudierons la savante drague de l'antiphallocrate : ne jamais oublier qu'une femme libre a été une jeune fille rangée.

De même que « la comtesse a toujours trente ans pour le bourgeois », le révolutionnaire de la bourgeoise aura toujours les cheveux longs. Et comme le snobisme est joli lorsqu'il transgresse et qu'il casse ! Et le rock, le disco, le reggae... Vous aimez ?

Nous suivrons la bande, de sa première surboum à sa dernière magouille. Comment l'animation machinale devient-elle le destin des animaux-machines ?

Nous proposons une somme de la frivolité enfin prise au sérieux. Nous prétendons que son concept est devenu nécessaire à l'explication de la nouvelle lutte des classes. Et la récente utilisation idéologique du mot doit nous inciter à une fondamentale mise au point.

C'est le frivole qui permet d'accéder à la totale compréhension du sérieux. La dialectique du frivole et du sérieux rendra compte des rapports du procès de production et du procès de consommation. Il faut proposer le lien dialectique, le pont entre deux univers qui s'ignorent. Lien que tout le savoir de la modernité a mission idéologique d'occulter. Nous devons dire l'inconscient de l'inconscient de la psychanalyse : ce que celle-ci doit oublier, cacher pour fabriquer ou justifier les idéologies tendanciellement dominantes.

Nous devons établir comment l'innocence des premiers émois a pu en venir à l'actuelle social-démocratie libertaire. Autrement dit, comment le désir et l'imaginaire ont accédé au pouvoir culturel, pouvoir devenu ministériel.

Première partie

L'initiation mondaine à la civilisation capitaliste

1

L'honnête homme ne peut pas snober notre anthropologie de la modernité

Notre entreprise : l'anthropologie de la modernité. La société capitaliste française, de la Libération à l'actuel pouvoir du PS, sera étudiée selon les catégories de l'anthropologie : échange symbolique, initiation, rituel, totem, tabou, mana, potlatch, etc.

Ce projet devrait, pour le moins, susciter la curiosité de « l'honnête homme ». Nous entendons par honnête homme *l'intellectuel de bonne foi*. L'homme de bonne volonté, celui qui est capable d'une attitude réflexive, critique. Celui qui sait écouter. Nous lui soumettons notre projet. C'est lui que nous voulons convaincre. C'est notre interlocuteur privilégié. Notre « interlocuteur valable ».

Comment cet honnête homme pourrait-il nous refuser sa bienveillante attention ? Ne l'accorde-t-il pas systématiquement aux recherches inédites ? Parfois insolites. Bizarres, même. Toutes les minorités ont le droit de s'exprimer. Et surtout les minorités culturelles. En particulier les chercheurs isolés qui ne prétendent apporter que des contributions personnelles. L'honnête homme défend avec ferveur ce droit d'expression sur tous les fronts, de la connaissance, de la politique, des mœurs. Non seulement il est l'avocat du droit de dire, mais il propose aussi les moyens d'être entendu. Aussi : une anthropologie de la modernité ? Pourquoi pas.

D'ailleurs, l'honnête homme pourrait-il récuser les démarches épistémologiques qu'il a agréées, qu'il loue, qu'il proclame même ? Celles qui ont bouleversé la connaissance traditionnelle de l'homme. Celles qui ont fait « le nouveau » savoir.

Nous allons proposer un usage des catégories anthropologiques qui ne fera qu'apporter de l'eau à son moulin. La grande conquête des sciences humaines n'est-elle pas l'inconscient ? C'est aussi son cheminement que nous voulons montrer. Contribuer à établir que le caché s'étale au grand jour et que l'anodin est révélateur de l'essentiel. À notre manière, nous reprendrons une démarche que la psychanalyse a rendue familière à l'honnête homme.

Notre contribution personnelle consistera aussi à montrer que les signifiants proposent leur propre logique et qu'un signe signifie autre chose que la chose qu'il désigne. L'honnête homme va retrouver ce que la sémiologie lui a appris, d'autant plus que nous proposerons certaines considérations très inédites sur les rapports du signe et du référent (rapports de la logique du signe et de la logique du travail).

La nouvelle histoire n'enseigne-t-elle pas que toute la dynamique macrosociale peut être contenue et exprimée par un événement ? Toute l'histoire en un système de gestes. Ce sera aussi notre démarche. Reconstituer un ensemble à partir de certains de ses éléments, révéler la structure à travers la conjoncture. Montrer que l'événement est aussi avènement de l'histoire. Et qu'une figure phénoménologique peut révéler toute la logique.

L'étude de l'échange symbolique n'a-t-elle pas établi que l'échange d'un rien en révèle autant, sinon plus, que le tout de l'échange ? Aussi l'honnête homme ne pourra-t-il que s'intéresser à une anthropologie de la modernité qui veut révéler derrière l'usage banal d'un objet l'intention même de la civilisation capitaliste. De même que l'ethnologue a pu définir totem et tabou à partir des usages les plus quotidiens.

Enfin, nous dirons à l'honnête homme : « N'êtes-vous pas devenu le spécialiste des suspicions légitimes ? N'êtes-vous pas le maître du soupçon ? Toutes ces démarches de la "nouvelle connaissance" n'ont-elles pas servi à dévoiler le cheminement d'une idéologie — capitaliste — aux effets aussi cachés que pervers ? Et toute la culture récente montre que vous avez cherché à la dénicher aussi bien en sa quotidienneté anodine que sous les masques les plus trompeurs. Aussi, vous vous devez, pour être fidèle à cette vigilance frémissante qui vous honore, d'entendre une nouvelle et inattendue dénonciation de la stratégie de l'idéologie. Vous saurez vite si ce n'est qu'une fausse piste. Vous êtes tellement averti. Honnête homme, vous vous devez de considérer avec une certaine bienveillance pour le moins, ce qui au pire serait exercice de style sur des procédés dont vous êtes très friand. »

De plus, nous prenons un engagement qui devrait piquer au vif la curiosité du sceptique qui croit en savoir trop : cette anthropologie de la modernité veut en dire encore plus, et même prétend dire autre chose que le discours de l'intelligentsia en cours. Nous prétendons que ce qui pourrait plaire comme exercice de style deviendra un très déroutant travail de fond.

Et nous promettons même à l'honnête homme les émotions fortes — dont il raffole — de la subversion culturelle : en venir à démanteler la nouvelle culture par ses propres procédés culturels. Mais subversion autre que la subversion traditionnelle.

Enfin, nous ferons même cette promesse — qui devrait balayer ses dernières réticences : nous voulons satisfaire les demandes épistémologiques et politiques les plus profondes. Proposer autre chose que les révélations d'usage d'une culture qui va même se révéler n'être que la sophistique du capitalisme.

Telles sont les ambitions de l'anthropologie de la modernité. Mais comment constituer cette science ? Quels seront ses fondements épistémologiques ? Quelle méthode d'investigation ?

Nous allons proposer tout d'abord la systématique des rituels d'initiation. De l'initiation au système. À la civilisation capitaliste. Ces procédures initiatiques seront révélatrices de ce que cette civilisation a de profond, de secret, d'intime. Nous prétendons accéder ainsi à l'essence même du système. À ce qui sera révélateur de sa culture, de ses valeurs, de ses mœurs. Ce sera une saisie de « l'intentionnalité » même. De la pulsion subjective qui fonde la civilisation capitaliste.

Cette recherche aura une double armature scientifique. Ces procédures initiatiques seront établies grâce à l'archéologie du monde moderne. L'anthropologie culturelle se fondera sur une analyse spécifique des objets. L'initiation culturelle sera initiation aux *objets fabriqués*, manufacturés.

L'usage culturel sera l'usage d'un objet. La culture est

d'abord une pratique. L'initiation au système sera l'usage de certains objets du système. L'apprentissage de l'usage, sa dimension psychosociologique permettront de révéler la procédure initiatique. Et selon une lecture immédiate, au premier degré. La description donnera l'explication.

Telle est la démarche : l'objet produit produit à son tour un usage. Et celui-ci est la modalité de l'initiation.

Un système des objets permettra alors de reconstituer le système de leurs usages. Et celui-ci l'ensemble initiatique.

Nous disposerons donc d'un double système de déterminations : les objets fabriqués et les usages initiatiques. À partir de cet ensemble nous pourrons définir un système d'objets — et d'usages — spécifique : les modalités de l'initiation au ludique, au libidinal, au marginal. Une systématique d'usages qui sera l'initiation à la civilisation capitaliste.

Autant d'usages initiatiques, autant de figures phénoménologiques. Le ludique, le libidinal, le marginal seront définis selon une phénoménologie. C'est la pratique sociale qui constitue et codifie ces trois notions. Ce sont les conduites, les formes, les signes du relationnel, de la sociabilité qui proposent les contenus, *les sens* de la ludicité, de la libido, de la marginalité (l'existence précède l'essence, c'est la phénoménologie qui engendre la logique). Ces trois termes ne sont que des éléments constitués par les rapports de production et de consommation.

Ce réalisme radical doit permettre d'éviter les deux déviations idéologiques de l'actuelle culture : le discours métaphysique (Lacan) et les analyses du scientisme (Bourdieu). Il faut écarter toute spéculation sur les essences (le signifiant comme hypostase idéaliste qui doit cacher le procès de production) ou sur les chiffres (l'hypostase positiviste des statistiques et sondages qui oblitèrent l'âme du monde). Démarches inquiétantes, car elles portent en elles une implicite prescription et un terrorisme larvé.

Écartons aussi tout malentendu : une phénoménologie n'est pas une chronique. Celle-ci veut reconstituer la singularité du fait, son unicité. Pour la phénoménologie, ce fait n'a que valeur d'élément de construction d'un ensemble clos et finalisé. Le chroniqueur peut toujours prétendre qu'il fallait dire un autre fait ou l'interpréter différemment. La phénoménologie doit ignorer cette critique : elle reconstitue l'ordre de la nécessité. Celle de la généalogie d'un projet, d'une intentionnalité, d'une stratégie. La phénoménologie les révèle en montrant leur commencement, leur parcours, leur accomplissement. Trois moments d'un réalisme radical, puisque usages qui expriment les rapports de production et de consommation.

L'objet de notre livre est d'exhausser une intuition en un concept. Nous voulons dire le mondain. Ce terme va progressivement se justifier en accédant à son contenu.

L'initiation mondaine est d'abord un système d'usages. Celui-ci doit être reconstitué en une phénoménologie du ludique, du libidinal, du marginal. Ce sera la seconde détermination du mondain : la progressive synthèse de ces trois attributs en leur essence, en leur substance. On peut alors en venir à une logique du mondain. On disposera enfin du concept de mondain (phénoménologie et logique). Pour révéler la nature profonde et combien cachée de la civilisation capitaliste : *le potlatch d'une part de la plus-value.*

Nous avons proposé à l'honnête homme les trois essentielles composantes de son discours. Ce sont celles de l'intellectuel de gauche, les trois éléments de sa culture. Comment pourrait-il ne pas agréer notre projet ? Nous voulons aussi privilégier l'étude de la libido, du ludique, du marginal. Nous opérons selon les mêmes catégories de la connaissance. Nous voulons subvertir la société capitaliste.

Mais cet honnête homme consentira-t-il à nous écouter jusqu'au bout ? Restera-t-il notre « interlocuteur valable » ? Car maintenant, habilité par son propre projet, nous devons le soumettre à une interrogation qu'il ne pourra plus éluder, car interrogation qui le ronge déjà, par caricaturiste interposé, par la bande — dessinée — par autocritique d'exorcisme. Nous dirons tout haut ce qui se dessine en marge. Nous ne ferons qu'appuyer le trait, révéler, exaspérer. Claire Brétécher va glisser du côté du concept.

Cette interrogation sera des plus graves. Et nous savons très bien que le clerc dispose d'un pouvoir tel qu'il peut la tourner en dérision. Il va nous traiter de vieux grincheux, de moraliste... Mais nous n'aurons pas peur du ridicule. Et nous choisirons même le ton le plus solennel pour demander : « Clerc, n'avez-vous pas trahi ? Et trahison de classe. »

Le clerc, à l'origine, était le contempteur du monde. En fin de parcours de sa laïcisation, le voilà dans le monde. Longtemps, il a su résister au mondain. Il était devenu le témoin du monde. *Dans* certes, mais encore à côté : le précepteur, le confesseur laïque (une certaine psychanalyse), le journaliste d'avant les media, le romancier. Certes, il fantasmait le monde, éternel Topaze à l'écoute « des secrets du grand monde ». Du désir, de l'imaginaire. Dans une certaine mesure, il connaissait et maîtrisait le monde. Et il savait le dénoncer.

Maintenant — et c'est un phénomène nouveau, énorme, capital —, l'intellectuel de gauche vient d'accéder à la consommation mondaine. Et il en est même le principal usager.

Pire, encore, il est devenu le maître à penser du monde. Il

propose les modèles culturels du mondain. Non seulement il a accédé à la consommation mondaine, mais il en est l'un des patrons. Il a la toute-puissance de prescrire. Et de codifier l'ordre du désir.

Aussi peut-on encore demander à ce nouveau privilégié de renoncer à ce qu'il vient à peine de cueillir ? Il est enfin invité au festin et nous le prions de cracher dans le caviar et de lâcher le morceau. Mais ce qui est le plus grave, le plus décourageant, le plus inquiétant, c'est que cet intellectuel de gauche présente ses nouveaux privilèges comme des conquêtes révolutionnaires. Et nous venons lui demander de reconnaître qu'il est pris la main dans le sac, alors qu'il prétend, de cette main, brandir le flambeau de la liberté.

Et voici ce clerc au pouvoir. Le mensonge du monde va devenir vérité politique, vertu civique. Ce phénomène est d'une portée incalculable. Ce qui était censé être l'opposition au pouvoir va devenir l'alibi même du pouvoir. C'est le principe du pourrissement de l'histoire. Et le triomphe de « la bête sauvage » : la société civile. Topaze est devenu le maître à penser du monde, avec les pleins pouvoirs d'une mondanité social-démocrate triomphante.

N'est-il pas trop tard ? Le clerc n'a-t-il pas définitivement trahi ? L'intellectuel de gauche, de libidinalité en ludicité, de marginalité en convivialité, n'est-il pas définitivement intégré dans le système ? Dans le mondain, dans la social-démocratie libertaire ?

Mais que ce clerc prenne garde. La vocation, et le fondement de son statut, est la connaissance. S'il renonce à sa vocation, il remet en cause son statut. S'il ne veut plus de son rôle, ce rôle sera supprimé. C'est de lui-même qu'il s'expose à deux remises en ordre.

D'abord du bourgeois, qui ne l'agrée dans le monde que dans la mesure où il fait son métier. Un certain savoir contestataire a pu distraire son oisiveté, meubler un temps dont on ne sait que faire. Cette surenchère mondaine de la culture a lassé. Le temps de l'exil est venu, pour le bouffon, lorsque le roi s'ennuie.

Mais c'est le peuple qui aura la force et le pouvoir de démasquer radicalement cette imposture. Et c'est lui qui apportera la définitive sanction. Par le rire, l'énorme éclat de rire qui fera s'écrouler la comédie humaine qu'est devenu le clerc. Une irrésistible hilarité gagnera tout auditeur de ce messager du néant. Le clerc sera conservé, embaumé en son discours, comme l'inénarrable témoignage de la vanité bourgeoise.

Clercs de peu de foi, il serait temps de vous reconvertir. Si vous tenez encore tant soit peu à votre vocation, si vous prétendez être encore des intellectuels de gauche, soyez des interlocuteurs valables. Ne snobez pas notre interrogation. Ne censurez pas cette conceptualisation du mondain.

Vous feriez votre propre procès. Ce serait la preuve que votre suffisance et infatuation ont définitivement submergé votre raison d'être, la volonté de comprendre alliée à la sagesse de l'autocritique. Et que vous avez définitivement choisi la vanité de classe et le narcissisme de caste.

Mais s'il est vraiment trop tard, que l'honnête homme — ou du moins ce qui peut en rester — nous accorde quand même, sans trop se compromettre, en cachette, un petit clin d'œil complice et nostalgique.

2

Premier niveau initiatique : poster, flipper, juke-box. — Genèse de « l'innocence » et échange symbolique

A. — MAGIE

Flipper et juke-box sont des machines qui prolongent l'univers magique de l'enfance dans la société adulte. Ils représentent un seuil et un passage, la fin de l'enfance et le commencement de l'adolescence. Leur usage est aussi une décisive promotion sociale : il signifie l'accession au statut de consommateur. La fonction ludique investit la société industrielle et la soumet à ses valeurs.

Cette magie n'est pas le génie de l'enfance. Bien au contraire. Elle est celle de l'idéologie néo-capitaliste qui s'incarne dans l'enfant et qui devient alors le génie de l'enfance capitaliste. Nous sommes là au cœur de la « société de consommation », du premier dressage du corps à la consommation.

On a voulu opposer la spontanéité et le naturel de l'enfant à « la société de consommation » de l'adulte. C'est le contraire qui est vrai : l'enfant s'abandonne sans aucune retenue à l'univers de la consommation, tandis que l'adulte — lorsqu'il est producteur — peut lui résister.

Quelle est la genèse de cette magie ? Comment l'enfant devient-il « innocent », « spontané » ? Comment l'idéologie de la consommation investit, dès le principe, l'enfance ?

L'explication sera proposée par une donnée anthropologique[1]. Le corps du bébé est exclusivement fonction de consommation. Car c'est un immaturé. La cité reconnaît cette donnée ontologique : le droit naturel. L'éducation consiste à redresser cette nature vouée au « principe de plaisir ». Par l'apprentissage de la cité et du métier, le corps doit apprendre à se soumettre au procès de production. L'éducation politique du corps consiste à soumettre le « principe de plaisir » au principe de réalité.

Dans le système capitaliste, ce travail ne doit pas être fait : le droit naturel doit se prolonger en irresponsabilité civique. C'est le dressage à la consommation, l'éducation de la « société de consommation » qui sera libérale, permissive, libertaire. C'est la toute-puissance du « principe de plaisir ».

Les parents ne font alors que proposer l'éducation de la société industrielle sous tutelle capitaliste. Celle-ci impose l'usage coutumier de ses techniques. Un système fonctionnel qui prolonge et multiplie les pouvoirs du petit prince de la consommation. Celui-ci va jouer des objets manufacturés, utilitaires du milieu familial. Ce qui est usage fonctionnel pour

1. Cf. *Le Frivole et le Sérieux*, « Vers un nouveau progressisme », Albin Michel, Éditions Libres-Hallier, Paris, 1978.

les adultes devient usage ludique. Le droit naturel de l'enfant devient désinvolture d'usager. C'est l'accès au statut de consommateur.

Usage magique : il suffit d'appuyer sur un bouton. L'enfant investit ses privilèges dans l'espace familial, celui de l'équipement ménager. Et de tous les équipements (voiture, télévision, etc.) qui deviennent alors des objets de consommation, au service du principe de plaisir, du ludique. L'enfant profite — intégralement, lui — d'un procès de production qu'il peut — sans culpabilité encore — ignorer totalement.

C'est la magie moderne : un appareil utilisé sans connaître la nature de son fonctionnement, une fonction asservie sans soupçonner l'ordre du travail qui l'a produite. D'un rien, sans aucun effort, d'un seul souhait, d'un seul geste, surgit une consommation parfaite.

L'enfant est alors d'une totale disponibilité. À la consommation. Voyez sa manipulation de l'objet-marchandise. Il fait preuve d'une dextérité, d'une désinvolture qui stupéfient le cercle de famille. Il témoigne d'une agilité d'usage, d'une facilité insolentes.

Toute une culture — celle de la technologie de la société industrielle avancée — s'est consacrée, au prix d'un immense travail, au développement du confort. Et sa caractéristique est d'avoir pu atteindre une extraordinaire facilité de son usage : il suffit d'appuyer sur un bouton. Le principe de la pédagogie d'intégration au système capitaliste est alors cet usage magique — par l'enfant — du fonctionnel.

Lénine disait que le communisme c'est l'électricité plus les Soviets. Le capitalisme, c'est l'électricité plus la magie fonctionnelle. Autrefois, l'usage d'un progrès était encore une technique d'usage. Longtemps, l'instrument de libération a entraîné de dures contraintes. Un travail d'usage autre que le travail de production. Il y avait comme un échange symbolique, entre le travail qui permettait l'usage et la fonction libératrice de cet usage.

Avec l'électricité, il suffit d'une pichenette, geste magique, alors, de démiurge : l'enfant profite d'un progrès sans donner aucun travail — même symbolique — en échange. Il s'installe dans la totale ignorance du travail nécessaire à cette consommation. La pédagogie du système consiste à maintenir cette ignorance et à exalter cette gratuité. L'enfant doit se vautrer dans cet univers magique : la récupération totale du travail et du progrès. L'univers fonctionnel — résultat du fantastique travail de l'humanité — est alors réduit à la fonction ludique qui prolonge et accomplit l'univers ludique enfantin. Le capitalisme veut que nous restions jeunes et que nous soyons comme des enfants ! Le travail des uns sera l'éternelle adolescence des autres.

L'éducation d'avant la modernité (du capitalisme) a consisté à délimiter très vite cette ludicité de l'enfant par la praxis, le travail. Toute pédagogie était aussi un apprentissage, pour le moins celui des techniques d'usage de la vie quotidienne. Car celle-ci exigeait une multitude de travaux domestiques. Et chacun devait en prendre sa part. Le dressage élémentaire du corps était un sevrage civique.

Cette structure éducative ne doit surtout pas être réduite à une morale bourgeoise. Ce n'est pas l'idéologie qui l'imposait, mais le mode de production. Et elle se vérifiait, par la force des choses, davantage en milieu populaire qu'en milieu bourgeois.

La bourgeoisie s'efforçait aussi de garantir cette structure, à tous les niveaux de la hiérarchie sociale. Il fallait un dressage minimum du corps (ne serait-ce que faire son lit) pour participer au vécu quotidien d'un mode de production aux technologies peu développées et très contraignantes. De là, par exemple, des traditions comme l'apprentissage sur le tas (du fils de famille) ou l'éducation civique dérivée de la préparation militaire : les boy-scouts (la culture bourgeoise avait su proposer un militantisme écologique auprès duquel les prétentions écologisantes de notre époque semblent bien molles et paresseuses).

Maintenant, l'enfant ne trouve plus ces résistances civiques à son investissement ludique. On le préserve même des exercices pédagogiques élémentaires, devenus autoritarisme et brimade. On lui livre toutes les technologies d'usage. Son activisme magique originel ne rencontre plus de barrière.

B. — TOTEM

Avec le flipper, l'animation magique — de la nouvelle famille — investit la nouvelle société globale. La fonction ludique devient symbolique de l'échange et appropriation totémique.

L'acte de consommer, jusqu'alors délimité au milieu familial, élargit son champ de réalisation aux rapports de production. D'un geste, d'un coup, toute la société industrielle, le machinisme et sa gestion capitaliste, sont saisis en un acte symbolique. En une reproduction miniaturée — le flipper — qui autorise une appropriation totémique — la partie de flipper[2].

2. Nous reconstituons un moment du début de la phénoménologie ; il s'agit donc du flipper « classique », traditionnel. Les nouveaux jeux électroniques — ceux de la sophistication du canardage — relèvent d'une autre « mentalité » propre à la crise.

Un gestuel ritualisé, une saynète, répète symboliquement, évoque, reproduit la geste capitaliste. Car si le processus du machinisme est re-joué, c'est en tant que symbolique d'appropriation. L'acte de consommer récupère le procès de production. Celui-ci, de fonction industrielle, devient ludicité magique. C'est ce qui est signifié par le flipper : le rituel de récupération, d'inversion, d'idéologisation. Alors la ludicité devient l'acte de consommer. De détourner. L'échange symbolique, en son principe, est cette inversion — magique. Il est ce coup de force : le procès de consommation s'impose au procès de production.

C'est une fatalité de la symbolique. En effet, la nature du capitalisme peut être saisie de trois manières : par le logos — le travail de conceptualisation du marxisme ; par la praxis — le travail, la transformation de la nature ; par le symbole-acte allusif, fragmentaire, concret certes, mais réducteur au seul procès de consommation.

Le vécu, spontané, existentiel — celui de l'enfant puis de l'adolescent/e — est d'ordre symbolique. Il ne perçoit que les apparences : les résultantes du procès de production. L'adolescent/e se meut en dehors de la réalité de la praxis et *a fortiori* du logos. Il est porté de symbole en symbole, sourd et aveugle. Toute notre culture, celle de l'homme révolté, mais combien soumis, se meut en cette symbolique. Elle est exorciste. L'idéalisme, en son fondement, consiste à cacher la réalité pour en profiter.

Le sens — de l'échange — est alors celui que le consommateur donne aux choses. La fonction symbolique véhicule l'idéologie de l'appropriation, de la réduction, de la récupération[3] (et

3. Le lacanisme est le meilleur exemple de cette idéologie.

nous verrons que le *symbolisme immanent*, au contraire, permet l'identification du procès du travail et du procès de la reconnaissance, de la poésie et de la révolution).

Le flipper est donc le symbole des symboles. Toute la procédure du machinisme est là, merveilleusement condensée, unifiée ; la fonctionnalité — la domestication — électrique et mécanique se met au service du consommateur. Pour le plaisir. Il est à noter que c'est un jeu où l'on ne gagne rien. Sinon l'incommensurable satisfaction de rejouer, de reproduire, de répéter, de vérifier l'ordre des choses (du capitalisme). La gratuité est l'essence du jeu : il est le contraire du travail, toujours intéressé.

Le flipper est la mise en jeu des jeux de la lumière, du mécanisme, du son. Il est une algèbre des éléments, qu'un démiurge déchaîne, domestique, canalise. D'un doigt, il ordonne les lois élémentaires du machinisme. Selon la pente naturelle, celle de la pesanteur (la consommation). Doigté de la pichenette : consommer est un tact. Ne pas trop en faire. Car ça fait tilt aussi. Une menace plane sur la consommation. Une épée de Damoclès. La règle du jeu le rappelle constamment.

Le flipper est bien une transmutation et appropriation symbolique et totémique : la production capitaliste est devenue un exercice féerique, ludique, libidinal. Il n'y a plus qu'un jeu de machine. D'un immense procès de production — celui de l'humanité — on ne retient que le jeu symbolique et désinvolte du machinisme. Implacable ironie du capitalisme.

C'est un jeu « performant ». Une gratuité doit être signifiée par une performance. Celle-ci dit le mérite, mais la gratuité ironise sur ce mérite. Il faut témoigner qu'on peut être performant. Mais que tout cela est inessentiel. Le jeu est la performance gratuite.

Ce qui veut dire que la loi est reconnue : la nécessité de la production. Mais inversée, récupérée. Il faut signifier qu'on peut faire aussi bien — symboliquement — que le travailleur. Qu'on maîtrise l'ordre social. Mais qu'on n'en est pas dupe.

Le jeu — le flipper — doit être à la fois passionnant — ça accroche — et anodin. Le jeu doit être pris au sérieux pour proclamer la gratuité de l'enjeu. Ce jeu prend au sérieux sa frivolité pour témoigner de la frivolité du sérieux. Se passionner pour l'anodin, c'est dire son mépris de l'essentiel.

Magie, échange symbolique, appropriation totémique. Mais aussi potlatch. Le flipper accès à l'acte gratuit — symbolique — est aussi accès au gaspillage — réel. Il faut que le premier accès à la dépense soit la ratification et la proclamation du gaspillage. (De même que le premier accès à la machine devait répéter et prolonger le ludique.) Il faut identifier le jeu, la machine, la dépense. L'échange symbolique se perfectionne, « s'enrichit ».

C. — POTLATCH. L'ETHNOLOGIE DU PLAN MARSHALL

Nous ne ferons que rappeler les caractéristiques du potlatch. Car c'est tout notre livre qui sera la démonstration que la consommation mondaine — cachée derrière la notion idéologique de « société de consommation » — n'est qu'un potlatch. Potlatch de la plus-value.

Le potlatch est une dépense somptuaire qui permet d'établir la hiérarchie sociale selon la consommation. L'étude de ce potlatch (de la plus-value) permettra donc de compléter la définition des classes sociales. Et de contribuer à apporter au marxisme le complément nécessaire aux classifications déjà connues, celles du procès de production.

Proposer les fondements économiques, sociologiques, historiques de ce potlatch sera définir l'intrusion du plan Marshall[4] dans la société traditionnelle (en France). Le potlatch naît du plan Marshall. La consommation bourgeoise spécifique du néo-capitalisme commence avec la pénétration de l'impérialisme américain. L'américanisation de la vie française s'inaugure par la consommation des surplus *made in USA*.

Mais, de même qu'une certaine modernité juvénile a pu dire : « Hitler ? connais pas », l'intellectuel de gauche, même lui — surtout lui ? — risque de nous répondre : « Plan Marshall ? Connais pas : on n'en parle jamais dans *le Nouvel Obs*. » Ou bien : « Pour définir la modernité, pourquoi remonter si loin ? » Il est vrai que pour cet intellectuel la modernité, bien souvent, ne commence que par le dernier film à la mode. Le twist ? Connais pas. Le reggae, oui. Et la guerre du coca ? Elle était devenue un affrontement national. Elle avait occasionné des débats passionnés, à l'Assemblée. Quel intellectuel de gauche se rappelle de ce combat contre un trop évident symbole — alors — de la pénétration commerciale et idéologique ?

Cette amnésie programmée ne fait que révéler l'importance de ce qui doit être oublié. Le plan Marshall est bien l'acte étymologique de notre modernité. Son rôle est fondamental. Dans l'immédiat après-guerre, il a greffé une économie

4. Plan d'aide des USA à l'Europe. Du 3 avril 1948 au 31 décembre 1951, douze milliards de dollars furent fournis à seize pays européens (23 % pour la France). Les 5/6e comme *don* ! 1/6e seulement comme prêt.

d'abondance sur une économie de la rareté, de la misère même. Et il a greffé le modèle américain culturel dans une société traditionnelle, rurale. Cette acculturation radicale a autorisé ainsi un phénomène radicalement nouveau : l'immanence de l'économique et du culturel. Alors que dans la société traditionnelle, les deux termes se disposent selon la plus grande distance possible et conservent une autonomie relative certaine, la modernité sera l'immanence de leurs rapports d'expression. Le culturel sera l'expression des besoins idéologiques du marché. C'est la définition de la société civile, que Hegel avait prévue et dénoncée.

L'autre grande amnésie de l'intellectuel de gauche : le surplus, ce commis voyageur du plan Marshall. L'extraordinaire gamme des surplus vestimentaires, machinaux, alimentaires, etc. Cet oubli s'explique en partie par la modernisation de la boutique de surplus. D'abord officine d'un produit d'une rareté et étrangeté telles qu'elles supportaient l'élan de l'imaginaire et du désir, elle est devenue le lieu même de la banalisation de la marchandise, du mélange des modes et des produits exotiques. C'est ce processus de banalisation qui est la procédure même de l'amnésie[5].

La stratégie du plan Marshall — celle des surplus — va révéler la nature du potlatch. De la même manière que le flipper et le juke-box nous ont permis de reconstituer l'acte magique et totémique. Définir le potlatch revient à montrer la stratégie de séduction du plan Marshall.

La conquête de marché sera la braderie des surplus, l'offrande faite à la jeunesse de France, des jeux du machinisme.

5. Dont nous proposerons les lois dans notre seconde partie : « La logique du mondain ».

Le mode d'emploi de la surabondance, du factice. Et tout le reste suivra, inexorablement: l'UDR, la mise en place du modèle de production américain (méprisé... par de Gaulle !).

Ces objets — du jeu capitaliste: flipper, juke-box, poster — ne sont pas des surplus utilitaires. Mais des gadgets. Ils ont une fonction économique très précise: ce sont des primes à l'achat. Ils ont été le surplus publicitaire du plan Marshall, comme cadeaux, comme primes. Ce sont des enjoliveurs.

Le poster ? L'image que l'on donne à l'enfant pour récompenser les parents de leurs achats. La déculpabilisation de dépenses au-dessus des moyens de la famille. Et l'enfant incite à l'achat, pour les images. Le père et le fils sont les deux parties prenantes du plan Marshall. À l'un les surplus utilitaires. À l'autre les surplus ludiques.

En prime, un supplément d'âme. L'âme des surplus. L'usage des surplus: la ludicité du consommateur, le rêve américain.

Tous ces gestes ludiques seront comme des modes d'emploi pour le bon usage du plan Marshall. Flipper, juke-box, poster initient à la civilisation américaine du geste facile, car usage du surplus. Geste ludique, de consommateur désinvolte qui utilise et qui jette: supplément d'âme de la pacotille qui se fait culturelle.

Se vendre pour manger ou se vendre pour jouer: le plan Marshall tient les deux bouts. Deux dressages. Mais alors que l'indépendance nationale pourra être reconquise — symboliquement, d'ailleurs — lorsque le gaullisme aura mis en place le capitalisme monopoliste d'État, le supplément d'âme apporté par le plan Marshall sera devenu le modèle promotionnel de la mondanité juvénile.

Les surplus utilitaires sont des cadeaux. Et cadeaux de ces

cadeaux : les machines ludiques. Double offrande, double don... de l'impérialisme américain : le pain et le jeu, l'utile et l'agréable, l'objet et son mode d'emploi, la machine et le rêve américain.

L'implantation du plan Marshall (en France) autorise la rupture avec la société traditionnelle. C'est l'accès au *gaspillage*, symbolisé par l'offrande faite à la machine ludique, la piécette glissée dans la fente. Il n'y a ni acte d'achat ni gain possible. Mais dépense ostentatoire pour une consommation exclusivement ludique.

Alors, différenciation et hiérarchisation. Avec les gens de la IIIe et même IVe République. Avec une idéologie de l'économie sou à sou, des bouts de chandelle, du bas de laine. Idéologie de la privation (et même du sacrifice). Morale du mérite : la consommation ne pouvait être que celle du fruit du travail.

L'honnête homme se souviendra sans doute, n'étant pas oublieux comme les arrivistes et les cyniques, de ces textes de l'école primaire (dictées du Certificat d'études, par exemple) qui enseignaient la codification de la dépense. Et dépense du salaire. L'usage du premier salaire — de l'*apprenti* — était même un rituel. L'enfant remettait fièrement et tendrement cet argent à la mère. Car on manquait de tout, des biens de subsistance, en particulier. Parfois, certes, l'enfant usait du prix de son travail pour quelque dépense personnelle : l'achat de souliers, de vêtements. C'était une dépense utilitaire.

L'honnête homme va hausser les épaules avec agacement : « Maintenant, nous vivons une autre époque. Ce n'est plus pareil. » C'est bien ce que nous disons. Avec les raisons de la différence. Lesquelles ne sont peut-être pas celles de l'honnête homme. C'est ce qui le choque. Mais nous ne moralisons pas ; nous ne faisons qu'indiquer des procédures de consommation.

Cet accès à une symbolique du gaspillage est le premier moment de l'arrivisme, de la promotion de la nouvelle bourgeoisie. Une nouvelle hiérarchie — par la consommation — est possible. Par un nouvel échange symbolique.

Une piécette permet de signifier le dédain des valeurs traditionnelles et le mépris de leurs représentants. Comme cette provocation est facile et anonyme. Il suffit de glisser la pièce à la nouvelle idéologie, à son animation machinale.

Tout un snobisme de masse est ainsi inauguré. Par l'appropriation symbolique de la nouvelle consommation ludique et marginale. Extraordinaire pouvoir totémique et symbolique : il peut snober la hiérarchie établie par l'idéologie de l'économie, de la valeur, des mérites, mépriser le sérieux d'un autre mode de production.

Cet échange symbolique autorise le renversement des valeurs : le ludique du néo-capitalisme dénonce le sérieux — de la société traditionnelle. Et pour ce faire il dispose de cet alibi : ce sérieux est — aussi — celui de la bourgeoisie du capitalisme concurrentiel libéral. La promotion du ludique sera alors la dénonciation de l'oppression bourgeoise !

Le premier venu peut s'offrir ce potlatch : en gaspillant — gaspillage dont le flipper, le juke-box, le poster sont les meilleurs symboles — il peut prétendre se mettre au-dessus et en dehors de l'argent. Du pouvoir traditionnel de la bourgeoisie. Ainsi il se promeut dans la nouvelle symbolique de la consommation mondaine.

Celle-ci se révèle en son essence : un usage. Et non un avoir. Le néo-capitalisme — révolution des révolutions, celle du libéralisme — permettra de jouir sans avoir. Le néo-capitalisme est cette stratégie de la séduction, de la soumission. Celle-ci est conquête de marché et pratique idéologique.

Tout adolescent — l'âge légal est seize ans — peut accéder à ce rituel initiatique. (Avant, son désir doit mûrir derrière la glace.) C'est le droit de tout citoyen.

C'est aussi l'inversion radicale de la sensibilité adolescente. L'apprentissage de la vie n'est plus l'apprentissage du métier, mais l'apprentissage du gaspillage. (Apprentissage de l'usage symbolique. Imprégnation idéologique bien plus qu'accession aux moyens réels de cette dépense.)

Ce qui est déterminant, c'est la pédagogie du jeu et non celle du travail. Des millions d'années-lumière séparent la sensibilité de l'apprenti — celle de la misère ouvrière du CCL[6] — et la sensibilité de l'adolescent apprenti de la consommation libidinale, ludique, marginale. Il faut vite marquer le corps de l'adolescence. Avant la marque du procès du travail. Pour que l'échange symbolique — du consommateur — s'interpose inévitablement entre l'homme et sa production.

L'acte de rupture — historique — de la société traditionnelle et de la nouvelle société, se répète — symboliquement, maintenant — au niveau microrelationnel. Le gaspillage — flipper, juke-box, poster — signifie encore la même provocation et la même promotion. Mais au niveau de la vie quotidienne, comme radicale banalisation d'usages consacrés.

Le dernier bénéficiaire du potlatch, inauguré par l'impérialisme américain, répète le grand drame macrosocial, la scène originelle de notre champ socio-culturel : la conquête du nouveau marché et l'écrasement de la société traditionnelle. L'acte étymologique, l'acte fondateur du système est rejoué.

6. Capitalisme concurrentiel libéral.

Mais dans l'indifférence générale. Le pudique manteau de la banalisation recouvre les significations idéologiques. Quoi de plus anodin qu'un juke-box ? Qui est plus innocent qu'un joueur de flipper ? Les usages de rupture — avec la société traditionnelle — et d'intégration aux mœurs du néo-capitalisme — ne font plus problème. Tout est acquis. Tout semble joué. Apparemment plus d'opposition. Aussi qui s'offusquerait d'usages insignifiants ? Qui entreprendrait une croisade visant à pourfendre la banalité quotidienne ?

3

Second niveau initiatique : Jeans, treillis, cheveux longs, guitare : portrait-robot. — Le prêt-à-porter de la contestation

A. — DU MODÈLE A SA CONSOMMATION DE MASSE : D'HOLLYWOOD A L'INDUSTRIE DES JEANS

Pour ce nouveau banquet, une nouvelle tenue de sortie s'imposait. Le narcissisme de classe change de toilette. Les habits du dimanche deviennent démodés lorsque le dimanche s'étale sur la semaine. Quel prêt-à-porter de la spontanéité ?

Suivons la mode. Telle qu'en elle-même la vanité de classe la change. Elle va mettre la dernière main à la panoplie vestimentaire des nouveaux usages mondains.

Quel derrière ? Puisque la mode est son éternelle et changeante promotion. Et sa raison dernière.

Il se portera en blue-jeans. D'un bleu délavé, si possible. Les jeans vous le corsettent à ravir. La troisième (République) corsetait en haut. La cinquième corsette en bas. Le changement de République se mesure au déplacement du corsetage. Conquêtes de la frivolité, dites libératrices, crues émancipatrices, voulues révolutionnaires. Les révolutions du libéralisme sont ineffables.

Jeans, toilette du libéré/e. Silhouette exquise : le corsetage en bas affine, mincit, moule, galbe. C'est vraiment autre chose. Porter des jeans « les pattes au ras du sol » fait gagner un surcroît d'élégance et de sveltesse désinvolte de cinq centimètres au moins. (Et camoufle les talons hauts. Double bénéfice.) Du côté où, pour la plupart des femmes et pour bien des hommes, cela a tendance à être court (des pattes de derrière).

Le cul est devenu une silhouette. Et quelle silhouette ! Celle de l'archétype hollywoodien. Les jeans, à l'origine tenue de travail, permettent de camoufler cette promotion mondaine, du derrière. La tenue de vulgarisation hollywoodienne pourra même être proposée comme mépris de toute sophistication mondaine (constante inversion des significations de la réalité par les signifiants mondains). Hollywood est descendu dans la rue, et les idéologues diront que la jeunesse tourne le dos au passé, qu'elle méprise les modes !

Promotion du derrière : il est devenu enfin une silhouette et celle-ci est celle de la mode. Une matière a pris forme. Ce qui était en puissance est devenu en acte. La sexualité a revêtu la mode.

Quelle séduction ! Quel triomphe narcissique ! L'objet lourd, gros, obscène, la femme encombrée de son derrière, culpabilité secrète, pesante, pendante au dos (étalée sur la poitrine) s'efface et devient la silhouette longue, fine, souple, galbée, élégante « sans le vouloir », nonchalante, décontractée. Libre. Autre. L'unisexe. Pour revendiquer l'identité (laquelle ?).

Le couturier vous faisait porter la toilette : toute une civilisation. Et celle-ci s'avérait non seulement incapable de résoudre le problème mais aussi de le poser : que faire d'un derrière qui révèle, dans le moindre geste, à travers la sexualité, la maternité ? Cet élargissement du bassin, cette disposition de l'os iliaque, qui proclame la fonction de l'espèce en même temps que le désir de la créature ?

Le couturier ne savait comment s'y prendre : le cacher ou le révéler, le révéler en le cachant ? Ce qui s'avérait, alors, c'était l'ambiguïté du statut de la femme : objet de désir et moyen de reproduction. Et à mesure que la bourgeoisie accède à la société civile — à la sphère des besoins — l'idéologie du désir se développe de telle manière que le derrière, moyen de reproduction, est de trop (de Rubens, Fragonard, Delacroix, Renoir à Van Dongen et Modigliani). Le nouveau bourgeois devenu le parfait consommateur ne veut que d'un derrière objet de désir. Le derrière de la pondeuse doit s'effacer pour ne plus être que la silhouette inventée par la libido capitaliste.

Cette opération est réalisée par les blue-jeans. L'eurêka de la mondanité : l'uniforme du désir, l'objectivation de la phallocratie. Voici le nouveau corps prêt-à-porter. Le corps du désir. Les couturiers peuvent aller se rhabiller. Les modélistes doivent se soumettre au modèle.

Certes, déjà la mode était descendue dans la rue. L'élégance des modélistes était devenue celle du prêt-à-porter. L'imitation de Chanel. Pour un dernier combat, de rue, d'arrière-garde. Une banalisation chère.

Alors, la femme pauvre élégante. La toilette de la femme

qui ne peut la porter. Quel style : la prétention petite-bourgeoise de maman, affichée, proclamée. La copie de la copie comme bonne tenue, respectueuse.

Le blue-jean permet de franchir d'un bond barrières et niveaux de l'étiquette bourgeoise, pour revêtir le corps idéal, celui qu'Hollywood a mis si longtemps à forger dans son usine à rêver. Les jeans permettent de passer de la robe modèle au corps modèle. La toilette était valorisante du couturier, de la mode. Elle revêtait le corps. Alors que les jeans donnent forme — parfaite — au corps. Le corps réinventé ! Une autre peau.

La forme culturelle, d'abord prototype de l'usine à rêver, est reproduite en série. C'est le modèle parfait qui devient prêt-à-porter. Il suffit de l'endosser pour se l'approprier.

Blue-jeans, rêve de femme ! À la portée de toutes, corps parfait revêtu en masse. Enfin une féminité désencombrée de la maternité, le sexe sans la reproduction, le désir sans le mariage et le mariage avec le divorce. Le corps libre, naturel, spontané ! Le corps sans la toilette ! Le corps sans la mode !

C'est toute l'idéologie de la libéralisation qui est endossée avec les jeans. Idéologie sans laquelle ces jeans ne seraient qu'un banal instrument de la mode.

Quel truquage mondain ! Le corps comme silhouette à désirer, pur fantasme phallocratique, invention hollywoodienne, produit d'importation américain, le corps-image, le corps de série — mais corps sophistiqué — la vulgarisation de cette sophistication, seront proclamés le corps libéré ! L'uniforme d'époque sera le symbole de l'émancipation. Cherchons le gain — féministe — de cette soumission libératrice.

Les jeans sont devenus la mesure de toute femme. Ils imposent un inexorable égalitarisme mondain qui cache une terrible sélection comme dans tout groupe ou communauté qui se prétend égalitariste. Nous proposerons cette mesure comme l'élément privilégié d'une classification. Comme approche d'une analyse des rapports de la féminité et du féminisme.

Il y aura donc celles qui en portent et celles qui n'en portent pas. Deux mondes. Tout le monde ne peut pas habiter le corps de l'usine à rêver[7]. Parmi celles qui portent, deux sous-ensembles. Celles qui peuvent et celles qui ne devraient pas. Deux autres mondes : les dindons et les reines. Celles dont le cul, par les Lewi's, devient divin et celles dont le cul devient un « gros pétard ». Celles qui sont encore plus femme d'échapper au destin vestimentaire de la femme et celles qui, croyant échapper à ce destin, le mettent grotesquement en valeur.

Trois ensembles (qui contiennent une multitude de sous-ensembles). Trois ordres. Trois types de femmes.

Double tare des non-porteuses, dénoncées par la convergence des mépris, comme pas belles et vieux jeu (les dindons les désignent comme réacs et les reines comme vilaines). Les porteuses s'accordent même pour dire que si elles ne sont pas belles c'est parce qu'elles sont réacs : elles n'ont pas su s'épanouir, se libérer, elles sont restées soumises aux carcans de la mode bourgeoise, conformistes.

Les porteuses accèdent à un nouveau statut de la femme, politico-mondain. Les belles filles vont encore augmenter leur pouvoir et dénoncer le « sois belle et tais-toi » (quitte à se refaire femme-objet, au moment voulu). Elles auront un langage, politisé, contestataire, subversif. Belles, oui. Mais intelligentes, aussi. Vigilantes. L'anti-femme-objet.

7. En particulier à cause des terribles culottes de cheval.

Cet arrivisme mondain se complète de l'autre arrivisme féminin par le féminisme. Les dindons, ou les plus vieilles (ou moins belles, car être moins belle peut être une blessure narcissique, en l'espèce, pire que de ne pas être belle) vont politiser et intellectualiser l'affaire à outrance et mener la guerre contre la phallocratie. Elles accéderont à l'essence de la féminité : l'identité ! Très bonne affaire, compensation symbolique et transfert psychanalytique qui est une excellente catharsis. Et un réel pouvoir... sexiste, de séduction, car mainmise sur de jolies bécassines et de vieux perdreaux culturels.

Double système de promotion mondaine, d'arrivisme des femmes. Accession au statut de la femme libérée. Mais, longtemps unies face aux non-porteuses, en une première période d'implantation de la mode, ces femmes vont entrer en conflit. Et justement de par leur succès. Processus banal des prises de pouvoir (on s'unit face à l'adversaire puis on se déchire pour monopoliser ce pouvoir). La guerre civile du féminisme (et sa fin) succédera à la fin de la jeune fille rangée.

À un moment ou l'autre, inévitablement, ce règlement de compte : « Elle est con — Elle est moche. » L'union sacrée face aux non-porteuses ne résiste pas à la guérilla de l'identité féministe et de l'éternel féminin, ces deux statuts de la femme qui ont permis sa promotion mondaine. Statuts idéologiques qui ne sont ni au féminin ni au masculin, ni une production de l'homme ni une production de la femme, mais une production commune selon les valeurs culturelles qui permettent à une nouvelle classe sociale de prendre le pouvoir idéologique. Complicité profonde des hommes et des femmes qui profitent de cette promotion. Au désir de l'homme, devenu le fantasme imposé par Hollywood et l'industrie des jeans, correspond l'émancipation de la femme qui n'est autre que leur promotion mondaine. Ainsi se forge le pouvoir du libéralisme, le monopole culturel, l'encadrement de la social-démocratie libertaire.

B. — LE VISAGE DE L'IDÉOLOGIE

« Cheveux longs, cheveux longs. » Ah ! ces cheveux longs. Tabou suprême. Ne touchez pas à la femme blanche qui porte la culotte : tabou néo-féministe. Ne touchez pas au jeune homme qui porte les cheveux longs : autre tabou de l'émancipation. Ces idéologies du néo-libéralisme sont rusées : elles garantissent leur impunité en inversant leurs signifiants. Et comme dans l'ordre mondain seuls comptent les signifiants...

Chaque époque a sa foi. Ou ses crédulités. Ou ses affectations. On a les ferveurs que l'on mérite. La belle âme exhibera toujours ses indignations et révoltes. Et qu'importe le prétexte de ces révolutions platoniques, l'essentiel n'est-il pas de dénoncer « le conformisme » et « l'indifférence » ?

Certains ont voulu croire aux cheveux longs (*Hair*) comme d'autres à l'Alsace et à la Lorraine. Comme d'autres aux reliques. De simonie en simonie, tous ces trafics de signes constitueront une sémiologie de classe.

Quelle entreprise ! Quel long combat ! Admirable et grotesque : promulguer un narcissisme de classe — caste en symbole chéri de la liberté ! Quelle dérision. Mais quel pouvoir. Le mondain révèle que la frivolité est le sérieux de l'idéologie. Faire de la libéralisation la liberté de la mode. Avoir des martyrs. Pour que cette mode soit la liberté. Génie de la bourgeoisie.

Et quel tact, quel sens musical du moment idéologique ! Ni avant, ni après : la mode révolutionnaire — mode de la révolution et révolution de la mode — est un moment subtil, précis, imprévisible, mais nécessaire. Mathématique et musical. Avant : vous faites rire. Après : vous agacez ou vous faites sourire. Pendant : vous régnez.

Quel mot d'ordre mystérieux, quelles profondes affinités, quels sens subtils ont fait cheminer dans l'ombre ces héros de la nuit vers le même but : les cheveux longs ? Pour soudain en faire un cri de ralliement, un mot d'ordre. Le pouvoir de ce qui a été une caste, l'estudiantine. Le pouvoir d'une idéologie.

« Comment en un plomb vil l'or pur s'est-il fondu ? » C'est tout le processus de la récupération qui se révèle. L'idée devient symbole, le symbole signifiant : l'idéal est devenu la mode. La révolution se change en sémiologie mondaine.

Putsch mondain qui devient un terrorisme culturel et un arrivisme politique. En un éclair, fulgurante stratégie, tout le terrain a été occupé. Le signe de ce pouvoir est inimitable. Quand il sera contrefait — la deuxième génération des cheveux longs, et toutes les autres — il n'est plus que mimétisme de masse, partage des miettes, ralliement d'après la victoire. Aussi les dépouilles du pouvoir seront-elles abandonnées au vulgaire. Quand les apprentis — sur le tas — et les bouseux porteront les cheveux longs ce sera le signe de la démode[8]. Le pouvoir mondain est ailleurs. Et comme toujours les martyrs de la cause ne seront pas de la race de ceux qui en profitent.

Cette minauderie de combat — les cheveux longs — dit bien le narcissisme de ses enjeux. Elle est la réussite d'une longue quête, phrénologique. Une époque cherchait son visage. Et elle le trouve, lorsque l'adolescent découvre le profil de

8. Alors le punk, mini-mode sans commune mesure avec le phénomène social des cheveux longs.

son narcissisme et la classe sociale la figure de sa séduction. Le charme fou du néo-capitalisme.

Les cheveux longs sont l'arrangement parfait de la « visagéité » de l'époque. C'est la dernière touche du poster. Ils autorisent un nouveau cadrage-montage du visage. Celui-ci imite la photo d'art au point de devenir photogénique. Cette coiffure permet même d'arranger la « choséité » (la donnée osseuse, tendineuse), de modifier la physionomie, l'expression d'ensemble des traits. Les cheveux longs cachent les oreilles décollées, le crâne aplati et le citron (de l'intellectuel). De même que la barbe — autre usage idéologique, autre message du poil — permet de cacher le menton fuyant ou en galoche. Ce n'est pas à dédaigner.

Mais ces cheveux longs permettent surtout de surajouter une plus-value esthétisante au visage. Ils aménagent la joliesse : flou artistique, fond scénique, auréole : boucles et ondulations frissonnantes, cascadantes, ruisselantes sur les épaules. Ovale cadré, affiné, auréolé. Portrait encadré d'un tel décoratif que le visage en est stylisé, purifié.

Il aura cette touche, féminine et tendre, de l'homme pur et romantique. L'iconographie spiritualiste et idéaliste a toujours enrobé de cette auréole enjoliveuse le visage de ses messagers. Le Christ, le romantique, le hippie, B.-H. Lévy... Elle est devenue même le meilleur moyen de la récupération révolutionnaire : Guevara.

Alors, « la visagéité » est de l'ordre du décoratif et de l'ornemental. De l'enjoliveur. Le visage de l'époque est à la fois image d'Épinal, icône saint-sulpicienne, poster américain, photo d'art.

Cette afféterie minaudeuse, photo truquée de famille, sophistication mondaine, est le nouveau visage : celui de l'archétype de l'époque. Il est la figure même de l'idéologie. Son incarnation.

Le cliché s'est substitué à la singularité, l'image au portrait ; l'expression de la sensibilité est devenue celle de l'idéologie. La visagéité n'est plus celle de l'individualité singulière : la tête du portrait, sillonnée, ravinée par l'histoire. Unique. Solitaire. Mais cette face anonyme : l'idéologie telle qu'elle se porte, uniforme devenu chair, servilité incarnée jusqu'à devenir l'expression du visage.

Ce visage est un signe, un symbole, un message : celui du « naturel » ! La visagéité est cette nouveauté culturelle : le naturel ! Le charme d'une nature enfin atteinte, révélée, vécue. Visage du libérateur.

Le montage mondain est proclamé cri spontané, pulsionnel, révolte ! Le signe le plus artificiel est ascèse, quête désespérée (admirable pose) du naturel. Toute-puissance d'un signifiant idéologique et mondain au point d'atteindre l'archétype.

Comme si toute imitation de la nature n'était pas le commencement de l'art. De l'art-ifice. Un signe est d'autant plus idéologique qu'il apparaît « naturel ». Laisser pousser les cheveux, ce n'est pas naturel, mais culturel. C'est une décision, un choix, un signe. Celui d'une nouvelle nature. Celle de la nouvelle société. Nature de l'idéologie.

C. — LE PETIT RIEN QUI FAIT LE MODÈLE

Jeans et cheveux longs... L'image n'est pas encore parfaite. Une enluminure manque à l'icône. Que faut-il de plus pour que la silhouette se profile en sa bouleversante pureté, dans le crépuscule tendre de l'Occident bourgeois ? Manque le je-ne-sais-quoi, témoin de l'ineffable, qui rehausse d'un rien le classicisme d'une tenue pour en faire le tout d'un modèle. Ce que l'œillet (à la boutonnière) est au smoking. Ce que l'ombrelle était à la toilette de la jeune fille de bonne famille. Elle se déployait pour déployer les grâces minaudeuses d'un corps-social à la fois languide et prude. Quel instrument du faire-valoir narcissique manque à la tenue de sortie de l'émancipation ? Que faut-il de plus pour que la nostalgie nous soit enfin ce qu'elle doit être ?

Honnête homme, vous l'avez au bout de la langue. Et le « Ah, oui » va confirmer que vous ne vouliez pas le dire tout en le sachant bien. L'inconscient — ce fourre-tout de la bourgeoisie — n'appartient pas au psychanalyste, mais à l'idéologie. Il est le non-dit : le refus de dire. La volonté de ne pas savoir... ce que je vous souffle...

Mais si vous vous refusez encore à dire ce que vous ne voulez pas savoir... n'est-ce pas la preuve de votre complicité ?... Complicité objective, collective, idéologique : inconscient collectif.

Alors ? Que manque-t-il à votre connaissance pour que vous reconnaissiez votre idéologie dans la tenue idéologique de l'époque ? Un instrument, gracieux, mélodieux... Vous y êtes...

La guitare. Eh oui, la guitare ! Un air de guitare ? Non : l'objet. C'est-à-dire le signe. Le symbole.

Qu'importe d'en jouer. Il suffit d'en porter. Et parfois d'en gratter.

Alors, jeans, cheveux longs, guitare : la panoplie est au complet. Trois signes fulgurants : l'uniforme de la liberté. La liberté de l'uniforme.

4

Troisième niveau initiatique : l'animation machinale. — La statue de Pompidou

A — L'ANIMATION MACHINALE

L'époque est à l'animation. Humour noir du capitalisme. Mot du manque d'âme. Mot du « supplément d'âme ».

Prodigieux pouvoir de cette animation : elle donne la vie. Celle de l'idéologie. Le capitalisme va animer le corps de la même manière que s'anime la matière.

Celle de la statue de Condillac. Ce philosophe sensualiste avait reconstitué le corps à partir d'une statue vierge, inanimée. L'expression corporelle, la vie elle-même se développaient en même temps que les sens animaient la statue. Condillac voulait montrer que la vie peut s'expliquer par la seule vie des sens. Et que ceux-ci ont même comme effet la pensée, l'intellect n'étant que la synthèse finale des sens.

Le capitalisme procède de la même manière : il anime une statue de chair des *sens* — au double sens du terme —

de l'idéologie. C'est la synthèse de ces animations qui sera le discours idéologique. Tel est l'ordre généalogique : de l'animation corporelle à la vie de l'idéologie. De la matière à la pensée : de la vie mondaine aux représentations idéologiques de ce vécu.

La statue de Condillac nous permettra de reconstituer l'animation sensible du capitalisme. Mais nous devons alors la débaptiser : Condillac était un philosophe des Lumières alors que l'animation capitaliste est un obscurantisme. Celui de la « civilisation » capitaliste. Car c'est au moment où le capitalisme monopoliste d'État — en France — s'accomplit, triomphe, que la statue atteint sa perfection machinale, grâce au supplément d'âme du régime pompidolien, ce monarque éclairé de l'obscurantisme capitaliste. C'est le moment majeur de l'intégration permissive. Aussi appellerons-nous la nouvelle statue, statue de Pompidou.

Le néo-capitalisme est le nouveau maître sensualiste, à penser et à dé-penser. Il dispose de fabuleux moyens expérimentaux. Son laboratoire : la vie. Son matériau : la jeunesse. Son but : le dressage sensualiste du corps. Son pouvoir : l'animation de la matière. À partir d'une table rase, la suffisance sensualiste se fera monopole. Pour en venir à un impérialisme des sens.

Le sensible engendre bien le sensible, car le sensible, par définition, celle de sa dynamique, tend toujours à déborder le sensible. Il ne peut que surenchérir sur lui-même. Sa croissance est excroissance, sa reproduction prolifération, spirale infinie d'une finalité sans fin.

La statue de Pompidou sera bien plus belle que celle de Condillac. Car le capitalisme apporte une animation sensualiste qui investit et déborde très vite les sens du corps. Sa machination est telle qu'elle impulse, dynamise, déborde le sensualisme propre à ce corps. Les sens sont aussitôt dopés, drogués par l'animation machinale. Très vite alors, cette greffe monstrueuse, d'une animation machinale sur la vie des créatures. Les sens sont exaltés et multipliés, emportés par la démesure. Machinale surenchère, sans contrôle et sans fin. Livré à lui-même, sans régulation structurale, l'organique se cancérise et devient pure idéologie.

Le mannequin est déjà en place ; sur les tréteaux de la scène mondaine, il pose : jeans, cheveux longs, guitare. Il est le port du corps du prêt-à-porter. Son animation n'est que celle de ces objets : il vit leur vie. Comme la guitare se porte, comme on se coiffe, comme on use ses jeans. Il est les gestes de ces choses. Il est vêtu de signes, il s'anime de leur vie.

Ce corps de signes, gestuel du costume, est le premier éveil de la statue. Un baiser réveillait la Belle au bois dormant, une odeur de rose éveillait la statue de Condillac. La statue de Pompidou, elle, s'anime par des incitations d'une extraordinaire vulgarité narcissique : des nippes, surplus vestimentaires du capitalisme.

Si des signifiants aussi pauvres ont le pouvoir de donner vie, c'est qu'il n'y avait pas d'antériorité subjective ou sentimentale. Il ne faut pas chercher d'intentionnalité cachée. Les affects seront la consommation de ces signifiants. Affects des signifiants et non signifiants des affects. Vie machinale.

Le gestuel du costume porte en lui-même la première animation machinale : flipper, juke-box, poster. Pas besoin d'apprentissage, d'essais et erreurs. Porter sa silhouette est aussi savoir user de ces objets. Ce n'est pas une nouvelle récitation de gestes, mais un élargissement du champ gestuel, un raffinement des effets de silhouette.

Tout naturellement, sans transition, sans médiation, sans apprentissage, l'animation machinale prend en charge le destin du mannequin. Le corps va recevoir tous les gestes d'usage. Usage de sa vie. Il devient fonctionnel. L'automate deviendra système de fonctions.

Car les objets veulent des gestes. Des gestes d'usage. Ces gestes diront des mots. Gestes et mots feront des actes. Et ces actes seront alors des affects. Du sensualisme à l'affectivité : affectivité sensualiste.

Telle est la mise en scène de l'animation capitaliste. Le corps est doublement animé : par la machine et par le groupe. Deux dynamiques de la machination idéologique.

Dès le principe, le corps est agi par la dynamique de groupe. Les usages des objets initiatiques sont les gestes d'un groupe très informel mais homogène. Mêmes objets, mêmes gestes, mêmes mots. Qui se ressemble s'assemble, qui se plaît s'imite.

Échange du signe du groupe (du totem) — signe de l'échange. Une dynamique de groupe, facticité chaleureuse, animation du corps, récite la première geste du corps social. Le corps du mannequin devient le corps du groupe. Le corps individuel se construit et s'anime par la dynamique de groupe.

L'animation spécifiquement machinale sera d'abord ce qui vient de la machine, qui meut le corps, mais aussi ce qui du corps imite la machine et répète le jeu de machine. Le machinisme apporte une « création continuée » du corps. Sans la machine, le corps du mannequin arrêterait son élan et serait incapable d'apprendre autre chose.

Mais de par le machinal, le corps a une mémoire : la répétition mécanique de ce que la machine lui a appris. Sans aucune innovation. Rabâchage aussi machinal que la machine. L'animation de la statue se fera selon ces deux dynamiques : la dynamique de groupe et l'animation machinale. Une extraordinaire empathie naîtra de leur fusion, reflet vitaliste de l'animation mécaniste. Un rythme, une complicité organique, un code mondain.

Suivons la bande. Elle va produire le corps de la machination capitaliste, le corps de la statue.

B. — LA BANDE — LE PARCOURS DE LA MARGINALITÉ

L'instruction civique de l'Occident libéral s'est longtemps satisfaite de ces deux institutions : le boy-scout et le club. Ce modèle anglo-saxon initiait parfaitement à la société victorienne, traditionaliste, répétitive. Le chic type devait devenir un gentleman. La maîtrise de soi s'accomplissait en héroïsme hautain du soldat. Alors l'Empire colonial et les guerres hégémoniques des nations.

Le boy-scout apprenait à se débrouiller dans la nature. Le civisme naissait de cet affrontement. Pour maîtriser la nature, il faut savoir se soumettre à la discipline de groupe. Le boy-scout était armé jusqu'aux dents. Pour une civilité « puérile et honnête ». Toujours prêt. Le club prolongeait cette instruction civique : conservatoire des bonnes manières, de la virilité d'après le thé, d'après la campagne, d'après le travail, il avait inventé une intimité de gentlemen parfaitement protégée du monde d'en bas et des soucis de l'économie des ménages.

La nouvelle instruction civique, la nouvelle préparation au métier de bourgeois va relever d'une stratégie très différente et d'une grande originalité. Le néo-capitalisme a su faire face à la situation. Celle du plus grand désarmement moral de la société bourgeoise. Moment où le rejeton bourgeois est totalement gâté. Alors la « société de consommation » exige une nouvelle « structure d'élevage ». Pour une nouvelle culture de classe.

Deux terribles tares rongent la culture de la société traditionnelle, deux signes de la dégénérescence de classe : le débile et le dévoyé. Les deux faces de la même médaille. Tout ce que les parents bourgeois ont caché resplendit sur la face de leurs rejetons. Tout le non-dit de leurs rapports intimes s'inscrit en lettres lumineuses sur le front de l'enfant « difficile », du caractériel.

Le gentil Jean de la Lune est devenu mot d'époque : le débile. L'ahuri est un demeuré. Le rejeton geignard, pleureur, peureux, poussif a grandi. C'est un taré. Et il va encore pousser : c'est un raté. La terreur de toujours de toute famille arrivée, le fruit sec, mûrit en série, sans vergogne, dans les serres chaudes de l'éducation libérale-permissive.

Le type qui vous dilapide un héritage en cinq sec. Le poids mort qui devient le parasite de la famille. Celui qu'il faut traîner comme un boulet, enfant, adulte, vieillard. (Les enfants demeurés font des vieux agités : il leur en faut du temps, pour s'éveiller, au sexe, en particulier !) Le pauvre type que les parents portent à bout de bras. Et qui sera incapable de gérer la boutique quand papa ne sera plus là. Ce qui était le secret des grandes familles : le débile camouflé, planqué dans quelque école privée de la Drôme ou de l'Ardèche, le demeuré, terreur et panique des dynasties bourgeoises, s'étale maintenant au grand jour des classes de rattrapage.

L'autre face du caractériel : Jojo l'affreux est devenu un dévoyé. Autre terreur des dynasties bourgeoises. Le mouton noir. Le gosse sournois. Celui qui joue de vilains tours aux chiens et aux chats. Qui en fait voir de vertes et de pas mûres à la bonne et à l'instituteur. Qui vole les parents. Qui les menace. Qui fait des colères terribles. Qui a de sales histoires. Qui commet des indélicatesses. Qu'il faut chasser. Ou qui s'enfuit, un jour, après avoir volé l'argenterie et ouvert le gaz. Contre qui on se cadenasse. Qui finira mal.

Ces deux terribles figures de la décadence de classe ont fait un saut quantité-qualité. Cas d'espèces du temps de la société victorienne, ils deviennent des séries prolifiques, banales, au niveau de la société libérale avancée — dans le pourrissement de la société traditionnelle.

Telles sont les données socioculturelles. La nouvelle instruction civique va les utiliser au mieux des intérêts du néo-libéralisme. Pour une nouvelle éducation. Pour une nouvelle stratégie idéologique. Elle va se servir de l'échec éducatif de la société traditionnelle pour la promotion des nouvelles valeurs. La dégénérescence de classe sera le moyen du renouveau de la classe dominante. La dynamique de l'arrivisme va naître de cette décomposition éducative.

Extraordinaire culture du négatif, révélatrice du pouvoir de renouvellement de la bourgeoisie. Ce qui tendait à empêcher la reproduction de classe va au contraire autoriser une radicale mutation. Ce sera la culture par la bande (marginalité) de la bande.

C'est tout un nouveau rituel d'initiation. Non plus à la société victorienne, vertueuse, mais au libéralisme, à la libre entreprise, à la magouille, au système D.

Il faut déniaiser, dessaler, affranchir l'endormi, l'ahuri. L'enfant trop sage doit être très vite préparé à ces affrontements. Il faut qu'il soit « à la coule ». Qu'il en finisse au plus vite avec ses rêvasseries. De même l'agressivité doit être récupérée, détournée, canalisée. Pour faire des leaders, des chefs, des animateurs.

La bande doit établir un équilibre entre ces deux extrêmes. Une norme d'usage doit apparaître par la dynamique de groupe. Une nouvelle culture doit permettre de transformer les défauts personnels en vertus de classe. Le rêveur et l'agressif doivent se corriger mutuellement. Pour ne pas devenir des demeurés ou des dévoyés. Une nouvelle synthèse doit concilier les extrêmes.

Ainsi s'opère la sélection. Ainsi seront écartés les incapables, les trop ou les pas assez. Ceux qui témoignent d'un système éducatif « sclérosé » figé sur des valeurs « dépassées » et qui ne peut plus que fabriquer des ratés. Ratés d'une vertu impossible, ratés de la praxis, alors. Ou caractériels de classe, irrécupérables car incapables de s'adapter, de changer. Trop débiles ou trop violents.

De nouveaux leaders doivent surgir. Ceux qui s'avéreront aptes aux mutations les plus brutales. Qui feront preuve d'initiative. Qui sauront composer, participer, s'intégrer. Ceux qui, livrés à eux-mêmes, sauront ne plus répéter un rituel de classe qui a perdu toute efficience. « La sélection naturelle » est terrible dans cette espèce sélectionnée, raffinée par l'histoire : la bourgeoisie. Car elle doit assurer la survie de l'espèce, sa reproduction matérielle et idéologique. La sélection, contre les autres espèces (féodalité, prolétariat), passe par la sélection dans l'espèce. Pour apprendre à maîtriser les autres classes sociales, le bourgeois doit apprendre à supplanter ses concurrents de la bourgeoisie. La culture de classe s'impose cette terrible police : éliminer les individus qui témoignent de fixations culturelles périmées.

La bande a quatre fonctions éducatives, quatre vertus initiatiques. Elle doit aider à *quitter* la tradition (la société victorienne : la morale). Elle doit *produire* les nouveaux modèles et symboles de l'émancipation. Elle *sélectionne* les meilleurs sujets et écarte les scories de classe. Elle *prépare* à la participation, à l'intégration au système. Elle doit opérer une rupture, éveiller une vocation, proposer un apprentissage.

La bande a la même fonction éducative que l'initiation du sauvage : rompre le lien ombilical, abandonner l'adolescent à lui-même, pour qu'il apprenne à se débrouiller, et par tous les moyens. Lorsqu'il aura fait ses preuves, il pourra participer à la société adulte. Mais alors que le sauvage ne fait que répéter — symboliquement — le Même, la structure tribale, la bande, elle, assure une mutation. Elle invente de nouvelles valeurs, de nouveaux modèles. Elle est le lieu du devenir, de la mutation interne. En elle, l'essence du capitalisme : la récupération idéologique du progrès.

L'Occident libéral a fait du roman d'apprentissage de la bourgeoisie un modèle pédagogique et une norme initiatique. Apprendre à changer, pour continuer ; à bouleverser, pour préserver ; à abandonner, même, pour retrouver. Le dérapage contrôlé sera le brevet de bonne conduite. C'est la passation des pouvoirs d'une bourgeoisie traditionaliste à une bourgeoisie libérale et permissive. Comme continuité et renforcement de la classe bourgeoise.

La bande est la médiation nécessaire. Entre la société qui se défait et celle qui se refait. Entre la famille en crise et la famille des nouveaux parents (normalisation du permissif). Entre les situations perdues (de la gestion colonialiste) et les nouvelles affaires (du capitalisme monopoliste d'État). Entre les débouchés traditionnels et les nouveaux métiers du tertiaire et du quaternaire. La bande autorise la rupture avec la société traditionnelle et l'intégration à la nouvelle société.

Car la bande permet la production d'une empathie spécifique du néo-libéralisme. Elle détourne, récupère les bons sentiments cultivés par la famille traditionaliste. Pour les adapter aux dures réalités de la vie. Certes, à un niveau ludique, symbolique, expérimental. Mais affrontement qui permet de dépasser la naïveté familialiste du petit bien élevé. Sans que cette émancipation tourne mal. Bien qu'elle affronte le mal (symboliquement). Ces preuves faites, la bande devenue adulte se prolonge en relations mondaines[9]. Troisième moment de l'empathie : les vieux copains, devenus de jeunes loups, font équipe et savent aider le congénère qui les a aidés ou qui les aidera.

Une affectivité, d'origine familiale, se déverse dans la fraternité de la bande. Pour se prolonger dans les relations « d'affaires », de carrière, de magouille[10]. Certes, selon une évidente entropie. Et selon de terribles mutations de l'affect étymologique. Mais ce sont justement ces deux dernières déterminations de l'empathie qui font l'ascèse sentimentale de la bourgeoisie libérale conquérante. De la famille aux copains, des copains aux relations mondaines (d'affaires) : tel est le parcours des sentiments, leur engendrement et leur finalité. On apprend à vivre. Le roman d'apprentissage est une praxis de classe. Le bourgeois est « sincère » ; il combine le sentiment et l'intérêt de classe selon un équilibre parfait. Le brave petit doit devenir un chic copain. Et celui-ci une relation utile.

9. Claude Sautet, surtout dans *Vincent, François, Paul et les autres*, a parfaitement mis en scène cette dynamique sociale.
10. Cf. le système de parenté défini dans *Le Frivole et le Sérieux*.

En fin de parcours, certes, parfois, souvent même, de l'amertume ou du mépris. Mais si l'amitié se meurt, à bout de souffle, usée par le profit, la nouvelle bourgeoisie triomphe, portée par les magouilles de toutes les bandes de vieux copains.

L'éducation bourgeoise aura garanti sa finalité ; un système de discontinuités autorise l'implacable continuité de la classe sociale. Par la terrible sélection du parcours initiatique. Que d'épreuves surmontées, de discontinuités rajustées, d'abandons assurés, d'intégrations négociées. Pour réussir, quelle accumulation de preuves, de mérites, de vertus.

Les élus seront ceux qui ont su combiner empathie individuelle et profit de classe. L'idéologie du capitalisme est une idéologie de la bande, du *lobby*, du groupe privé, de la secte, de la communauté. La pédagogie de classe initie à cette structure commune au cœur et à l'intérêt. Il faut les deux : tout bourgeois a besoin des autres bourgeois. Pour supplanter d'autres bourgeois. Tout est bande. Tout est culture de la marginalité.

Cette empathie est constitutive de la société civile, du libéralisme avancé, de la social-démocratie, de la libéralisation des mœurs. Nous avons reconstitué les trois moments de sa généalogie et, par conséquent, de leurs généalogies. Les bons sentiments s'émancipent par la bande. Pour devenir des usages privés, d'un groupe. Les relations (mondaines) seront l'utilisation publique de ce compromis. C'est la culture de la privatisation du collectif. Le familialisme s'élargit dans le groupe sélectif. Et celui-ci investit la chose publique. Un continuum est assuré : celui de la classe sociale. Car la généalogie de la nouvelle bourgeoisie — celle du néo-libéralisme permissif devenu social-démocratie libertaire — n'est autre que cette progression.

Tel est le vécu d'une praxis de classe, la relation entre la famille et la société : la captation du domaine public par l'usage privé, lequel accomplit les intérêts dynastiques[11].

Culture de l'incivisme, stratégie de l'arrivisme. Une bande de bons copains est faite de sacrés loustics. C'est la loi de la bande, de l'empathie, de la marginalité. La communauté marginale s'édifie sur la transgression. Structure de toute bande.

La culture de l'incivisme doit aménager un savant mélange de bons sentiments et de contestation subversive. La bande ne doit plus reproduire les valeurs de la société traditionnelle : plus de boy-scouts. Mais elle ne doit pas, non plus, devenir la bande à Manson ou la bande à Baader. Le chic type et le voyou sont les deux pôles de la bande. La nouvelle dynamique de groupe — dynamique du libéralisme, de l'émancipation — doit concilier les deux termes en une synthèse qui permet d'écarter la naïveté ontologique, familialiste, et le chantage du monde d'en bas sur les fils de famille.

C'est un échange de bons procédés pédagogiques. Le voyou affranchit le chic type. En échange, ce dernier le récupère (ou le neutralise). La bande est cette sournoise collaboration de classes, du fils de famille et du sous-prolétaire, du marginal à la bourgeoisie traditionnelle et du marginal au prolétariat. Deux déclassés dont l'association est la dynamique de groupe, celle de la bande. Dynamique de l'arrivisme mondain du libéralisme avancé jusqu'à la social-démocratie libertaire.

S'encanailler sans déchoir, jouir sans se compromettre : la bande est l'initiation aux nouvelles mœurs du libéralisme.

11. Tout un système de parenté objective ce processus selon des lois doublement occultées par l'idéologie dominante, que ce soit le structuralisme du système de parenté de Lévi-Strauss ou la contestation du fils libertaire.

Elle prépare même aux nouvelles carrières du libidinal, du ludique, du marginal. Faire la vie en faisant carrière. La bande est surtout un nouvel usage, une nouvelle culture — bourgeoise — du monde d'en bas. Celui-ci est policé, neutralisé, exploité. En particulier selon des formes nouvelles de la prostitution clandestine (ainsi la michetonneuse...). On ne se ruine plus pour les cocottes de luxe. La camaraderie sexuelle permet une consommation qui n'est plus tarifée. Pour les filles venues du commun, la reconnaissance dans la bande — selon un statut, un rôle — est une promotion mondaine qui permet les grandes espérances des carrières artistiques ou simplement de grandes vacances. Ou de dîner en ville. En échange, bien sûr... (Mais tout cela ne va-t-il pas de soi? Nous ne faisons que montrer, avec un total manque de tact et la lourdeur d'un sociologue qui se prend au sérieux, ce qui fait le charme discret de la bourgeoisie.)

Tout en réalisant la catharsis de ses pulsions et de ses impuissances, le nouveau bourgeois contrôle et neutralise le monde d'en bas. Double normalisation. Double maîtrise, par la bande, du libidinal, du ludique, du marginal. Contrôle de soi et contrôle des autres.

Cette culture de l'incivisme fait des parvenus qui n'ont rien de décadent. Ces bourgeois ont affronté le vice et ont su lui résister. Ils savent même le manipuler. C'est la force du permissif, de la nouvelle élite bourgeoise.

Les rites d'initiation ont permis cette sélection. La nouvelle bourgeoisie est une culture « morale »: celle de l'incivisme qui sait jusqu'où il ne faut pas aller trop loin. Ni hors la loi ni dans la loi: les grands libéraux-libertaires sont des malins et des hommes forts. Et des créatures sensibles: la sentimentalité a été l'outil de leur promotion.

De l'affrontement du chic type et du voyou doit naître une nouvelle norme, un nouveau système de régulation. C'est le scénario et le pathos de toute bande[12]. Trop de bons sentiments : le voyou les manipule. Trop de subversion : le chic type se perd. Il faut des ponts, des séductions, des fascinations. Tout un jeu d'échanges, de rencontres, de confusions.

Pour que la bande devienne ce qu'elle doit être, elle ne doit tomber ni vers le haut — l'édification morale — ni vers le bas — le délit criminel. L'idéal, c'est d'établir cette réciprocité : les bons sentiments comme moyens de la subversion ou celle-ci comme moyen des bons sentiments. Alors l'auditoire bourgeois applaudit des deux mains. Le gauchiste sera le chouchou — et la mascotte — du système. Le nouveau bourgeois aura su confondre l'idéalisme moral et la subversion de la chose publique. L'incivisme est une école d'arrivisme. À condition d'avoir été bien élevé.

L'histoire de la bande occidentale et libérale vérifie cette structure. Sa dynamique de groupe commence à la récré et finit à la manif. De Nanterre, elle vous conduit dans l'Ardèche. Ou à Katmandou. Du canular aux barricades. Des copains (de Jules Romains ou de Tissot) à la communauté « sauvage ». Des *Tricheurs* de Carné à *La Chinoise* de Godard. De la cafétéria au grand voyage.

Il ne s'agit pas ici d'entreprendre l'histoire de la bande du libéralisme. Il faudrait plusieurs volumes. Il nous suffira d'indiquer les axes essentiels de son développement. Quels sont

12. Carné, dans *Les Tricheurs*, en a fait un combat mythique, une allégorie digne des plus belles enluminures du Moyen Âge. Le duel de Voyou et Chic type dévoile génialement les enjeux mondains, métaphysiques, politiques du jeu de la bande. Voyou doit jouer au Chic type, comme Chic type au Voyou. Stratégies d'un sérieux implacable.

ses supports ? Quels rôles sociaux, quels statuts, quels modèles privilégiés véhiculent l'incivisme carriériste de la bande ?

Essentiellement : ceux de l'intellectuel et de l'artiste. Dans *Le Frivole et le Sérieux*, nous avons défini le système de la marginalité qui permet tout un recyclage des surplus démographiques et culturels de la bourgeoisie. Système très complexe qui doit articuler : dérive de l'accumulation, extension des secteurs de production, système de parenté, production idéologique et esthétique. Un strict déterminisme explique la production culturelle et esthétique de la nouvelle bourgeoisie.

Notre étude de la bande n'est qu'un appendice de cette définition scientifique de la marginalité. Elle nous a permis de proposer des figures phénoménologiques illustratives d'une conceptualisation. Et de rendre plus concrets des rapports de production qui devaient d'abord être situés dans la totalité du procès de production, dans l'histoire globale. L'histoire de la bande permet aussi de définir le système de la marginalité dans une perspective très particulière : celle de l'animation idéologique, de l'instruction civique (au sens large), de la pédagogie. Elle montre bien le cheminement de l'idéologie libérale jusqu'à la social-démocratie libertaire. La dynamique de groupe, de la bande, est le lieu même de la production idéologique.

Et selon deux 'rôles sociaux, deux statuts de classe, privilégiés par le néo-capitalisme, car supports de cette production : l'intellectuel et l'artiste. En même temps que ces deux surplus démographiques et culturels se recyclent, se constitue l'idéologie. Comme pratique idéologique, comme existentiel de l'idéologie. Ces intellectuels et artistes ont pour fonction d'inventer des modèles qui doivent devenir des usages de masse, ceux de la social-démocratie libertaire.

L'histoire de la bande permet de montrer leur prise de pouvoir idéologique : la promotion sociale par la promotion de l'incivisme, de l'idéologie contestataire. L'arrivisme de l'intellectuel est particulièrement exemplaire. Quel parcours ! Indiquons son schéma (d'une bande à une bande).

Tout d'abord, l'aimable subversion du canular : les copains (de Jules Romains) s'initient et initient au pouvoir de la nouvelle intelligentsia. Le club s'ouvre à une nouvelle promotion sociale. Par la culture. Un nouveau code ésotérique permet de constituer un clan. Celui-ci met en boîte — gentiment, encore, car pas trop sûr de ses arrières — la population inculte.

Le boy-scout perd son sérieux. Il en vient à jouer de bons tours aux bonnes gens. Son service civique tourne à la dérision. Mais on en reste là. Le canular aura permis « l'identité » du groupe. On est autre. L'École Normale a fait ses gammes. Celles du terrorisme intellectuel. De l'arrivisme culturel, de la promotion culturelle des nouvelles couches moyennes, émancipées et profiteuses. Le nouveau modèle culturel devra traduire l'arrivisme dans l'appareil culturel le plus élaboré. De là des productions idéologiques ultra-sophistiquées, canulars objectifs et inconscients qui deviendront la *Culture*. Celle des actuelles vedettes de l'intelligentsia.

Culture de clans, de coteries, de bandes, de groupes de pression idéologique. Pour en venir à la bande à Jean Daniel qui a réussi cette performance : être un symbole et un monopole. Les copains, maintenant, se partagent un énorme gâteau : la modernité culturelle de la social-démocratie libertaire. À moi, à toi. De la vraie nouvelle droite (Lévy) à la fausse nouvelle gauche (Touraine). Ou de l'ex-gauchisme à l'ex-droitisme. Culture des ismes qui savent se renvoyer l'ascenseur. Équipe informelle mais profondément homogène, puisque leurs dissemblances sont semblables, homogénéité d'une bonne bande de copains qui fait carrière. Et qui fait la Culture. (Nous reviendrons largement sur ce problème dans notre prochain livre, consacré à la production culturelle.)

Et l'artiste ! Quel parcours, lui aussi ! Une bande à part. Dans nos précédents livres, nous avons voulu montrer que son histoire est révélatrice de l'histoire de l'Occident : projection idéologique et esthétisante — fantasmatique — des surplus de classe. De *Don Quichotte* au *Neveu de Rameau*, de Flaubert à Artaud, la folie de l'artiste n'est que l'histoire de l'atroce blessure narcissique de celui qui est de trop dans l'être de classe. Le laissé-pour-compte objectif, le déchet, la bouche — et l'esprit — inutile. Quand il n'y a plus de Croisade ou d'Empire colonial, l'idéalisme subjectif devient absolu. Plus de débouchés pour le cadet, le trop plein de classe. Que reste-t-il ? Saint-Germain-des-Prés. Des bandes d'artistes. Puis le campus. Des bandes d'étudiants. Et quelle concurrence, alors. La névrose — cette surenchère narcissique du narcissisme de classe — ne suffit plus pour faire carrière d'artiste. Car elle est devenue objective, de consommation courante. Il faudra politiser, à outrance. Pour se différencier. Ce sera le gauchisme. Une autre carrière. La bande à Cohn-Bendit.

Tels sont les éléments constitutifs de la bande : l'intellectuel et l'artiste ; le chic type et le dévoyé ; le naïf et le malin ; le bourgeois et le sous-prolétaire ; le raté et l'arriviste. Autour d'eux gravitent ceux qui n'ont pas de rôle bien défini, mais qui en définitive proposeront la majorité sociologique, silencieuse. C'est un auditoire devant lequel se joue le drame de la bande. Trois rôles sociaux ordonneront le relationnel du groupe : le rôle du bouffon, de l'entremetteur, du truand[13]. Trois

13. Cf. *L'Être et le Code*, Éditions Mouton, 1972 ; L'Harmattan, 2004.

axes de la dynamique de groupe. Le leader sera celui qui sait manipuler ces rôles et ces personnages. Qui sait réduire les outrances et convaincre la majorité silencieuse. Et l'amener à une action organisée. Normalisée. Apprentissage au métier d'animateur idéologique, fonction essentielle du néo-capitalisme.

Les modalités proprement « psychologiques » de la constitution de la bande importent peu. Simple jeu de contiguïtés, de promiscuités. Ces rencontres se font partout où les structures se défont, là où elles se mettent à traîner. À partir d'un voisinage, en classe, au bistrot, dans une boîte. Il s'agit d'un simple jeu de machines, des rencontres de l'animation machinale.

La bande : le lieu de la culture de la marginalité ! Elle produit les modèles de la consommation — transgressive, modèles de la consommation mondaine de la social-démocratie libertaire. Culture du plus grand écart autorisé, de la plus grande différence possible (dans la bourgeoisie). Les extrêmes sont exclus de cette subversion normative. La bande à Manson et la bande à Baader seront des garde-fous, les limites qu'il ne faut surtout pas franchir. La subversion doit rester de bon goût : contestataire. Lorsque la bande échappe à la normalisation libérale, elle se tourne contre sa finalité qui est de promouvoir la social-démocratie libertaire. Celle-ci, une fois en place, désigne elle-même les frontières du permissif et les excès à exclure. Elle enfouit ainsi dans la vie quotidienne ses nouveaux privilégiés. La fureur des extrêmes lui permet de banaliser son incivisme. Et même de le proposer comme modèle civique. La libéralisation du néo-capitalisme deviendra la liberté.

C. — LA BANDE SONORE

L'autre animation: sonore. L'autre machination: boite à rythme, cabine leslie, pédale wah-wah, synthétiseur, fender, guitare électrique, etc. L'autre initiation à la mondanité: psychédélique. Après la mécanique de groupe, voici la mécanique « musicale ». Branchons la sono. Le disc-jockey ouvre les vannes.

La statue accède au rythme[14]. L'automate au déhanchement. Le désir à sa forme: les sens s'électrisent. Le mannequin s'anime de pulsions: gestes saccadés, répétés, figés. Bruitages de ces élans machinaux. Projection et transferts.

Vie de machine, corps du désir, corps rythmé. Le désir s'est éveillé. La statue est vivante: le machinal est son instinct (le vitalisme n'est que le reflet actif du mécanisme. Il n'est qu'un signifiant de l'animation machinale). L'être est gestuel. Et celui-ci est le rythme.

Cette mimique de la musicalité machinale va prolonger et accomplir le gestuel de la bande. Nous venons de voir comment la statue est devenue corps humain en empruntant les gestes de cette bande. L'expression corporelle est les figures socio-culturelles de la bande (de loustics). Elle n'est que l'expression de la dynamique de groupe, un premier système de mimiques. Maintenant l'être de la bande et pour la bande va s'épanouir, s'enrichir de l'être sonore, pour et par le rythme[15].

14. Celui que nous allons définir comme spécifique du néo-capitalisme: isométrique, mécanique.
15. Répétons-le, pour écarter dès le début tout malentendu: celui du néo-capitalisme.

Car l'expression de la dynamique de groupe est devenue l'animation sonore. Le groupe n'aura de réalité qu'en fonction des spatio-temporalités organisées par la machination musicale (essentiellement la Boîte). Les deux dynamiques s'épousent : la bande sera par le rythme, comme celui-ci sera par la bande. À la limite la bande — le groupe — et la bande — musicale — seront la même chose, la même réification de l'humain par la machination capitaliste. C'est la même bande qui se déroule, se récite, se répète, implacable programmation machinale de l'idéologie. Ballet d'automates (Béjart ne fera que sophistiquer davantage cette rhétorique morphologique, emphase esthétisante des axiomes et des déclinaisons de l'expression corporelle du machinisme).

Le rythme sans le swing ! Copie conforme mais contrefaçon diabolique. Le rythme à contretemps du swing ! Le geste sauvage réduit au geste mondain. Le rythme du rock est la récupération capitaliste du swing : la répétition mécanique se glisse dans le jazz pour l'utiliser à des fins de dressage du corps.

Le mannequin doit réciter. Après l'uniforme, la mise au pas : le psychédélique. Dressage du corps, dressage du désir.

Suivons cette nouvelle bande marginale. Elle va proposer un autre rituel initiatique. Un autre mode d'emploi du corps. Un autre gestuel, un autre dressage. Le corps doit devenir définitivement le corps de l'incivisme.

Le gestuel devient acte : conduites ordonnées selon une fin. La gratuité et la ludicité d'abord exercices de style et figures imposées doivent maintenant investir l'univers adulte. Pour signifier le défi de la bande à la « société ». La bande va se poser en s'opposant : son unité organique sera le combat contre la société. Le capitalisme l'a investie de cette mission :

pénétrer le champ d'expression du principe de réalité et imposer les valeurs du ludique, du libidinal, du marginal.

Le rituel initiatique devra signifier — symboliquement d'abord, puis réellement — la rupture et le défi. Il faut proposer un échange symbolique qui, dès le principe, rend *autre*. Le sceau de la révolte, de l'insoumission, de la subversion. Pour, en fin de parcours, accéder à la radicalisation politique (le Mai 1968 estudiantin).

Le leader ou animateur — le dynamiseur de la dynamique de groupe — sera celui qui ose. Celui qui prend l'initiative. Qui fait l'acte sacrilège. Qui vole le feu. Et renverse le tabou.

Le symbole se révèle alors le lieu de l'usage ludique. Le gestuel sera la manipulation de signifiants très allusifs. L'être de la bande n'est que ce système de signifiants qui ne repose sur rien. Et qui ne peut être que par un volontarisme constant, une constante surenchère. Lieu du conformisme radical et de la radicale facticité. Il faut toujours en rajouter, prouver, à soi et aux autres. Le symbole doit être constamment maintenu et renforcé par un volontarisme de l'escalade.

Celui-ci est porté par le langage de la bande. C'est un argot de groupe qui produit des mots phares : des signifiants qui sont totems et tabous. Mots inventés par le groupe, mots de passe et mots clés, pouvoir ésotérique et incantatoire de la bande.

Ces mots feront le passage à l'acte. Le volontarisme verbal dé-bouche sur une mise en demeure. À force d'en dire, on en aura trop dit. Il faut que la preuve suive. L'escalade verbale impose une réalisation effective.

Telle est la dynamique de groupe : un langage propitiatoire et incantatoire — une préparation psychosociologique — doit inciter à l'acte. Celui qui en prendra le risque sera alors reconnu par le groupe comme leader. Les chefs et les sorciers sont ceux qui réalisent ce que le groupe dit. Alors ils font la réalité de groupe. Et celui-ci les récompense.

La bande devient par celui qui ose ce qu'elle dit. Elle peut quitter la gratuité de son gestuel pour enfin accéder à un acte, lequel, aussi symbolique qu'il soit, est enfin la rupture désirée et délivrance. De la gratuité, de la ludicité, du bavardage et des rodomontades[16]. Il faut un acte, sans que l'on puisse trouver une raison d'agir. Mais avant tout échapper au terrible univers du ludique et du gratuit, celui des signifiants sans signifiés et sans référents. À tout prix un acte qui s'insère dans la réalité quotidienne, pour en finir avec l'insignifiance radicale de la frivolité.

Le mot phare des mots phares : la *fauche*. À force d'en parler, de le vouloir, de le rêver, le passage à l'acte. Acte étymologique, sacrilège, anti-tabou : le vol. Celui qui l'ose devient le chef. L'initié qui initiera. Alors la bande pourra s'élancer à la conquête d'une nouvelle réalité : un immense parcours d'abord symbolique — l'esthétique de la nouvelle bourgeoisie — puis, enfin, politique. Le moteur de sa dynamique sera dans ce passage de l'ordre ludique au principe de réalité, de la marginalité subversive aux modèles socio-culturels de la social-démocratie libertaire.

Toute la mauvaise foi de la bourgeoisie — et toute sa malice — est dans cette culture de l'incivisme, du système D, de la magouille, de la fauche qui n'est pas tout à fait le vol. « La propriété, c'est le vol », a dit Proudhon. Formule naïve,

16. L'acte gratuit, à la limite, sera l'acte de cette libération. Faire n'importe quoi, mais le faire. L'acte gratuit ne l'est jamais. Il est la solution métaphysique de l'impuissance politique (voir *Les Possédés* de Dostoïevski).

de libertaire. Mais si toute propriété n'est pas le vol, tout vol est bien une appropriation illégitime, analogue à l'appropriation par l'extorsion de la plus-value. Alors la fauche se révèle un apprentissage. Celui du métier de bourgeois. Elle n'est pas subversive, car elle a une double fonction symbolique.

Elle est une allusion (et une répétition symbolique, initiatique) à l'acte étymologique de la bourgeoisie : l'accumulation primitive, la rapine qui a fondé le destin de la bourgeoisie.

Elle est aussi initiation à l'affairisme. Et propédeutique au commerce, aux affaires, à la concussion. Savoir acheter, pour revendre en faisant du bénéfice. Savoir échanger. Être à l'affût des bonnes affaires. Magouiller.

À la Libération, un premier système de cette marginalité surgit ; les affaires vont reprendre. C'est un milieu effervescent, informel, confus, diffus, relation de café, de boîte, de présentations, où se côtoient, en particulier, magouilleurs du marché noir, petits et gros revendeurs, « réacs » ou « fachos » en rupture de droits civiques, jeunes loups opportunistes, fils de famille et dévoyés, etc. Dans ce contexte de magouille systématique, la fauche comme apprentissage de la magouille, et la combine comme fauche réglementée, ne se distinguent que par la hauteur des semelles, simple, double, triple.

La fauche exemplaire, l'acte fondateur de la bande sonore, à l'extraordinaire destin, l'intronisation de l'animateur, leader et locomotive de la bande du capitalisme monopoliste d'État, sera la fauche du disque. Acte hautement symbolique, passage d'une époque à une autre.

Fauche du surplus américain. Encore et toujours le surplus américain. On n'en sortira jamais. Il réapparaît, tel qu'en lui-même le capitalisme le change, indestructible ; reste newlook, éternel surplus. Comme une prolifération cancéreuse de la marchandise. Comme un emblème, symbole suprême de l'impérialisme et de sa séduction (jeans, V disque, etc.).

Un: la fauche. Deux: d'un surplus. Trois: pour la frime. Triple composante de la ludicité marginale, de l'acte initiatique à la société de consommation, de la symbolique d'accès à l'affairisme. C'est l'inauguration du nouvel ordre intérieur. Le commencement de l'animation sonore. De la France ludique, libidinale, marginale qui va s'épanouir dans le capitalisme monopoliste d'État.

Ainsi commence un inconscient collectif. Celui de la nouvelle consommation mondaine. Inconscient sociologique d'une nation. Dans *Le Frivole et le Sérieux*, nous avons déjà proposé ses composantes économiques et historiques. Celles-ci n'ont rien de commun avec l'inconscient de la psychanalyse. L'inconscient collectif est doublement caché: par la psychanalyse et par... la méconnaissance sociologique. Aussi il s'étalera au grand jour. Car réputé frivole et anodin, l'étude de ses manifestations semblera, elle aussi, futile.

La bourgeoisie veut se cacher ce qui est inavouable: cette marginalité ludique et libidinale, ce n'est pas bien beau! L'âme de l'Occident est devenue le mode d'emploi des surplus de l'impérialisme. Ce qui est presque jeté par le marchand est le supplément d'âme du système. Surplus américain: pacotille mercantile: culture de l'émancipation! Dernière esthétique de l'Occident!

Cette culture permet d'occulter la double appartenance à l'ordre impérialiste sous l'ambiguïté du fétichisme et de son esthétisme. Le surplus est à la fois une marchandise et un signifiant absolu. Nous verrons qu'il est la synthèse de la valeur idéologique et de la valeur marchande. Fétiche suprême. La pub du marché et le marché de la pub. Valeur d'usage et usage de la valeur. L'essence du mondain.

Telle est la stratégie du plan Marshall. Du potlatch de ce plan Marshall. Les surplus sont le commencement et le support de la consommation mondaine des nouvelles bourgeoisies de l'Occident capitaliste. Le modèle d'usage de ces surplus doit exprimer une intention subversive, contestataire. L'acte étymologique : faucher des surplus pour frimer. Trois significations en un symbole, trois composantes de tout gestuel mondain. Potlatch du capitalisme — subversion — régulation du système. Ce système veut la contestation ludique pour implanter et normaliser son marché.

Ainsi s'écoule la marchandise, par la promotion de vente devenue gestuel mondain. Le pli est alors pris. Tout geste de consommation mondaine sera une allusion à l'ordre structural et à son acte étymologique. Un usage ludique, libidinal, marginal sera antérieur à tout usage et à toute production de l'objet. Dressage du corps, initiation à la consommation.

À la Libération, donc, les GI liquidaient, dans les boutiques de surplus, les disques de jazz dont l'armée américaine avait armé les unités, soucieuse du moral des troupes. Disques à usage militaire mais bonne musique de jazz ; grandes formations, chanteurs célèbres, jazz « classique ».

La fauche, de ces disques, inaugurera la nouvelle consommation musicale. Elle crée un mode d'emploi du V disque[17]. Elle sera au commencement de la diffusion idéologique par l'industrie du disque.

Faucher le V disque, ou plus exactement dire à la bande l'avoir fauché. Certains disques furent peut-être fauchés. En

17. V disque : disque de la Victoire.

bien des cas acquis par des magouilles diverses, des trocs de marché noir.

La transgression devenant modèle d'usage, le V disque était lancé. Le marché de la marginalité, marché des surplus (qui va renouveler le marché des puces) est consacré, ratifié. La valorisation de l'objet est autant dans sa réputation subversive que dans l'usage esthétisant. La manière d'acquérir décide de la façon d'utiliser[18].

Mais qui fauche ? Qui peut prétendre avoir fauché. Qui peut être cru ? Il faut oser défier les lois de la tribu : la morale de la société traditionnelle, celle d'avant la guerre. Et certes, les circonstances sont favorables : cette morale est celle d'une bourgeoisie vaincue, collaboratrice, totalement déconsidérée.

Qui prendra l'initiative de la définitive rupture et qui aura le plaisir et l'avantage d'inaugurer tout un nouveau système promotionnel ? Le leader désigné va devenir un animateur et un patron. Il représentera l'élite d'une génération qui a débuté avec les J3[19], s'est installée avec la surboum, pour triompher avec le yé-yé (et triomphe commercial). Élite qui sera à l'origine des modèles de consommation du néo-capitalisme.

Il faut une situation interlope, une double appartenance à la marginalité. Le leader est celui qui peut circuler d'un groupe marginal à un groupe clos. Il doit appartenir à la fois au monde clos de la bande adolescente et à l'univers de la magouille adulte. C'est un entremetteur. Il dispose des deux codes et se sert de l'un — où il n'est qu'un larbin, un commissionnaire, grouillot de la magouille — pour maîtriser l'autre

18. Le livre volé — fauché sera aussi un fétiche culturel. Le signe de l'initiation subversive à la culture. Le révolutionnarisme estudiantin en fera faillite — Maspéro.

19. Les « jeunes » de l'époque, mis en carte alimentaire.

— où il devient le leader. Affranchi par la combine adulte, à ses dépens souvent, berné par les grands, la leçon reçue et retenue lui permet de manipuler le groupe juvénile, d'en imposer et de s'imposer. Bouffon chez les durs, il devient dur chez les tendres.

Entremetteur aussi, entre la bourgeoisie et ce double système de marginalité. C'est un fils à papa (ou presque). Celui qui fait le mur. Qui sort. Qui organise les surboums. Chez lui. À la coule, déjà animateur.

En ces marginalités, d'une redoutable inculture musicale, il témoigne d'une certaine culture. Héritage familial, du cancre qui a pianoté en bâillant. Ou client des premières boîtes de jazz, qui en a retenu quelques noms, quelques airs, quelques tics.

Ce bagage lui suffit pour en imposer. On le croira quand il dira avoir fauché le V disque. La bande l'écoutera et le suivra. Il sera son éducateur-animateur. L'animation sonore sera son œuvre.

Cette initiation, de la nouvelle génération bourgeoise, est doublement caractérisable. La bande sera rejetée et snobera ce rejet. Processus socio-culturel très ambigu : deux raisons contraires croisent leurs effets pour un résultat commun. Indiquons très brièvement le schéma de cette animation sonore.

Elle va d'abord se heurter aux deux cultures musicales populaires. Celle du jazz et de l'accordéon. Musique de deux prolétariats : du Noir américain et du Blanc français. Le bourgeois, rejeté, va les rejeter ; marginalisé, il va les marginaliser. Ne voulant ni ne pouvant s'intégrer, il les récupérera.

Ce processus est celui de la mise en place de la nouvelle culture, de la nouvelle bourgeoisie du capitalisme monopoliste d'État. Une culture bourgeoise originale n'est plus possible. La bourgeoisie n'a plus de message à apporter. (Ce qu'elle a pu faire par exemple au moment de sa lutte contre la monarchie de droit divin.) Elle ne cherche que des alibis culturels à sa consommation. Pour ce faire, elle puise dans les traditions populaires pour justifier ses usages mondains. C'est un processus d'esthétisation de l'esthétique qui caractérise l'après-guerre (du plan Marshall à la crise).

L'implantation, en France, du capitalisme monopoliste d'État (et du modèle américain) va se mesurer d'après l'irrésistible progression de cette nouvelle culture bourgeoise, hybride, syncrétique, commerciale, qui, partie de rien — de la surboum — va monopoliser tout le champ culturel et laminer les traditions populaires : le jazz sera quasi anéanti, interdit et l'accordéon récupéré par la mode rétro. Cette culture musicale est un inépuisable filon commercial, idéologique, mondain. Implacable terrorisme culturel de l'inculture du libéralisme.

Cet extraordinaire phénomène, qui caractérise l'idéologie du capitalisme monopoliste d'État, est évidemment passé inaperçu : l'intelligentsia a bien rempli son rôle de larbin du système. En échange, elle a reçu une consommation mondaine privilégiée. Le pouvoir d'initier au système (*Le Monde, Le Nouvel Observateur, Le Matin,* etc.).

Et pourtant, ce phénomène sociologique de la consommation musicale est particulièrement révélateur. Alors qu'en Amérique — lieu étymologique de cette consommation musicale — plusieurs régulations ont délimité son expansion, en France il s'est déployé d'une manière outrancière, caricaturale. C'est la marque de la colonisation culturelle : le colonisateur « met le paquet », expérimente sans vergogne, osant à l'étranger ce qu'il n'oserait et ne pourrait faire chez lui. Il trouve toutes les complicités et toutes les complaisances. L'arrivisme mondain du consommateur fera le reste : la France, de rurale, deviendra la France du rock puis du disco.

Le rock — terme générique qui contient toutes les répétitions entropiques de la contrefaçon, toutes les sous-marques de la fabrication originelle — va récupérer le jazz comme l'idéologie de la Fête récupérera la liesse populaire, comme la mode rétro récupérera l'accordéon.

De la même manière, le gauchisme récupérera Marx (Livre deux) : l'intégration politique au système. Comme le néo-kantisme des vedettes de l'idéologie (Lévi-Strauss, Foucault, Lacan, Barthes, Althusser) récupérera Kant pour occulter Hegel (Livre trois) : l'intégration culturelle au système.

Suivons la bande, encore. Elle montre le cheminement existentiel de cette idéologie. Quelle trajectoire ! Son arrivisme est celui de l'expansion du rythme prétendu « pur ». Et on peut proposer — très schématiquement — quatre ou cinq grandes périodes de cette mutation.

De la Libération à la fin des années soixante : le jazz, la musique instrumentale, Sydney Bechet face à la dynamique ascendante de l'animation musicale venue des surboums. Le jazz face à la danse. Puis une période charnière : le yé-yé, le twist. Triomphe du « rythme ». Énorme conditionnement par les médias. Ensuite, l'impérialisme du rock (et du groupe chanté). Avec une apothéose : les Beatles (une entropie peut contenir de belles résurgences ; l'accident qui confirme la règle). C'est aussi la disparition des dernières boîtes de jazz à Paris. Récemment : la première internationale musicale et esthétique. La mondialisation du rythme le plus pauvre : le disco. Tout petit regain du jazz, quelques nouvelles boites. Enfin, un nouveau « retour aux sources » du rythme : le reggae, etc.

Le leader de la bande, l'animateur, l'entremetteur, passera à la Fête avant d'aller à la boîte. Il y conduira la bande. La fête de quartier — produit de la Libération, seule « animation » qui puisse se targuer d'avoir été réellement populaire — va permettre à la bande de prendre ses distances avec les mondanités naïves et sommaires de ce qui sera pour elle la populace. La bande peut s'y commettre. Et s'y amuser de bon cœur. Comme on peut s'amuser des gens simples (avec eux). Il y aura dans leurs gestes la « distanciation » subtile du bourgeois qui va au peuple. Pour montrer et se prouver la différence en d'imperceptibles nuances. Puis le leader, d'un bon mot, donnera le signal du départ.

Pour aller à la boîte (à la cave). À la Fête, il a pu snober. Et asseoir son prestige en apprenant aux autres comment snober. À la boîte, il s'expose à se faire snober. Il va se révéler l'entre-deux : celui qui quitte le bal populaire sans accéder à la culture classique — déjà classique — du jazz. Et culture sélective.

Le jazz — celui de Boris Vian[20] — est bien alors un élitisme bourgeois. Celui des héritiers d'une tradition. Une certaine bourgeoisie a su reconnaître, recueillir, maintenir, conserver. Cette musique populaire a été respectée, étudiée, avec dignité et ferveur. Sans essayer de se l'approprier. Avec une rare honnêteté intellectuelle. L'authentique amateur de jazz n'aimera pas tellement, par exemple, danser ou voir danser du jazz. Déjà, tout un univers — un gouffre — sépare le jazz de l'amateur éclairé ou du professionnel (critique ou musicien) de l'expression corporelle de l'animation

20. Cf. *Les Chroniques du jazz*, sa grande œuvre, évidemment méconnue (collection « 10/18 »).

sonore. Ces conservateurs[21] ont repris et continué une grande tradition. Sans dénaturer le genre : musique instrumentale, Sydney Bechet...

Aussi, entre les amateurs éclairés et la clientèle mondaine, le malentendu sera énorme. Le leader conduit la bande à la boîte pour l'affranchir : pour danser, frimer, « s'amuser ». Et ils rencontrent des pédagogues, des traditionalistes.

La culture jazz se révèle un barrage pour la nouvelle génération mondaine d'une radicale inculture musicale. Il aurait fallu apprendre. Écouter. Travailler. C'est-à-dire perdre les prestiges de l'émancipateur. Se soumettre à des précepteurs.

Aussi le leader va éloigner sa bande de ces boîtes savantes. Mais tout en récupérant soigneusement les signifiants culturels du jazz, les usages mondains de la Boîte, les canevas musicaux.

Il a récupéré, de même, « l'ambiance » de la Fête, son animation spontanée. Aussi dispose-t-il maintenant d'une nouvelle sémiologie mondaine, comme signes de la rupture, justement, avec la fête de quartier et avec le jazz authentique. Il va proposer une animation sonore moderne qui prétendra dépasser des formes archaïques ou conservatrices. Rejeté par deux cultures populaires, il les utilise pour les snober, en récupérant leurs signes pour trahir leur esprit.

Le jazz sera perverti en rock : *La Fureur de vivre*. La musique de la subversion et de la révolte. C'est-à-dire l'arrivisme mondain de la nouvelle génération blanche. La dénaturation du jazz va alors renforcer et développer l'autre perver-

21. Conservateurs à la manière dont Parker, à la fin de sa vie, rêvait d'un conservatoire. Ou à la manière d'André Hodeir, lorsqu'il propose les règles de composition du Jazz.

sion, qui a déjà fait le leader. L'acte subversif étymologique — la fauche — va devenir le gestuel même de l'incivisme. *La Fureur de vivre* sera le raccordement de deux dynamiques : celle du rythme — et non du swing —, celle de la contestation — et non de la révolution. Double prestige du leader, initiateur à la musique et au politique. Double suffisance, arrogance de la bande. De la surboum aux Rolling Stones.

Proposons quelques repères de cet arrivisme, de cette promotion mondaine. Ou comment l'industrie du disque a conquis son marché.

C'est d'abord chez lui que le leader amène copains et copines. Pour leur faire écouter les V disques de sa fauche et de ses choix musicaux. Musique plus dansante, plus rythmée, plus simple. Plus « moderne ».

Le leader doit avoir bien des qualités. Entremetteur mondain, il doit aussi proposer l'appareillage élémentaire : le disque et le pick-up. Acquis, laisse-t-il entendre, par d'autres combines. Il faut les deux pour faire les leaders d'une génération : l'équipement matériel et les signes mondains, les tics culturels et les objets de leurs usages.

Parmi tous ces leaders, certains vont devenir des patrons. Ceux qui pourront un saut qualitatif. Il faut pouvoir proposer un équipement de plus, un outil indispensable : le local. Le plus à la coule des leaders créera la nouvelle cave ou la nouvelle boite. C'est celui qui, dans le système de la marginalité interlope, a su établir les meilleures relations, ou celui qui dispose de l'argent hérité de papa (Nouvelle Vague). Pour acquérir cet équipement, par combine et magouille.

Alors, la subversion se faisant affairisme accède à sa vitesse de croisière. Lorsque le leader devient le patron, la bande devient la clientèle. La bande rabat d'autres bandes. La fusion des bandes dans la même clientèle fera la boite qui marche. Alors la mode relance l'affaire.

Une mutation s'est opérée : une dynamique marginale est devenue une fonction et une structure. Un genre est né de la récupération mercantile, une structure d'accueil. Une cellule centralisatrice draine la multitude des petits groupements informels. Une demande, confuse au début, vient d'accéder à sa meilleure formalisation. Tout le reste suivra : l'industrie du disque, la commercialisation de l'animation sonore. Il fallait tout d'abord : 1° la création du besoin ; 2° la cellule d'accueil et d'usage : la boite ; 3° la mode et ses annonceurs (Régine). Alors le produit manufacturé de série peut s'écouler. Il a trouvé ses supports, ses officines de promotion.

Mais il ne s'agit là que de la première phase de l'expansion de l'animation sonore. Celle-ci connaîtra un extraordinaire renouveau grâce au développement technologique. Et de la technologie de pointe. Les nouvelles figures du gestuel mondain de l'animation sonore seront proposées par ces usages technologiques. L'empathie est encore celle de l'appareil. Le champ d'expression de la machine est le gestuel de la bande.

Du pick-up à la sono, du disque à la cassette, de la surboum au concert : autant de bandes, de gestes, de mots qui s'auto-engendrent progressivement. Autant d'écoutes, autant de sémiologies d'usages, d'expressions corporelles, de figures de la dynamique de groupe. Surproduction alors d'émotions, de sentiments, d'états d'âme : tout le pathos machinal engendré par l'animation sonore. Ou comment le néo-capitalisme produit le spontané, le naturel, l'indignation contestataire.

Alors, du petit groupe de la surboum à Woodstock, l'empathie juvénile devient la sensibilité de l'époque. On a la psyché que l'on mérite. Celle de la nouvelle consommation musicale qui permet une fabuleuse progression du chiffre d'affaires de l'industrie musicale.

L'empathie, de cette nouvelle dynamique de groupe, sera définie par l'articulation des techniques de pointe et de la mécanique sociologique. L'animation sonore dispose d'un extraordinaire clavier : la combinatoire de deux mécaniques, celle de l'humain et celle de la machine. Pour manipuler l'intimité intérieure et l'intimité extérieure, la subjectivité et la classe d'âge, l'individu et le collectif.

Le concert est une médiation essentielle : il rassemble les clientèles des boîtes (comme la boite avait déjà rassemblé des bandes) pour une nouvelle écoute. Il a un rôle de centralisation et de diffusion. Il consacre les groupes et lance de nouveaux tubes.

C'est que l'extraordinaire développement de l'appareillage technologique a dépassé les moyens de la plupart des patrons de boîtes. Tout passe dans la sono. La monopolisation se fait comme dans tous les autres secteurs soumis à la « libre entreprise ». En écartant des concurrents par l'investissement dans les nouveaux moyens de production de l'animation musicale, la technologie instrumentale avancée.

Centralisation, mais aussi décentralisation : le groupe itinérant fait Woodstock, mais il fait aussi la province, la campagne même. C'est comme si la boîte allait à domicile, créer l'événement. Pour inventer « spontanément » une nouvelle bande : les auditeurs du concert. Un groupe homogène d'individus jusqu'alors isolés. Pour implanter au cœur de la province la demande musicale standard (le stéréotype le plus simplifié, le rythme de plus en plus sommaire).

L'investissement dans l'appareillage sonore est tel qu'il exige la rentabilité du productivisme. La tournée entraîne d'énormes frais généraux. Un parc automobile est nécessaire pour le déplacement des instruments, des techniciens, des musiciens. Le groupe doit se produire en une série harassante de concerts.

Cette dynamique de la décentralisation territoriale et du regroupement musical (des groupes) permet d'atteindre la totalité de la classe d'âge. Elle aboutit à Woodstock. L'apothéose. La bande des bandes, le concert des concerts. La première internationale de l'animation machinale.

La cassette et le microsillon : l'écoute intimiste. De l'intimité extérieure et intérieure. Écoute solitaire ou d'un petit groupe de copains.

Une « sélection » s'est faite. Celle de la vulgarisation de la technologie avancée de série. Et celle de la banalisation immédiate des tubes, de la mode la plus avancée.

Cette figure techno-sociologique permet un double profit : musical et industriel. Par une double publicité : la réciproque promotion de vente de l'objet — la cassette, le microsillon — et de l'œuvre — musicale, du groupe. Le disque fait vendre le rythme, comme le rythme fait vendre le disque. Deux sources de profit, absolument complémentaires. La pub est rythme, comme le rythme est pub[22]. Pub du système, modèle de la consommation musicale et modèle de toute consommation mondaine.

L'animation machinale a fait l'âme et le collectif, le cri subjectif et la morphologie sociale. Certes, les écoutes intimistes, micro-sociologiques n'ont pas le pouvoir d'invention et de promotion de l'animation corporelle de la boîte et du concert. Ceux-ci restent les lieux privilégiés du mondain. Les

22. Rythme, répétons-le encore, du néo-capitalisme : l'anti-swing (isométrique).

grands modèles gestuels sont événementiels : ils témoignent d'une dynamique de groupe qui rend compte de la conjoncture historique, d'un moment particulier, vécu selon une symbolique spectaculaire, dont les media garantissent la diffusion promotionnelle.

Mais le côté consommation privée de la cassette et du microsillon révèle une intox, une imprégnation sonore encore plus contraignante et révélatrice. C'est une intériorisation maximale de l'idéologie. Un procédé alors privilégié de la reproduction de cette idéologie. Car gestuel d'accueil, intimiste, de l'Autre, de toute autre information et relation. Un maniérisme de l'écoute se propose comme subversion subjective a priori. Tout naturellement, alors, l'usage du hasch, de la drogue. Comme raffinement de l'usage intimiste, ingrédient de la subjectivité.

Le hasch, découvert au concert, devient communion intimiste, rentré à la maison. L'ampli, les spots, le psychédélique-maison font de la chambrette une petite boite. Et le hasch permet, entre intimes, d'atteindre l'intimité de l'idéologie capitaliste, la microreproduction de l'atmosphère des extases collectives.

D. — CONTRIBUTION À UNE THÉORIE DU JAZZ : LE ROCK, OU LE RYTHME SANS LE SWING. LE SWING, OU LE TEMPS RETROUVÉ

Le rock, ou le jazz sans son âme, ou le rythme sans le swing ! Alors qu'il se prétend révolte et subversion, il n'est que soumission à l'ordre capitaliste.

Nous allons proposer à l'honnête homme une théorie des rapports du jazz, du rock et du capitalisme qui devrait scandaliser les idées reçues. Les siennes, hélas.

Le rock (et ses dérivés) découpe la durée musicale en tranches homogènes, répétitives, similaires. Le temps devient une durée linéaire débitée en tranches toujours identiques. C'est le temps du Même, du devenir réduit à la répétition. Ce qui a été sera. Ce qui sera a été. Répétition de l'identique. Rythme réduit à l'isométrie.

C'est une sécurisation maximale. Total conformisme. Rien ne peut faire intrusion. Le Même garantit le Même. L'Autre est radicalement interdit. L'Autre, c'est-à-dire la différence, aussi infime qu'elle soit. L'ouverture, l'aventure, l'improvisation. La répétition, machinale, mécanique, automatique écarte les deux possibilités de l'intrusion de l'Autre, de la rencontre. De la vraie vie. Ce rythme empêche — et d'une manière brutale, sommaire, terroriste, impérialiste — la finalité et l'à-côté : ce vers quoi va le temps et ce qui se passe en même temps. On ne veut pas savoir. Haine de la mélodie et de la fugue. Le temps ne doit pas échapper à son renfermement rythmique. Durée close, d'une société close, d'un corps enclos sur sa misère, durée enclose dans le Même.

Durée sans progression qui exorcise l'angoisse du devenir, qui se refuse à reconnaître l'écoulement du temps vers sa fin : la mort. Refus d'affronter, d'assumer. Exorcisme fondamental de la culture bourgeoise. Interdiction de toute différence, de la reconnaissance de l'autre.

Boum-boum : c'est toujours pareil. Sécurité machinale. Rien ne se passe. Rien ne se passera. Rien ne doit se passer. Le temps tourne en rond. Éternel Retour du Même. Le corps est cette pauvre certitude, d'être le Même. Mais être du non-être : le temps sans l'autre. Le temps sans l'amour.

Cette temporalité encagée, prisonnière d'elle-même, est la dimension essentielle du capitalisme. Elle dit son grand renfermement. Elle est la temporalité du solipsisme, de l'autisme, du narcissisme, du schizophrénisme. L'expérience corporelle — et spirituelle — la plus pauvre.

Temps de la foule solitaire. Du psychédélique. Chacun enfermé en son rythme : chacun danse pour soi, corps machinal. L'autre frôlé, heurté, pourtant. En fragments. La « communion » du rythme (sans le swing) est alors cet échange, du non-être. Nouvelle sécurisation : l'Autre est aussi refus de l'Autre. De l'Échange. Il est emmuré, lui aussi, en sa solitude. Il ne tentera rien pour en sortir.

Rythme (du rock) : répétition : refus et négation. Mais de l'Autre. Et consentement au capitalisme. Refus de l'Échange. Pour une sécurité terrée, égoïste, mécanique.

Ce rythme est pire que conservateur. Il est réactionnaire et porte en lui une violence de refus fascisante. Il doit interdire à tout prix l'histoire, la reconnaissance. Le rock est la musique de la majorité « bruyante » de la nouvelle petite bourgeoisie, du consentement au système (complément à la majorité « silencieuse » des « anciens » petits bourgeois). Surtout ne pas être dérangé de son conformisme. Que ça continue. Que ça se répète. À jamais.

Cette durée musicale est l'exploitation commerciale et la récupération idéologique d'une dimension anthropologique fondamentale, mais ignorée, jamais dite. Le rythme en son étymologie, en sa genèse est un fait culturel, le lien social du désir à la jouissance. Nous ne reviendrons pas sur cette qualité première du corps qui inclut toutes les autres (ainsi les fixations psychanalytiques, qualités secondes du relationnel). Nous l'avons longuement définie dans *l'Être et le Code*; il nous suffira d'en rappeler l'essentiel.

Pour que le désir (l'appétence) du bébé atteigne la satisfaction de l'être, il faut l'intervention de l'Autre, de la culture, de la mère. La première connaissance du corps est cette expérience temporelle: la consommation apportée et garantie par un rythme. C'est-à-dire une régulation parfaite, une normalisation venue de l'Autre, qui identifie la fonction, la relation, la durée. Cette temporalité est la substance: par la mère, le désir assouvi et garanti. L'être premier (l'antéprédicatif). Le rythme est le savoir organique de la substance. Ce qui est dans le corps plus lui-Même que lui. L'immanence de l'être et de la culture.

Alors est possible la première mémoire: le commencement du temps. Une temporalité, car durée répétitive, permet un devenir en répétant un passé. Cette mémoire sera le support de toute une culture du temps, du corps, de l'histoire, de la musique.

La substance originelle doit être progressivement niée. Pour accueillir l'être de la cité. Le rythme, structure d'immanence, en se répétant entraîne le jeu du fonctionnel, du relationnel, du spatio-temporel. Et le travail de ces catégories modifie progressivement l'expérience temporelle originelle qui doit en venir à son intégrale négation: la mélodie ou le temps finalisé par la médiation de l'Autre, de l'amour. Toute la culture de la reconnaissance, de l'Autre, de l'amour. Alors la substance est dépassée, niée. Ses données constitutives: le fonctionnel, le relationnel, le spatio-temporel deviennent autonomes. La division du travail permet d'objectiver cette dynamique.

Toute cette culture peut être niée, refusée : la temporalité demeure figée dans le pur répétitif. Le devenir sera le Même. L'autre sera réduit au Même. C'est le rythme du capitalisme : le rock. Le rythme sans le swing est l'essence temporelle de ce capitalisme. Il est l'expression corporelle de « l'aliénation de l'homme ». La marque du rythme répétitif, saccadé, fébrile, de la machine. La répétition égoïste et sécurisante du Même. La volonté de consommer sans rien produire. Et refus de l'échange, du partage.

La suprême imposture, récupération idéologique et mondaine, consiste à prétendre que ce rythme est le swing. À partir d'une analogie formelle — de canevas, de scansion — entre le jazz et le rock, on dira que celui-ci (et toutes ses dérives) non seulement continue le jazz mais encore l'accomplit, le libère ! Ce serait le même swing, perfectionné, épanoui.

Idéologie de la récupération ! Le swing est Autre. Il est l'Autre du rythme capitaliste. Il n'est plus la temporalité encagée, encadrée, gardée, policée de la répétition machinale, forcée, abrutissante, mais au contraire le temps perdu et retrouvé, le temps qui suspend son vol. Le temps éternel. Une répétition, oui, mais celle du Même avec l'Autre. Le temps accompli, le temps libéré, celui de la réconciliation du Même et de l'Autre. L'un. Le temps de l'harmonie.

Car cette temporalité n'est autre que l'identification parfaite du temps de la communauté et du temps du corps. Le temps de l'histoire humaine a su retrouver et exprimer le temps de l'innocence, celui du premier moment du corps. Mais en tant que phénomène historique et culturel. C'est un antisubstantialisme qui interdit toute récupération à des fins de consommation. Deux rythmes se confondent en une harmonie totale, cosmique et singulière. Le swing.

En termes de musicologie, il est évident que le rock récupère le jazz en le réduisant à ses schémas et à des tics. Qui a la « feuille » en conviendra. Certes, le rock (et ses dérivés) est déjà dans le jazz des origines. Mais comme une virtualité connue du jazz et refusée, dédaignée. Ou ironiquement utilisée.

Mais c'est surtout en anthropologue que nous voulons marquer la différence. Car c'est à ce niveau que se font les manipulations idéologiques. L'anthropologie historique permettra de compléter notre théorie du jazz. Montrons tout d'abord le processus idéologique de la récupération, celle qui veut utiliser le jazz pour justifier le rythme capitaliste, l'animation machinale.

On nous dira que le Noir swingue en tant que race, en tant que Noir. Cette thèse substantialiste, ontologique est alors... raciste : une qualité ontologique est attribuée à une nature, à une race. Et quelle qualité : le sens de l'harmonie, le geste de la participation immédiate à l'ordre naturel, cosmique. Harmonie préétablie, entre un corps, une race, le cosmos (qualité qui fait un autre peuple élu, enchaîné et messianique).

Méthodologie du racisme : les acquisitions de la culture, de l'histoire sont dites naturelles, innées. Alors que l'être est un acquis historique, moment ou résultat d'une phénoménologie, d'une praxis, d'une saga. Pour ces idéologies, le swing est la couleur de la peau. Et non la culture d'un groupe humain devenu homogène et particulier de par une longue histoire, qui est celle du jazz.

Ces idéologues iront jusqu'à raconter qu'il y aurait un lieu — en Afrique — de l'origine du jazz, de la musicalité pure. Substantialisme naïf — ou cynique ? — du retour aux sources. Thème éternel de la réaction. Retrouver l'essence de l'Afrique serait retrouver l'essence du Noir, l'essence du rythme. C'est l'idéologie du néo-colonialisme écologisant, idéologie du sous-développement : « Une race est pure... elle a échappé aux tares de la civilisation... il faut la préserver et empêcher les exploiteurs de l'équiper en biens de production industrielle, car pollutions et nuisances vont suivre. »

Ce prétendu swing devient du coup le modèle de la contestation, de la subversion de la société industrielle et capitaliste. C'est une substance : un lieu, une race, une essence naturelle. Le Noir swingue et témoigne ainsi d'une pureté ontologique que le Blanc, par son histoire, a reniée, effacée de son corps, pour se soumettre au gestuel policé de la civilisation.

Grâce au rock, le Blanc pourrait retrouver cette innocence d'avant la civilisation (l'antéprédicatif). Ces idéologues diront que le rock libère le corps de son carcan religieux et moral, du maintien gauche, occidental. Alors le corps n'est plus guindé, honteux de lui-même. Il s'exprime. Le corps modelé par la religion, culpabilisé, corps du péché, peut se défouler, se libérer des tabous.

Cette idéologie est habilitée par toute une culture. Celle de la modernité. Il faut la psychanalyse. Et sa dérive freudo-marxiste. Et l'ethnologie. Les deux quêtes de l'antéprédicatif. De l'être d'avant la civilisation corruptrice.

Idéologie de la modernité qui n'est qu'une nouvelle mouture du vitalisme de toujours. Anthropologisation de l'élan vital. Bergsonisme revu et corrigé selon les nouveaux besoins idéologiques. Par le rythme (du rock), on se libère de la société close (du conformisme bourgeois). Pour accéder à l'harmonie et à l'innocence (de l'élan vital). À la pulsion, à la spontanéité, à l'élan.

L'idéologie utilise toujours les mêmes trucs. La vie... la vie du vitalisme. L'idéologie du capitalisme monopoliste d'État ne fait que développer et exalter l'idéologie du capitalisme concurrentiel libéral. Celle qui était déjà l'idéologie du combat contre « les Lumières » et le mécanisme scientifique.

Triste imposture: le rock n'est qu'une pulsion aussitôt mécanisée, encadrée, soumise. Morne répétition: le swing n'est plus, ne reste que le rythme mécanique, métrique, scansion de la temporalité capitaliste. Piteuse contrefaçon. Mais que la toute-puissance du capitalisme a imposée. Pourtant, peut-on établir un lien quelconque entre le déhanchement d'Elvis Presley et un chorus de Parker? L'intelligentsia ne s'est guère indignée de cette imposture. Au contraire. Pour elle, le rock est bien une manière de se révolter contre le système.

Cette conception du jazz substantialiste, néo-capitaliste, mondaine, doit être dénoncée et écartée. Et contre cette récupération de l'harmonie préétablie de Leibniz, nous proposerons une thèse hégélienne et marxiste. Thèse antiraciste. Celle de la production historique d'une temporalité unique: le swing, qui n'est ni dans la nature ni dans la race. Mais fait de culture.

Pour swinguer, il faut être Noir. D'accord. Presque d'accord, car pas mal de musiciens Blancs swinguent, aussi. Et ces nombreux cas d'espèce suffisent à infirmer la thèse substantialiste: le swing n'est pas un fait de race. Si des Blancs swinguent, c'est qu'ils participent, de l'intérieur, à la réalité historique de la culture noire. Et non en usagers.

Il faut avoir été esclave. Mais encore et surtout américain. Il faut les trois qualités, articulées en un ensemble dialectique et historique: être un Noir qui devient un esclave et un esclave qui devient américain. Le Noir est le support et le véhicule de cette culture. Au résultat, « l'essence » du Noir : le swing. Non pas comme permanence et résurgence d'une qualité naturelle, mais comme nature devenue, culturelle. Fait historique. Alors que l'idéologie veut en faire la contre-histoire (l'antéprédicatif).

Cette culture du jazz est d'abord un fait de migration. Et non un lieu fixe et étymologique. Migration qui est le plus monstrueux déplacement de population de l'histoire. Le swing est la microtemporalité qui rend compte de cette macro spatio-temporalité. En une ellipse, toute une histoire. En un raccourci temporel, tout un espace.

Cette migration sociale est un phénomène historique unique : les deux bouts de l'histoire se rencontrent et s'identifient. Le mode de production du primitif et le mode de production capitaliste vont se confondre en un genre de vie qui donnera naissance au swing.

Cette identification ne pourra être celle d'une cité autonome, l'organisation d'un espace social institutionnel. La compénétration des deux cultures s'accomplira en une temporalité. Le surgissement du refoulé est une marginalité. Un à-côté de la cité institutionnelle. Le swing est dans et à côté.

Cette temporalité nouvelle, en « son essence » est le blues. Microtemporalité, à côté de la macro spatio-temporalité américaine, et qui rend compte de la totalité de la migration Noire. Une unité organique temporelle doit rendre compte, en une durée très brève, en une cellule musicale, d'une multitude discordante et dissonante de faits historiques. C'est-à-dire : le vécu tribal, le déplacement de population, la restauration nostalgique, la participation à l'ordre industriel. Participation contrainte et forcée, mais aussi participation culturelle volontaire, involontaire, par le jazz.

Armstrong et Billie chantent en américain et non dans un dialecte africain.

Autant de dissonances qui pourtant constituent un ensemble homogène, autant d'accords dont le désaccord sera le lien. L'unité de la cellule musicale sera faite de l'ensemble des discordances.

Le jazz est cette élaboration synthétique : il s'ordonne selon la causalité historique et il s'unifie aussi selon la finalité historique. En une ponctualité harmonique, les antagonismes, les ruptures, les discontinuités de l'histoire.

Le swing, ellipse de la saga du peuple noir américain, est une temporalité qui se déborde elle-même, qui se déboîte pour glisser et qui se rattrape juste à l'instant où elle semblait se perdre. Temps syncopé, qui affirme, puis se nie, revient sur lui-même pour mieux se dénoncer et se recommencer. Temps qui se détruit à mesure qu'il se construit et qui ainsi devient une durée intime, la modulation même de l'intention subjective, l'histoire du peuple Noir[23].

Le swing est une re-création organique — individuelle — de l'histoire globale. C'est un vécu qui répète l'éternelle scène. Recréation organique car temporelle, durée existentielle qui s'éprouve comme la première fois : durée musicale.

23. Celle-ci est l'histoire du jazz. Elle s'achève et s'accomplit par l'affrontement de la ville capitaliste : la métropolis américaine. Dernière ascèse du Noir, esclave, paysan. Dernier moment du calvaire. Moment de Parker. Le jazz, alors, actualise la subjectivité universelle. Il assume la psyché occidentale, celle de l'homme blanc.
Cinglante ironie de l'histoire : alors que l'Occident mondain singe le rythme du swing, le Noir prend en charge la mélodie infinie. Quelle remise en ordre ! Quelle leçon ! Mais allez expliquer ça à Foucault et à Jean Daniel.

Supériorité de la musique sur les arts plastiques qui ne peuvent que représenter. Ils n'échappent pas à la fonction symbolique. À des médiations nécessaires pour exprimer une intention. À une objectivation qui rend intelligible la subjectivité, mais qui aussi la trahit.

Le swing, au contraire, re-vit l'histoire racontée. En un vécu du corps qui expérimente charnellement l'acte historique du peuple Noir américain. Il est pure subjectivité.

Et ce vécu est un savoir absolu : une synthèse organique. Il fait le lien entre tous les moments. Il est création et création d'une totalité. Comme expérience du corps et maîtrise du corps. Le pouvoir de répéter, le macro en un micro, le multiple dans l'un, le Même dans l'Autre. Tous les affects sont unifiés en une sagesse historique, qui transcende les moments. Rien n'est oublié. Mais tout prend son sens.

« Aimez ce que jamais on ne verra deux fois. » Le jazz est toujours Autre. Sa nuance : l'Autre dit par le Même, la communication la plus intime et la plus actuelle. L'ineffable. Le Code est l'Être. Sans aucune médiation. Comme immédiate participation. Seule la musique peut le faire. Et elle seule en a le droit.

Cette imperceptible nuance qu'est l'existentiel ne se répète jamais deux fois. C'est le contraire absolu du rock, du rythme machinal. Car l'expérience microrépétitive, des moments de la saga, ne peut être jamais le même. On n'éprouve jamais de la même manière ce qui nous est consubstantiel. Le swing est cette émotion indicible : l'unicité de valeur universelle.

Le swing est l'entre-deux rythmes, constamment débordés : entre le tam-tam et entre le rock. Car le tam-tam ne swingue pas. Encore moins le rock. Mais le swing se confond aussi à ces rythmes. Pour les dénoncer et se dire Autre. Alors deux systèmes de temporalités révèlent leur fonction sécurisante, leur ontologie répétitive et réactionnaire, leur refus de reconnaître cet Autre qu'est devenu le Noir — esclave — américain. Le swing, musique populaire parce que de valeur universelle, dénonce à la fois la fixation régionaliste à l'Afrique et la récupération capitaliste de l'Occident. Il refuse en même temps le vitalisme du primitif et le machinisme du capitalisme. Ce que l'idéologie cherche à identifier et à imposer.

Formidable humour de la saga noire, car savoir du passage, de la médiation, de la rupture. Savoir du producteur-esclave. Et production d'un mode de production : le mode de production industriel. Car c'est le travail de l'esclave qui est à l'origine de l'accumulation primitive, laquelle, réinvestie dans le secondaire, permettra l'extraordinaire progrès économique du capitalisme des monopoles.

Producteur alors totalement frustré de sa production. Ce que le jazz dénonce alors dans le rock, c'est le rythme de la consommation capitaliste. Humour noir de la saga Noire, qui se sert de ses singes Blancs (Elvis Presley) comme faire-valoir du swing. Le jazz est alors vraiment subversif. Un chorus de Parker suffit à dénoncer la facticité de la révolte, de la contestation, de la subversion machinale et mondaine. Le truquage de ces Blancs qui veulent encore se servir des Noirs.

Mais ce swing dénonce aussi le retour aux sources, thème essentiel du néo-colonialisme écologisant. De même qu'il est autre que le rythme du capitalisme, bien que le Noir soit à l'origine de sa puissance industrielle, il est autre que le rythme africain, bien que le Noir américain soit d'origine africaine. Il renvoie Sun Ray et Elvis Presley dos à dos. La contrefaçon vitaliste, de la restauration ontologique, ne dit pas la nostalgie du Noir mais celle du Blanc. C'est mépriser le blues, expression culturelle du déplacement de population. C'est dédaigner le rôle essentiel du peuple Noir américain dans le procès de production. C'est vouloir que l'Afrique croupisse en sa misère séculaire.

Idéologie du Blanc dérangé dans sa consommation et qui voudrait la restaurer en un lieu privilégié, à l'abri des turbulences des producteurs, qu'ils soient Blancs ou Noirs. Pour qu'un espace et un rythme sauvages interdisent à jamais tout aménagement socialiste du territoire : nouvelles colonies de vacances[24].

E. — BILAN PROVISOIRE DE L'ANIMATION MACHINALE. VITALISME ET ANIMISME

La statue de Pompidou — celle que le régime produira et diffusera en série, culture de masse — a appris à vivre et à vivre sa vie. Son intégrale passivité lui a permis d'accueillir au mieux les stimuli extérieurs. Et de déployer, alors, tout le gestuel adéquat. Celui d'un dressage quasi pavlovien, toute une gamme de réflexes conditionnés, gestes d'usages d'objets privilégiés, initiateurs.

Ça fonctionne. La statue est fonctionnelle. Ses gestes se sont articulés en séries, celles-ci en conduites hiérarchisées et finalisées, pour faire des actes.

La dynamique gestuelle, d'abord purement organique, est devenue psychologique, puis sociologique. Trois systèmes morphologiques se sont stratifiés pour donner des fonctions au corps. Celles des usages de la nouvelle consommation mondaine.

24. Cf. *Les Colonies de vacances*, François de Negroni.

Vie purement machinale, d'automate : de geste en geste, de signe en signe, de conduite en conduite, la systématique du paraître va constituer son être. L'être mondain. Le maître — le capitalisme — dispose de cet extraordinaire pouvoir magique : animer le non-être des gestes de sa matière. Le moindre stimulus suffit à déclencher une extraordinaire complexité gestuelle, morphologique, sémiologique. Tel est le paradoxe de la passivité, celle de la matière.

La moindre animation rencontre une totale disponibilité. La marque s'enfonce sans résistance et se diffuse immédiatement. La matière, pur réceptacle, est extraordinairement malléable. Son impuissance à être lui donne ce pouvoir : être la première forme proposée, et n'être que cette forme. Le non-être est la plus grande disponibilité à la forme.

Cette dynamique de l'animation crée un univers — machinal — en expansion. Une fois lancée, la statue ne s'arrêtera plus. Le poids de la matière l'entraîne, constante accélération du rythme, de plus en plus fébrile.

Il semblerait presque que le mannequin en rajoute, de lui-même, tant l'élan de la passivité est irrésistible, à cause de sa pesanteur. Cet élan vital est intarissable, une fois donnée la chiquenaude initiale. Il est comme une vibration qui ne peut plus s'arrêter et qui même s'amplifie, tant le vide aide à la résonance. L'onde de l'animation machinale est un vibrato infini.

Et comme ce paraître est vivant ! Toute une dynamique est devenue une animation et celle-ci un système de rythmes. Le capitalisme a fait du machinal la pulsion, la spontanéité. L'élan vital.

Le monde de l'apparence — le mondain — est un non-être diabolique, une imitation de la vie qui fait plus vraie que la vie, qui en rajoute. Le diable en fait trop pour imiter l'inimitable. Il y a dans l'animation machinale une fébrilité qui la trahit. Le rock en fait trop pour être le swing. L'automate est trop parfait pour être la vie.

Notre approche anthropologique nous a déjà permis de définir le corps selon le rituel initiatique, la magie, le totem, le potlatch, l'échange symbolique. C'est le corps de la consommation. Le corps de la modernité social-démocrate. Une autre catégorie fondamentale — l'animisme —, nous permettra de compléter cette généalogie du corps de la modernité.

Car le vitalisme est aussi un animisme. Le corps est initié. Initiation au *mana*, aux forces occultes, obscures qui régissent les phénomènes vitaux. Rites d'initiation à un univers où les objets et les gestes sont gouvernés par une entité spirituelle, une âme.

Cette âme n'est autre que celle du... capitalisme! C'est l'âme de l'animation machinale. L'initiation est intégration — inconsciente — au système, participation idéologique spontanée, « innocente », au mana (de l'être capitaliste).

C'est ce mana qu'il faut capter. C'est ce à quoi il faut s'intégrer. À un premier niveau, c'est l'initiation aux objets fétiches et aux gestes totems (poster, flipper, juke-box, cheveux longs, jeans, guitare, etc.). Première initiation mondaine, première animation machinale, premier animisme. Puis, à un second niveau, le rituel initiatique progresse vers la participation. Elle n'est plus symbolique, mais expérience existentielle — le rythme (celui du rock). La radicale soumission du corps à l'animation machinale — le psychédélique — permet de participer au grand tout et même d'atteindre la transe, le mana lui-même.

Ce rythme[25] est la meilleure des structures d'accueil de

25. Métrique, réduit à la mesure, à la cadence.

l'animation machinale. Alors l'expression corporelle assimile immédiatement, sans détour, la mécanisation du vécu imposée par le néo-capitalisme. Le rock est la plus parfaite structure de dressage du corps. Il est une préparation à la fébrilité de la nouvelle société. Par ce rythme, l'intégration machinale au machinal des rapports humains. Alors l'élan vital s'identifie à la dynamique capitaliste. Le vitalisme est le vécu de l'animation machinale.

Nous verrons que les autres niveaux de l'initiation mondaine à la civilisation capitaliste sont aussi des procédures de captation du mana. Ainsi le hasch, et les drogues dures, permettront l'extase, l'immanence totale.

En fin d'initiation, ce sera l'accession à des objets fétiches très sélectifs mais usuels (un certain usage de la moto, par exemple). Le mana ne sera plus une expérience ludique, momentanée, propitiatoire. Mais une pratique quotidienne, une consommation, celle du maître de « la société de consommation ». L'intégration au système est acquise.

Animation machinale: vitalisme, animisme, fétichisme. Du consommateur. Car tout ce dressage corporel n'est que la mise en place d'une forme. Celle de la consommation mondaine. Atteindre cette forme est atteindre l'essence du capitalisme. Son mana.

Le corps se laisse animer car ainsi il accède à la forme la plus parfaite de la consommation mondaine. Nous avons là l'explication de l'extraordinaire facilité avec laquelle le corps parvient à des usages extrêmement sophistiqués. C'est sa passivité elle-même qui permet au machinal d'agir. C'est sa soumission qui autorise son pouvoir. L'abandon à la pesanteur fait le jeu de machine.

Extraordinaire pouvoir d'engendrement du non-être.

Toutes les figures décrites ne sont que le développement de la même « aptitude » à recevoir sans avoir eu à produire. À prendre sans rendre. À répéter sans progresser. La passivité, paradoxalement, devient un acte. L'acte d'utiliser, d'user, de se servir sans avoir élaboré, travaillé. Cette passivité est la réceptivité de la matière. Le corps ne fait que céder de plus en plus à sa pesanteur. Il s'abandonne entièrement aux stimuli du capitalisme. Pour élargir extraordinairement son champ fonctionnel.

Il n'y a aucune progression dans la dynamique de la statue. Ce n'est pas par un perfectionnement intime que le corps atteint la perfection formelle de la consommation. C'est au contraire par la radicalisation de sa passivité. Par le plus grand abandon. La plus grande soumission.

Les marques du dressage se font ainsi de plus en plus pénétrantes. De plus en plus coercitives, impérieuses. La passivité de la statue s'avère infinie, définitive. Son « éducation » a consisté à l'abandonner à elle-même. À sa nature. À son penchant. À sa « spontanéité ».

Cette veulerie semble sans limite. La rhétorique machinale interdit l'authentique révolte. Tel est le corps modèle que le nouvel éducateur — ou animateur — devra fabriquer en série.

5

Quatrième niveau initiatique : l'initiation mixte, subversive et institutionnelle. — Le hasch et un certain usage de la pilule

A. — LE CORPS AUTONOME DU MANNEQUIN

1. Du sensualisme à l'intégration institutionnelle — Le corps comme machine à rêver

La dynamique de groupe et l'animation sonore ont donné au corps un équipement machinal tel qu'il peut fonctionner de lui-même. La statue dispose, maintenant, rappelons-le, d'un savoir organique mais aussi psychologique et sociologique. L'automate est devenu autonome. Il devient adulte.

Il reste un automate : il ne sait que ce qu'il a appris par la bande et le machinal. Il ne peut que fonctionner selon la programmation acquise. Il la répète machinalement. Mais à un certain moment de cette création « continuée », l'intervention constante des stimulateurs, ne sera même plus nécessaire.

Au début, le mannequin n'était que pulsions, gestes saccadés, rythme fébrile. Son intimité intérieure n'était que la projection de l'intimité extérieure inventée par le capitalisme. L'univers du stroboscope et du synthétiseur — l'animation machinale — est aussi l'univers mental du robot humain parfaitement dressé. Les pulsions ne sont pas des conduites. Encore moins des actes. Mais quand il n'y a que pulsions, le psychisme n'est qu'un jeu de lumières et de bruits, de gestes qui ne peuvent se continuer, d'intentions aussitôt oubliées. Et tout cela inlassablement, inexorablement répété.

Le premier sensualisme — de la statue — n'est que jeu de machine. L'être machinal, l'être des pulsions. Le bruit et la mièvre fureur de la gesticulation. La statue de Pompidou accède à une animation spécifique, propre au rythme du capitalisme. Inédite. La statue de Condillac disposait, elle, d'un sensualisme… des sens. Celle de Pompidou a le sensualisme du psy., que seul le capitalisme pouvait inventer et déverser dans la statue. Nouvelle innervation, qui écoule et inocule dans le plus intime du non-être organique les significations intimistes de l'animation machinale.

L'être psychologique est celui du sensualisme. Et celui-ci est l'être du psychédélique. Le mannequin a bien la dimension « psychologique » de sa nature. Celle qu'il mérite. Ce psy. est le résidu d'une sensation. Et celle-ci le résidu d'une consommation. Le tout est un dressage. De l'être machinal.

À la fin de la culture par la bande — de groupe et sonore — le corps dépasse ce premier conditionnement. Maintenant, le robot dispose d'une mémoire. C'est un robot à la coule, qui sait vivre. Cette mémoire est très sophistiquée, très élaborée. Le mannequin mondain peut répondre aux stimuli mondains — et à eux seuls — selon un choix. Et il peut proposer ce qui ressemble à l'improvisation : de nouvelles combinaisons, plus systématisées. Il peut puiser dans un énorme arsenal de signes, de gestes, de formes et proposer même des conduites très complexes, quasi imprévisibles tant les matériaux acquis sont multiples et divers. Le robot devient un extraordinaire montage de séries gestuelles et sonores qui s'articulent pour proposer un discours machinal. Celui de la mondanité capitaliste.

Le mannequin « s'humanise ». Sa machination ressemble de plus en plus au gestuel humain. Comme ces robots qui, au dernier moment de leur récitation, proposent un geste inédit, surprenant tant il imite la vie. Geste qui paraît même plus vivant que le vécu organique. La statue, alors, semble vraiment s'animer. Comme si elle échappait à son mécanisme. Pour vivre d'elle-même. Libre. D'une vie née de la perfection du geste. Hoffmann[26] a pu s'y laisser prendre. Mais cet humain est un trop humain inexorablement dénoncé par on ne sait quelle imperceptible fébrilité.

Ce corps parfait du machinal va pouvoir s'élancer vers des conduites mondaines encore plus perfectionnées. Vers une définitive intégration corporelle au système. Le mannequin mondain va accéder à des conduites adultes. Celles de l'initiation mondaine mixte, subversive et institutionnelle.

Mais alors son passé devient son inconscient. Comme pour l'humain. La statue aura un inconscient : le psychédélique, l'univers pulsionnel de la première animation machinale. Le rêve capitaliste peuplera le rêve de l'animal-machine. D'elle-même, maintenant, la statue devient ce que le capitalisme l'a faite. Ce qu'elle rêve, c'est ce qu'il y a de plus machinal, de

26. Celui des contes d'Offenbach.

plus extérieur. Ce sera son intimité, son moi profond. Son « ça ». Ce qui est au fond de la profondeur mondaine : le machinal. Profondeur du superficiel : la machination capitaliste.

Ce rêve est bien ce qu'il y a de plus superficiel. Cette vie des sens est le non-sens de la vie : l'élan pulsionnel qui retombe en même temps qu'il s'élance, la répétition fébrile, les discontinuités sans fin, dissonances et discordances. Le rêve est mécanique car il n'est que jeu de machine. Le corps sans l'autre. Mais hanté par l'autre. Il est l'organique en son impuissance d'être sans l'autre. Et c'est son seul message. L'interprétation du rêve doit être l'interprétation de la matière : un non-sens hanté par le sens que la culture et la raison imposent.

Cet inconscient fait du corps une machine à rêver. Rêve de machine. De la machination capitaliste. Rêve, psychédélique, hallucinogène sont les trois aspects de cette animation machinale. Le dressage du corps est celui de l'intimité, de l'inconscient, de l'âme du mannequin mondain.

Deux automatismes vont se confondre : celui de l'animation capitaliste et celui du corps. Les programmations de ces deux machines à rêver vont s'identifier pour proposer le même scénario du même rêve.

L'univers du synthétiseur et du stroboscope sont mélangés, confondus en une totale fête des sens du machinal. Plus haut moment du rêve — par le syncrétisme de tous ses constituants — et plus haut moment de l'animation machinale — par l'extrême sophistication de l'appareillage. Le psychédélique est alors la projection spatiale, colorée, de la temporalité brisée d'un rythme sans swing. La fébrilité hachée de ce rythme reprend et répète la décomposition spectrale de la lumière.

Imaginaire de pacotille, richesse de l'animation capitaliste. Le corps comme machine à rêver est le prêt-à-porter du rêve bourgeois.

2. La subversion radicale — Le flagrant délit d'une autre normalité conformiste

Ce corps bourgeois va préserver le plus longtemps possible ces prérogatives mondaines. Car il dispose alors de son plus grand potentiel de séduction. Il est à la fois l'être et le politique, le vécu et le message, la consommation mondaine et la révolte. La pseudo-naïveté politique peut se donner le charme de la révolte ingénue.

Cette révolte mondaine se confine longtemps dans les marginalités de la bande et de l'animation sonore. Pour se savourer. Se consommer. S'utiliser comme arme essentielle de la séduction. De la drague. Les minauderies de James Dean se refuseront longtemps à leur prise de parole.

Tel est l'énoncé de la mondanité occidentale : la séduction est contestataire. De là sa problématique : comment concilier l'expression corporelle et le discours politique, la participation et la représentation, le signe et la parole. Il faut équilibrer la consommation mondaine et le message politique. Car les deux termes sont en rapport d'expression. C'est par la subversion politique que le mondain se valorise. C'est par le mondain que le politique se promeut.

Cet équilibre parfait (du troisième niveau initiatique) ne pourra être maintenu. Car le mondain est condamné à l'escalade subversive. De par la concurrence et l'usure des signes. Ce qui commence comme sélection, marginalité d'un petit groupe tombe très vite dans la consommation de masse. La banalisation des signes réduit de plus en plus le mièvre message contestataire des premières initiations mondaines. Pour écarter la concurrence de la mini-tranche d'âge d'avant (on est passé de la mode pour une génération à la mode pour une décade, puis pour une classe d'âge, puis pour un été) et supplanter les rivaux de la nouvelle mini-classe d'âge, il faut proposer d'autres modalités transgressives. Plus violentes. Plus politisées.

La subversion se radicalise, accède à la plus grande transgression possible dans le mondain : la drogue et le sexe. Cette consommation transgressive exaspère le message politique de l'émancipation, de la libéralisation. C'est la grande bataille contre les tabous et les interdits.

L'expression corporelle est bien la réalisation d'une intention politique, alors qu'au niveau du rock et de la bande, la pseudo-innocence ontologique était telle que le vécu semblait apolitique. Du troisième au quatrième niveau initiatique, l'émancipation passe du combat contre le père au combat contre « la société ».

Les conduites contestataires se font systématiques, finalisées. Elles quittent l'univers ludique de l'adolescence, l'animation de groupe et l'animation sonore, pour des conduites ouvertement transgressives, discoureuses, personnalisées, engagées. Mais sans quitter définitivement l'expression corporelle. L'enjeu reste le sensible, la consommation mondaine, l'accès aux signes, au pouvoir libidinal, ludique, marginal. Les représentations politiques ne se séparent pas encore du vécu.

Alors la contestation mondaine atteint le moment dialectique de sa plus grande contradiction interne : contradiction entre l'institutionnel et la subversion. Car ce qui se dit contestation n'est qu'initiation mondaine, niveau supérieur de l'intégration au système, à la société permissive. Tel est le mensonge du monde. Le grand combat contre l'institutionnel n'est que la substitution de l'institutionnel de demain à celui d'hier.

C'est ce flagrant délit de nouvelle normalité conformiste que nous allons dresser, à propos de la drogue et de la liberté sexuelle. Comme avant-dernier moment de l'initiation mondaine. Cela nous permettra de constater, une fois de plus, la profonde duplicité du corps mondain. Ce corps est le constant double jeu d'un faux jeton. L'économie du plaisir est celle de la mauvaise foi politique. Elle est le constant opportunisme d'une double vie[27].

Ce corps mondain est à la fois psy. du psychédélique et sagacité manœuvrière. Il va disposer de tous les niveaux de l'initiation mondaine. Et de leurs signes et rituels. Il est cette hypocrisie, cette mauvaise foi, ce pouvoir de l'idéologie : être à la fois le sensualisme machinal et l'institutionnel de la nouvelle société, l'instinct pulsionnel et la gestion de l'économie, le naturel spontané et le modèle culturel, l'ordre et le désordre. Ce corps mondain est l'incarnation du nouveau pouvoir de classe.

Mais ainsi, il aura accompli un parcours : celui de l'expression corporelle. Toutes les possibilités auront été vécues, accomplies. Ce corps ne peut que se répéter et succomber à l'inflation des signes. Il tombe dans la banalisation, la culture de masse.

Alors s'ouvre un nouveau parcours mondain, celui du pur discours politique. La concurrence, au niveau de l'expression

27. Et nous verrons que cette économie n'est autre que le potlatch de la plus-value. La forme que le néo-capitalisme donne au parasitisme de classe.

corporelle, sémiologique est telle qu'il faut chercher un nouveau système de réalisation. Ce sera la prise de parole politique, l'ère des nouveaux sophistes. À partir de Cohn-Bendit.

Le corps mondain antérieur est alors globalement démodé. Il n'est plus le moyen unique de l'arrivisme mondain. Il se fera snober par l'ironie sophiste. Sans être dénoncé, car c'est aussi le corps du nouveau sophiste. Et l'opportunisme de celui-ci est tel qu'il utilise au maximum les effets vestimentaires et sémiologiques. Mais ce corps sera négligé, « distancié ». Le mondain de l'expression corporelle deviendra le faire-valoir de la parole politique. Il permettra de montrer la différence entre celui qui sait dire et celui qui ne savait pas. Différence entre le naïf de bonne volonté et le messager politique. C'est la frivolité mondaine de l'entourage qui fera le sérieux du discours gauchiste.

Nous venons de démasquer le mondain dans l'expression corporelle. Mais il est déjà ailleurs. Et dans le sérieux politique ! C'est le sophiste maintenant qui va occuper la scène du monde. Et c'est au niveau politique que le mondain doit être aussi défini, poursuivi, dénoncé (ce sera le livre II : l'intégration politique au système).

B. — LA DROGUE, L'USAGE MONDAIN ET LA PHARMACOLOGIE DE L'OCCIDENT

1. La manipulation idéologique et la théorie matérialiste

Ah ! La tête du petit-bourgeois à sa première fumette ! C'est qu'il se passe enfin quelque chose. On a « créé l'événement ». Quelque chose d'interdit. De dangereux.

Ineffables mimiques de l'impétrant. Papa dort mais la police veille. Va-t-il devenir un camé? Mais les copains sont là. Vigilants, chaleureux: « Respire fort… attends… ça va venir. » Il y aura deux races. Ceux de la planète et les autres. Les initiés et les bourgeois. La plus belle icône du système: le hasch. Vous tirez sur le joint et vous entrez dans la résistance. L'usage de la drogue est la voie royale de l'intégration — subversive. Le meilleur usage de l'ambiguïté constitutive du système.

On nous dit maintenant — on: les médias — que le hasch est inoffensif! Donc, deux périodes de la valeur d'usage proposée par les media, les « spécialistes » de la drogue, les experts, les éducateurs, etc.

Les rejetons de la bourgeoisie ont longtemps pu croire et surtout faire croire qu'ils étaient des maudits, des suicidaires, des héros des ténèbres. Puisque le hasch était la drogue. Et celle-ci la déchéance. Alors qu'ils n'étaient que les pères tranquilles de la consommation marginale.

Voilà le modèle parfait de la malédiction-bidon. Elle a longtemps servi à l'avant-garde, image d'Épinal de l'initiation — à peu de frais — aux ténèbres. Premier profit idéologique.

Cette image, le type « qui-se-détruit-parce-que-le-système-le-dégoûte », est un remake de l'imagerie romantique. Mais quelle extraordinaire dégradation du contenu et du message. Le romantique authentique n'éprouverait plus — avec la drogue — ce que les autres veulent obtenir — par la drogue. Le romantisme est une ascèse. Un acte, une volonté. L'extase de l'idéalisme subjectif est l'amère récompense d'avoir tenté de vivre.

De même, l'autre extase de l'idéalisme subjectif — l'extase mystique — se gagne par de terribles exercices spirituels.

Quarante jours dans le désert. Ou tout bonnement le jeûne. Mais toujours la soumission du corps, son dressage quotidien, celui de « l'abrutissement ». Alors parfois — mais ce n'est pas le but de la spiritualité — des illuminations, des transes. Le sentiment d'être le maître du monde par l'expérience charnelle de son néant.

Le drogué, au contraire, consomme. Et consommation idéologique du corps. Il cherche à obtenir ce à quoi le romantique et le mystique cherchent à s'arracher. Le drogué est l'essence même de la société de consommation. Alors que son image idéologique prétend le contraire. La drogue est le fétiche par excellence.

C'est le rituel de l'achat qui valorise le produit. Sa clandestinité, sa cherté font le sélectif de la marchandise. Le rituel de la prise consacre sa valeur d'usage. Être « accroché » prouve la valeur ineffable de la marchandise. Et le danger encouru témoigne que son usage est au-dessus des moyens du commun des mortels.

L'acte d'achat est l'essence de la drogue. Un acte d'achat parfait : clandestin, subversif, sélectif. Une élite achète l'essence même de la valeur. L'extase ne peut que suivre.

Pur geste de consommateur : le produit ne doit pas être payé avec l'argent d'un travail. Mais avec l'argent du vol, de la prostitution, de la magouille, du système D. Comme pour le V disque — fauché — le consommateur s'octroie la marchandise. Si elle signifiait une part de travail — de son travail — elle n'aurait plus cette valeur suprême de produit sélectif.

Le hasch est maintenant proclamé inoffensif. Aucun danger. Il « n'accroche » pas : l'imagerie de la déchéance romantique était donc totalement usurpée. Alors se révèle pleinement le fétichisme de la marchandise. Le drogué était bien accroché : à un fétiche. Le fétiche privilégié de la société de consommation. Celle qu'il prétend contester.

Ce second moment de l'usage du hasch va autoriser un extraordinaire déploiement idéologique. Une savante dialectique de la mauvaise foi permettra plusieurs niveaux de relance.

« On » a chassé la malédiction du hasch. Aussi va-t-elle investir, maintenant, exclusivement les drogues dures. D'une pierre deux coups : on relance le statut du maudit et on revalorise, par une nouvelle signification idéologique, la consommation banale (en évitant sa trop grande banalisation). Ainsi on élargit les champs d'usages idéologiques. Pour gagner de nouvelles clientèles. Il s'agit d'une pub, d'une valorisation. Par l'idéologie.

L'usager du hasch redevient une victime : celle de la bêtise répressive du bourgeois, de l'éternel philistin[28]. Le petit consommateur devient l'innocence encore et toujours persécutée par le conformisme. Le bourgeois, en sa stupidité, ne sait pas que le hasch n'accroche pas. Il attribue aux drogues douces les méfaits des drogues dures.

Cet usager est alors un pionnier, un libérateur. Il va assumer la répression policière car il veut la libération de l'inconscient. Par le hasch, le déverrouillage du nocturne, de l'imaginaire, du rêve. Le hasch est un combat contre les interdits et les tabous du positivisme bourgeois.

On dira que le bourgeois a peur du rêve, de l'inconscient, des pulsions. Il ne veut pas que l'imagination prenne le pouvoir. En même temps qu'il réprime le rêve (le hasch), il lais-

28. De nos jours, comme chacun le sait, celui-ci n'est autre que le vieux stalinien.

se faire le trafic des drogues dures (cocaïne). Parce que c'est un commerce, ça rapporte du fric. Et parce que le bourgeois est vraiment un salaud : il s'en fout que le camé se détruise. Le bourgeois, c'est l'indifférence.

Ce discours est une double incitation à la consommation, du hasch et des drogues dures. Le petit consommateur accède au statut mondain de contestataire radical. Et de contestation poétique. Un peu de fumée, et la preuve est faite. Il est autre. Initié au nocturne. Ailleurs.

C'est un moment essentiel de la consommation mondaine. Après avoir valorisé l'usage par la malédiction romantique, on le survalorise par le message politique. Le danger s'est déplacé : il n'est plus dans l'effet du hasch mais dans la répression policière. Fumer, ce n'est plus vouloir se détruire. C'est détruire le système.

En même temps, les drogues dures relancent la vieille malédiction. Le statut de maudit sera définitivement garanti. Car triplement désigné : par les media, par la police, par les consommateurs (et marchands) du hasch.

Ultime avatar de la poésie maudite : pour être authentifié maudit il faut être un camé. Hors de la drogue, point de statut ni de salut poétique. C'est parce que l'on est un camé que l'on est maudit. Le signe de la malédiction s'est substitué à l'œuvre et au message. Le poète de la modernité n'a plus à écrire mais à témoigner (Artaud). Sa poésie, c'est sa vie : la drogue (dure). Tout le reste n'est que mièvrerie littéraire. « Shootez »-vous. Détruisez-vous. C'est le seul témoignage recevable, face au système.

C'est que l'inflation des signes de la subversion est telle qu'il faut constamment apporter la preuve. La surenchère sémiologique est une constante de la marginalité. C'est elle qui hiérarchise. Par elle la conquête du statut. Le pouvoir des signes est un âpre combat. Il faut pouvoir proposer le signe que l'autre n'a pas encore. Le signe d'après. Le signe des signes.

À mesure que les usages marginaux se banalisent les signes qui les désignent perdent leur prestige, leur autorité. Ils sont vite recouverts par d'autres signes, plus subversifs. Le mondain, c'est le pouvoir du moment présent.

En fin de parcours, cette escalade sémiologique aboutit au camé. La dialectique de la marginalisation est exigeante : il faut sans cesse prouver, à soi, aux copains, aux parents, aux éducateurs, aux flics, aux journalistes, aux filles… La subversion est prise au mot : « Montre tes piquouzes. » Que serait un maudit qui ne se défoncerait pas ! À ce prix, le statut mondain.

Une simple constatation permettra une première démystification de l'idéologie du « jeune-qui-se-détruit-parce-que-le-système-le-dégoûte ». Certains faits prouvent au contraire qu'il n'a que trop aimé le système et que sa prétendue autodestruction romantique n'a été qu'un malheureux accident. L'issue fatale provient, presque toujours, des bavures de la consommation. Ainsi l'overdose. Un minimum de précautions a été négligé. Ou l'usager s'est laissé « refiler » une came pourrie. La malédiction n'est pas dans le produit mais dans son usage. Même l'acte de consommer requiert une certaine discipline, un certain travail. Tout consommateur abusif — en quelque domaine que ce soit — prend des risques, de consommateur.

Nous venons d'établir un premier niveau de la manipulation idéologique : le statut du camé. Mais pour démystifier définitivement cette idéologie, et voir à quoi et à qui elle sert, cela ne suffit pas. Il faut proposer une théorie scientifique de la drogue. De son usage idéologique. Le philosophe doit oser intervenir en un domaine où le sophiste triomphe, où tout expert a son contre-expert. Où les spécialistes scientistes — du sociologisme et du psychologisme — et les illuminés de la nouvelle éducation s'épaulent pour fabriquer les idées reçues, par de l'intelligentsia.

Notre théorisation consistera à inverser le discours de l'idéologie. Celui des spécialistes du psy. Nous dirons : le hasch accroche. Et c'est un fléau social. Par contre, les drogues dures n'entraînent pas nécessairement l'accoutumance. Elles ont deux usages, opposés.

Un a priori essentiel à notre démonstration : il faut écarter le dualisme de l'âme et du corps qui préside aux discours idéalistes de l'intelligentsia. Pour ces savants spécialistes du « manque », puisque le hasch n'a pas d'effets organiques décelables, il n'accrocherait pas. Pas de trace, pas de preuve. Pas vu, pas pris. Alors qu'au contraire les stigmates de la cocaïne, par exemple, sont évidents. Notre théorie — matérialiste — prétend au contraire que tout ce qui est psychologique — et même surtout ce qui est psychosociologique — est aussi organique. Mais d'une organicité qui peut ne pas se révéler, en effet, selon les mesures quantitatives dont on dispose actuellement. La trace n'en est pas moins dans le corps.

Tout geste de consommation est d'ordre *sensible.* Il marque le corps à la fois par un produit et par *l'usage* de ce produit. Le plaisir — de la consommation — est un acte qui inclut à la fois la morphologie sociale (le geste micro-social) et la fonction organique. Ce qui accroche, donc, c'est *aussi* et *surtout*, la forme, l'usage, la façon (de consommer). Et ainsi se constitue la mémoire sensible, l'inconscient au bon sens du mot : la mémoire de la matière, de l'organique (et non la seule mémoire libidinale). Le matériau social est aussi important que le matériau apporté par le corps. Celui-ci est façonné par cette morphologie sociale. L'habitude est portée par cette excentration du corps qui est la mémoire du corps.

Tout un gestuel social devient ainsi la voie d'accès au plaisir. Geste initiatique, préparatoire, propitiatoire. Et geste qui est plus que symbolique, car commencement de l'acte. Et si ce geste est proposé par une quasi-institutionalisation, le corps ne peut alors que le ratifier. Le répéter. Pour ressentir encore le plaisir déjà éprouvé. Ainsi naît l'accoutumance. Elle est un fait organique : à la fois social et corporel, morphologique et fonctionnel, psychologique et sociologique.

Nous avons vu que le rythme était au commencement du corps comme volonté de la répétition, principe de l'éternel retour et de l'élan vital. Et comme lien culturel et organique du désir et de la jouissance. Aussi le corps ne peut que vouloir la répétition du plaisir. Du nouveau plaisir. Les incitations morphologiques et sémiologiques seront aussi irrésistibles que les incitations biologiques originelles.

Et dès le premier geste, l'accoutumance. La première sensation, aussi infime soit-elle, est déjà mémoire. Mémoire qui veut la répétition. Le premier rituel est déjà habitude. La première prise un manque.

Il n'y a pas d'expérience corporelle gratuite, comme ça, pour voir. Rien n'est anodin, sans conséquence. Tout marque, tout est dressage. Le sensible ne peut que vouloir répéter le sensible : le corps fait ce qu'il sait faire. C'est une machine à répéter ce qu'il a appris.

Notre matérialisme est… leibnizien. C'est l'infinitésimal qui compte, la plus petite différence, la moindre marque. Car toutes ces traces, aussi légères soient-elles, s'accumulent pour constituer la sensation. Leur multitude devient une forme a priori du corps : la sensation. Ce qui du corps est tellement attentif au plaisir qu'il ne retient que le plaisir et la plus infime sollicitation de ce plaisir. Tout sert à la sensation et commence par l'infime.

Telle sera notre définition du sensible : le pouvoir d'accoutumance du corps et pouvoir tel que la moindre sollicitation est reprise comme répétition-rythme. Tout accroche. Tout, une fois éprouvé, devient manque. Et qu'importe la nature du plaisir ; la sensation est l'acte d'unifier en une forme, et le rythme l'acte de répéter cette sensation, le même.

Le sensible se répète et se déborde lui-même. La sensation, produite, se reproduit. Constituée, elle devient une forme a priori du corps, un service organique. Elle ne veut qu'elle-même, la répétition. Prenez trois cerises dans un panier, tout le panier y passe. Abandonnez un paquet de bonbons à un bambin… L'appétit vient en mangeant. L'accoutumance commence à la première cigarette, au premier verre, à la première femme, à la première bouffe.

Et bien sûr à la première fumette. Celle-ci accroche d'autant plus que le rituel de la consommation en impose à l'initié. Ce qui le marque, répétons-le inlassablement, c'est la morphologie de l'acte, l'investissement socio-culturel. Le conditionnement répétitif prend forme et sens selon l'impact du gestuel social dans le corps. Plus ce gestuel est ritualisé, solennisé, valorisé et plus la tendance à répéter s'impose. Elle sera fonction de l'impact de la rupture et de la transgression. Plus l'événement a de sens, plus la sensation est prégnante. Plus le corps se souvient et plus il tend à reconduire, à répéter l'affect étymologique. Plus il sera accoutumé, accroché, en état d'attente, de manque.

De là l'importance des rituels initiatiques dans toutes les civilisations : il faut inscrire la loi du socius dans le corps. Par la morphologie sociale, la forme et le sens de la sensation. Ce sont les marques de la sociabilité qui tracent les voies d'accès au plaisir. Le corps devient ainsi un acte de sociabilité, une pratique sociale, une praxis. Un langage et une fonction.

L'usager du hasch est accroché par son propre projet, par son investissement affectif, politique, culturel. Le cérémonial de la fumette a une valeur tellement symbolique — de rupture avec la société traditionnelle et de passage à la nouvelle société — qu'il marque à jamais la sensibilité adolescente. Le nouveau bourgeois cherchera à répéter ce moment fabuleux, cette renaissance. Soit par la répétition du rituel — il sera alors accroché au hasch — soit par la recherche d'un rituel de rupture encore plus radical — ce sera l'escalade.

Le hasch est bien un fléau social : la fétichisation d'une consommation initiatique à la vraie société de consommation. Il est intronisation au snobisme de masse, initiation mondaine à la civilisation capitaliste. Il est le plus pur symbole de cette civilisation de la consommation — transgressive.

Osons le mot : le hasch est l'initiation au parasitisme social — de la nouvelle bourgeoisie. À l'essence du système : l'extorsion de la plus-value à des fins de jouissance, de sensation : une consommation resquillée.

L'usage de la drogue dure relève du même usage du sensible, de la dialectique de l'infinitésimal et de la répétition, de la relation quantité-qualité, du conditionnement morphologique et sémiologique. Aussi distinguerons-nous deux usages : l'usage misérabiliste et le « bon » usage, deux attitudes opposées de consommateur.

Répétons-le encore : le problème de l'accoutumance est

celui du mode d'emploi. De la façon, de la manière. Une certaine culture permet une attitude de consommateur qui autorise la pleine jouissance, sans déchéance physique, intellectuelle, morale. En Orient, par exemple, lorsque la drogue dite dure est intégrée dans un genre de vie qui par lui-même conditionne a priori le bon usage. Et là aussi une étude approfondie révélerait qu'il s'agit d'une culture élitiste, sélective. L'usage de masse ne pouvant être que misérabiliste, abrutissant.

Les usagers maladroits, trop avides, trop désinvoltes abuseront du produit. Ce qui est la caractéristique du parvenu de la consommation. Pour ce parvenu, la quantité est la qualité. Aussi aura-t-il la déchéance sans la jouissance : il sera toujours — en bon petit consommateur qui ne maîtrise pas la consommation — en état de manque. Plus il en prend, plus il lui en faut.

Certains consomment la symbolique, d'autres le produit. Toute consommation est une culture : le même produit entraînera des effets et des significations contradictoires. Certains se soumettent à un modèle culturel — celui de la malédiction de la drogue — d'autres soumettent la drogue au bon usage de leur savoir.

C'est bien le mauvais usage de la drogue dure qui accroche ; lorsque l'on consomme au-dessus de ses moyens, physiologiques, psychologiques, financiers, on tombe dans la misère, physiologique, psychologique, financière. Et c'est la misère qui accroche. C'est le misérabilisme de l'usager qui fait le manque. La drogue est alors le besoin du manque. Parce que le misérabilisme est besoin et manque.

Le camé est d'abord accroche par le statut mondain du maudit. Puis accroche par le misérabilisme de l'usage. Le bon usage de la drogue dure, évitant ces deux pièges, n'accroche pas. C'est la consommation du connaisseur. Du produit en tant que produit. Et non consommation forcée de l'imagerie.

Le camé misérabiliste, par la double emprise de l'idéologie — et par sa double soumission à cette idéologie — est déjà soumis à la drogue. Il ne peut résister, se reprendre. À chaque traitement, il rechute. Car c'est un accroché « en soi ». Son profil psycho-sociologique en fait, effectivement, un prédestiné. La misère psychologique, sociologique, économique, ne peut que recréer de la misère. Croire échapper à son destin en profitant d'une idéologie sélective, élitiste, c'est le réaliser par les moyens mêmes de l'évasion.

Le connaisseur, au contraire, goûte à tous les produits. À la recherche du meilleur produit. Mais surtout du meilleur usage. D'une manière précautionneuse, habile. Il s'agit de profiter. De jouir. C'est la savante économie de l'usage qui donne au produit ses qualités. De même qu'il y a un bon usage gastronomique des vins fins et chers, il y a un art de vivre du drogué. Ne pas confondre éthylisme mondain et delirium tremens de *l'Assommoir*. Un gentleman, ivre mort, saura encore se tenir raide et sauver la face. Le voyou vomit partout. Le bon usage de la drogue « dure »? Demandez à la Maison-Blanche. Mais « les secrets du grand monde » échapperont toujours aux Topazes de notre intelligentsia.

Une certaine culture des classes sociales dominantes permet d'accueillir toutes les expériences et même toutes les habitudes de la consommation mondaine. D'autres ne savent pas s'y prendre. La consommation les submerge, les déborde : ils ne sont pas faits pour ça, diront les habiles usagers du permissif.

Il est vrai, aussi, que le drogué — heureux — peut avoir des histoires. Et qu'il peut chuter, lui aussi, dans le misérabilisme et la fébrilité du manque, du mauvais usage qui accroche. À partir d'un déboire, d'un échec sentimental, d'une catastrophe financière. Preuve supplémentaire que ce n'est pas la drogue en tant que telle qui accroche, mais le conditionnement psycho-sociologique, l'environnement affectif et économique.

Une théorie de la drogue — et une thérapeutique du drogué — consiste donc, d'abord, à démystifier les idées reçues. À montrer que tout n'est qu'usages de la mondanité et mondanité de l'idéologie : un nouveau champ d'expression du néo-capitaliste, un nouveau pouvoir de manipulation.

2. La drogue, la pathologie mentale et l'arythmie sociale

L'honnête homme nous pardonnera-t-il d'avoir osé critiquer ce qui a été, peut-être, l'une de ses promotions ou valorisations mondaines ? Et de lui asséner que ce qu'il prenait pour un voyage au bout de la nuit n'était qu'une promenade pantouflarde au jardin des idées reçues ? Acceptera-t-il de considérer comme une « aliénation » ce qu'il a proclamé être une libération ?

Essayons encore d'ébranler le scepticisme du consommateur imbu de fausse innocence. En élargissant cette théorie de la drogue. En montrant les rapports de la drogue, de la pathologie mentale et de l'arythmie sociale. En expliquant comment la pharmacopée occidentale a pu devenir une thérapeutique — celle des psychotropes — de la drogue ! Comment peut-on soigner en inoculant le mal ?

Tout d'abord : comment classer les drogues ? Il faut un critère qui rende compte de la totalité du phénomène social qu'est le syndrome du drogué. La distinction drogue dure -

drogue douce vient de se révéler artificielle, idéologique, journalistique. Il faut proposer la composante commune à la « vertu » de la drogue (sa qualité intrinsèque), au corps de l'individu, au corps social.

Le rythme originel du corps sera le critère retenu. Il se décompose en un temps fort et un temps faible, un haut et un bas, une impulsion et une retombée. Il est l'unité organique des deux pulsions contradictoires du corps. En une cellule temporelle, la contradiction, mais aussi la synthèse, des deux données sensibles : l'élan et la pesanteur, l'en soi et le pour soi, la dépense et l'économie.

De là, par analogie, la classification des drogues selon la pathologie de ce couple : excitant-stupéfiant ; exaltation-dépression. Selon les deux temps — pervertis — du rythme originel[29]. Classification très simple qui contient comme qualités secondes[30] toutes les autres références et nomenclatures. Montrer la pathologie des rythmes permettra alors d'expliquer le syndrome du drogué.

Comment cette structure de base du psycho-somatique peut être atteinte ? Comment se font les lésions de cette forme a priori de la sensibilité ? Nous avons constaté que l'idéolo-

29. Le rythme — nous l'avons vu aussi — est la forme a priori du sensible. C'est le lieu originel de l'expression corporelle. Structure d'accueil de toute perception et sensation. Voie d'accès à la consommation. Et par conséquent, aussi en puissance, structure d'accueil de « la société de consommation ». Le corps est avant tout ce gestuel constitutif du psycho-somatique : élan-retombée ; pulsion-atonie.

30. Les pulsions (de la psychanalyse) ne sont pas le commencement du corps. Elles proviennent de la décomposition du rythme. Ce sont des qualités secondes du corps ; en leur principe, elles sont des perversions de ce rythme.

gie capitaliste avait imposé le monopole et l'impérialisme du rythme (sans le swing). Ce terrorisme culturel — et mondain — est un implacable dressage du corps. Par cette monopolisation, le rythme est déjà devenu pathologique, car pure répétition machinale. Alors, toute autre expérimentation temporelle est interdite. Le corps n'a que vocation de consommation. Selon cette triple détermination : répétition sécurisante, exclusion de l'autre, passage automatique du désir à la jouissance.

Dans *l'Être et le Code* nous avons essayé d'établir que si le rythme était l'expérience étymologique du corps (le lieu de la substance en tant qu'unité organique de la fonction, de la relation, du spatio-temporel) ce rythme devait être dépassé par l'éducation, le civisme, la reconnaissance de l'autre. La substance doit être niée : le fonctionnel, le relationnel, le spatio-temporel doivent acquérir leur spécificité, leur autonomie, leur culture. À la limite, l'expérience temporelle sera la mélodie infinie.

La culture capitaliste interdit cette éducation. Toute son animation machinale tend à exaspérer, jusqu'au paroxysme, la temporalité de la consommation. La pathologie inhérente à la société dite de consommation s'actualise alors dans les formes mêmes de cette consommation. Maladie de la consommation abusive, justice immanente qui sanctionne la consommation mondaine. La névrose — objective — du système va se développer au rythme même du rythme. Et selon des mesures quantitatives : celles de la temporalité, celles des spatio-temporalités de la sociabilité du libéralisme avancé jusqu'à la social-démocratie libertaire.

L'animation machinale veut le paroxysme. Ce rythme paroxystique va casser. L'unité organique de ses deux constituants se défait. La cellule, qui équilibrait en une harmonie vitale la pulsion et sa retombée, se désagrège.

Chaque terme s'est hypertrophié au point d'empêcher l'autre. Alors que le rythme est un équilibre tel que les deux contraires sont un tout organique, l'arythmie du néo-capitalisme en arrive à opposer les deux éléments constitutifs du vécu le plus intime. Le psychosomatique est atteint en ses fondements. L'équilibre du corps, de la cellule de base qui porte l'élan vital, est remis en question.

De là, deux pathologies : la fébrilité paranoïde et la prostration schizoïde. Le moteur s'emballe ou il ne peut plus démarrer. La machine ne fonctionne plus. Elle ne peut plus rajuster, synchroniser ses expériences temporelles. Elle en fait trop. Ou pas assez. Deux temporalités : les deux expériences essentielles de l'existentiel, les deux modalités constitutives du vécu se juxtaposent et profilèrent comme une lésion cancéreuse du psychosomatique. L'animation machinale néo-capitaliste en a trop demandé.

Et il faut bien voir que dès le principe cette pathologie est dialectique : bien que le rythme soit malade, il tend encore à se répéter : les deux hypertrophies vont se succéder (exaltation — prostration ; paranoïa — schizophrénie) et même se compénétrer.

Le néo-capitalisme a substitué, à l'harmonie originelle du corps — celle que le swing redécouvre — la dissonance et la discordance. Au nom du rythme — celui du mécanique. « Hurlez sans fin, dissonances, et disloquez les ombres. » La falsification est devenue la maladie (et celle-ci fait la leçon à la bonne santé !).

Dès qu'un terme apparaît, il est guetté et absorbé par son contraire (qui avant l'équilibrait). Et ce cycle va se répéter. La cyclothymie sera constitutive de l'arythmie du néo-capitalisme. Cyclothymie du paranoïde et du schizoïde.

Cette pathologie va se révéler à trois niveaux : aux trois moments de hiatus, de rupture, de cassure du rythme capitaliste… Trois modalités du syndrome du drogué. Car la drogue sera effet et cause, poison et remède.

D'abord l'excitant. Pour répondre à la demande. Pour suivre les autres. Participer. La drogue permet l'accélération. Le coup de fouet. La pulsion s'exalte, répète de plus en plus vite. De coup de fouet en coup de fouet, de drogue en drogue, la machine est de plus en plus fébrile. Le corps ne peut plus se suivre.

Puis le calmant : deuxième moment de l'acquisition du syndrome. Mais son usage fonctionne comme celui de l'excitant : par le trop. (Alors que le rythme du swing est une relation d'équilibre, un dosage.) Le drogué, pour rétablir le rythme, en fait trop.

Enfin troisième moment : pour guérir la prostration et l'atonie, encore un excitant. C'est le moment de la répétition : excitant-calmant. Premier et second moment : l'un ou l'autre. Troisième moment : l'un et l'autre. Aux deux premiers niveaux, un seul élément est atteint, arythmie partielle. Au troisième niveau, la maladie a tout pénétré et elle exige la répétition du mal.

Alors l'accoutumance. Le sujet est accroché. Irrémédiablement. (Justice immanente : le rythme — sans le swing — crèvera du rythme.) La surconsommation mondaine — l'abus — est une névrose objective qui débouche sur la psychose. Et elle peut se localiser et se mesurer par l'arythmie sociale.

Cette théorie — élargie — de la drogue nous permet donc

de corriger — encore — les idées reçues : il n'y a pas d'escalade, mais un cycle ; ce qui accroche, ce n'est pas le produit mais son usage, le cycle, le rythme de l'arythmie.

La cause du syndrome du drogué est extérieure à la drogue : elle est dans la surchauffe de l'animation machinale imposée par le néo-capitalisme. Le corps a perdu son équilibre : pour le retrouver il a recours à l'autre déséquilibre. Il manque constamment son objectif. C'est cette course éperdue après un rythme perdu — celui du swing — qui est la cause du syndrome.

Telle est l'origine de la pathologie de « la société de consommation ». De la vraie société de consommation. De la consommation mondaine. Alors cette dialectique, de ce rythme à la drogue :

1. Le vécu est réduit à la seule temporalité du rythme.

2. Exaspération de ce rythme : sur-consommation libidinale, ludique, marginale.

3. Cassures et rattrapage par la drogue ; le remède entretient la maladie : la drogue soigne la drogue.

4. Accoutumance à la drogue ; celle-ci refait le rythme, celui de l'arythmie.

Le drogué est au résultat d'un processus objectif. En fin de parcours, l'existentiel est radicalement artificiel, rythme et drogue. Alors qu'elle se croit marginale, la symbolique contestataire de la drogue non seulement s'intègre au système mais en est le ciment. Elle est devenue nécessaire à l'animation machinale, au rythme fébrile, productiviste imposé par la dynamique du néo-capitalisme. Elle s'avère un moyen essentiel de la reproduction des rapports de production. De modèle sélectif, la drogue est devenue une pratique sociale, de masse.

Le drogué contestataire fait lui-même la publicité et la promotion du système. Et l'honnête homme comprendra mieux, maintenant, pourquoi l'idéologie néo-capitaliste le valorise, le propose comme un héros de la contestation, de l'émancipation, dernier héros romantique. C'est qu'il doit servir de modèle, d'exemple.

Grâce à la drogue, le néo-capitalisme peut imposer et reproduire le rythme infernal du système. L'animation machinale peut être maximale, paroxystique. Alors la dynamique capitaliste se relance, se répète. Pour un productivisme du corps, du sensible, de l'existentiel (industrie du plaisir et du loisir). Pour le plus grand profit.

Publicité et promotion s'accomplissent alors à deux niveaux. Promotion des temporalités rythmées, celles de la mondanité, de l'industrie du loisir et du plaisir, de la vie quotidienne aussi. Et promotion de l'industrie chimique qui fabrique la pharmacopée de l'Occident. Engendrement réciproque de ces promotions de vente. L'arythmie sociale fait la promotion des psychotropes et ceux-ci entretiennent, exaltent l'arythmie de l'animation machinale. L'usage de la drogue se banalise, se vulgarise comme les rythmes de la consommation mondaine. La drogue est bien l'initiation suprême au système, l'intégration maximale.

Entre les drogues du drogué contestataire et celles de la thérapeutique « normale » il n'y a pas de différence de nature. Mais de dose. De degré dans l'accoutumance. C'est la même maladie, le même syndrome, la même thérapeutique. La drogue cause la maladie, puis la drogue « soigne » l'effet de la maladie ! La vraie différence entre le drogué « anti-système » et le petit usager de la drogue est le passage du modèle sélectif à l'usage de masse. Extraordinaire paradoxe, certes : la drogue, de marginalité subversive devient norme et prescription médicale. Mais ces renversements de sens ne font que témoigner des manipulations idéologiques. Et de leur extraordinaire pouvoir.

Cette théorie des rapports de la drogue, de la pathologie mentale et de l'arythmie sociale doit encore s'élargir pour définir la totalité des rapports de production.

Le rythme de la modernité est pathologique en son essence. Il est la matrice de la névrose objective de l'époque, de son double versant, schizoïde et paranoïde. Anxiété chronique, dépression nerveuse, névrose « objective », psychose latente : quatre niveaux, quatre étapes de l'arythmie sociale, car quatre effets « culturels » d'une réorganisation spatio-temporelle du vécu extraordinairement brutale. En un peu moins d'une génération, un peu plus d'une décade, ce mode de production capitaliste a totalement modifié la vie quotidienne, le genre de vie, la qualité de la vie. L'urbanisme sauvage, la cité-dortoir sont le résultat d'un formidable déplacement de population. Avec, comme corollaire, la désertification des campagnes.

Aussi, les temporalités traditionnelles — celles qui autorisaient le rythme villageois de la société préindustrielle et qui s'étaient maintenues même sous le capitalisme concurrentiel libéral — ont été totalement liquidées. Naguère, le temps de travail et le temps de non-travail s'organisaient autour de la cellule familiale. Et celle-ci dans la communauté villageoise. Le temps de loisir, en tant que tel, n'existait pas : les temporalités de la famille et de la communauté l'impliquaient, le contenaient, l'organisaient. Tel était le rythme du vécu, à partir de la cellule familiale.

Nous définissons ici une structure temporelle : une certaine immanence du vécu personnel et du vécu collectif. Cela ne veut pas dire que c'était « le bon vieux temps ». C'était une existence au rythme lent, compassé, rural. Celle d'un mode de production précapitaliste (ou encore non soumis au capitalisme). Les temporalités ne se bousculaient pas, ne se disputaient pas le temps. C'était un moment où le temps ne courait pas après lui-même. Où le temps avait le temps. Où l'on prenait son temps.

La modernité a inventé un temps étrangement absent à lui-même. Un temps du trop tôt ou du trop tard. Un temps qui se souvient trop et qui attend trop. Un temps d'entre deux temps : du passé et de l'avenir, de la nostalgie et de la prospective, de l'avenir du futur et de la maison de campagne, du futur antérieur et du passé composé.

Cette modernité a totalement détruit l'harmonie spatio-temporelle inventée par l'histoire de France (celle de ses modes de production). Si les écologistes étaient sérieux, ils ne diraient pas vouloir protéger la nature, mais le travail de l'homme objectivé, devenu nature, décor naturel : campagne humanisée, forêt jardinée, déserts ou marécages cultivés, montagnes recouvertes d'arbres, fleuves domestiqués, etc. « Oui au cantonnier, non à l'écologisme mondain. »

Pour substituer au rythme rural le productivisme généralisé, l'exploitation capitaliste a désintégré la cellule familiale. C'est le lieu de l'emploi et non plus le lieu d'origine qui fixe la famille, maintenant. Une extraordinaire diaspora des régions recouvre l'hexagone.

Cette arythmie macro-sociale semble être la cause essentielle de la pathologie sociale. Car elle objective le déplacement de population et le productivisme. Deux énormes traumatismes qui s'actualisent, s'expriment tout d'abord dans les conflits familiaux. La pathologie de la famille est avant tout le reflet du rythme fou imposé par les cadences du néo-capitalisme. Le lieu de refuge organique, rythmé par la communauté villageoise, est devenu terre d'exil.

Cette désagrégation de la cellule familiale sera récupérée par l'idéologie, comme idéologie de l'émancipation. Le coup de force, de terreur — à la campagne — sera camouflé par tout un discours de la libération — à la ville.

En même temps, la société industrielle invente le temps de loisir. Temporalité qui sera le lieu de l'émancipation. Ce temps de loisir va se développer sous la double pression du progrès social (Front populaire, Résistance) et de l'industrie du loisir. Et de telle manière que les conquêtes sociales seront utilisées, exploitées par l'industrie du loisir et du plaisir. Pour en venir au ministère du Temps libre.

Ce qui fait que le nouveau rythme social ne dispose plus de l'unité organique famille/village, d'une temporalité apaisante, de longue durée, lente, équilibrée. À la place : deux systèmes spatio-temporels : le temps de travail et le temps de loisir. Et entre les deux, ce monstrueux cancer spatiotemporel : le temps de transport.

Trois systèmes du vécu sans lien synthétique. Trois mouvances sociales hétérogènes, irréductibles. Et opposées. Contradictoires même. Et chaque système devient de plus en plus complexe. Sa pratique interne de plus en plus différenciée. Aussi, les raccordements des trois existences sont de plus en plus heurtés, conflictuels. On ne peut pas vivre trois vies en une : un temps de travail soumis aux cadences infernales, un temps de loisir plein à craquer, un temps marginal, qui n'est ni temps de loisir ni temps de travail, vide à pleurer.

Cette arythmie sociale est une situation objective : la pathologie inhérente au système capitaliste, à l'organisation de son espace et de son temps. Pathologie de la famille. Névrose objective. Forme a priori de la dépression nerveuse. Totale désagrégation de l'intimité. À la place, l'intimisme de foule : les bandes de jeunes et les troupeaux de touristes[31].

Le système est incapable de proposer un remède à cette situation pathologique. Et pour cause. Ses idéologues refusent toute perspective synthétique. Incurablement empiristes, ils proposent soit des idéologies du travail soit des idéologies du loisir. Encore et toujours la complémentarité du technocrate et du gauchiste. Le technocrate pour technocratiser le temps de travail. Le gauchiste pour gauchiser le temps de loisir. Le système veut les deux, pour juxtaposer deux univers, les rendre irréductibles, pour que cette opposition spécifique du capitalisme devienne le destin de l'homme : le travail ou la consommation libidinale, ludique, marginale. Et pour interdire ainsi l'étude de la totalité : les rapports de la production et de la consommation.

Les idéologues du travail ne considéreront que l'effet : l'aménagement spatio-temporel. En se gardant bien de changer la cause : le mode de production capitaliste.

Les gauchistes ne retiendront, eux, que l'expression intersubjective de cette névrose objective. Pour proposer des solutions volontaristes et subjectivistes à base de positivisme naturaliste : l'écologie.

Alors, les deux idéologies se juxtaposent pour cacher l'énoncé du problème. Et pour exaspérer l'arythmie sociale. Trois univers se bousculent et se déchirent. Trois systèmes de spatiotemporalité se disputent, se volent les 24 heures de la journée,

31. Deux cent quatre-vingt-cinq millions de touristes en 1980 ! Soit 5 à 6 % de plus qu'en 1979.

les 7 jours de la semaine, les 52 semaines de l'année. Sans qu'il y ait un lieu d'homogénéisation et d'unification. Bien au contraire : par une cruelle ironie, le système se sert de la référence unitaire pour augmenter l'arythmie sociale. La famille — la réunion familiale — est devenue l'une des raisons essentielles de l'excroissance du tiers-temps (le temps de transport). La famille éclatée, pour se retrouver, dépense temps et argent en de longs et multiples voyages. En voiture.

La dynamique néo-capitaliste tend à l'arythmie radicale et à la plus forte pathologie sociale. Car le tiers-temps (le temps marginal au loisir et au travail) augmente en fonction de l'augmentation du rythme du travail et du rythme du loisir.

Le néo-capitalisme, maintenant exploite au maximum ces trois systèmes de spatio-temporalités. Il gagne sur le temps de travail (productivisme et licenciements), sur le temps de loisir (énorme exploitation par l'industrie du loisir du week-end, des vacances), sur le temps de transport (augmentation systématique du prix des transports en commun, de l'essence…) L'exploitation de l'homme n'est plus seulement celle de son travail. Mais aussi celle de son temps, de son vécu. Et au moment où ce vécu se croit en dehors du système (consommation mondaine).

D'où la radicalisation de la pathologie de ce temps volé : l'excès de rythme ou le décrochage, l'excitation fébrile et la prostration atonique, la surtension et la sous-tension.

Il s'agit d'une pathologie « normale » : celle de la suractivité d'un appareil psychosomatique qui fonctionne au-dessus de ses moyens. Au productivisme du système correspond un productivisme psychosomatique qui, nécessairement, un jour ou l'autre, aura des ratés. L'arythmie sociale pourrit les relations intersubjectives, familiales, intimes. La tension monte. Un simple retard… Et la dispute éclate. Pour un rien, semble-t-il.

La pharmacopée occidentale a volé au secours de l'animation machinale : elle est devenue l'industrie de la drogue. De même que le capitalisme fabrique la pollution et l'industrie antipollutive, il fabrique la pathologie mentale et ses remèdes. C'est encore une double source de profits, pour les monopoles.

Le capitalisme a d'abord proposé le rythme — symbole et usage — comme voie d'accès au plaisir de la social-démocratie libertaire. C'est la promesse et l'alibi de la civilisation capitaliste : le bonheur en tant que plaisir. Et ce plaisir en tant que consommation ludique, libidinale, marginale.

Cette promesse n'est plus qu'une pharmacopée. Le remède devient le bon usage de la drogue. La pathologie sociale n'est autre que ce rythme devenu fou : excitant — calmant, fébrilité — prostration. À la limite, les deux effets contradictoires dans le même produit, comme certaines drogues le proposent déjà.

Cette industrialisation de la drogue a fait coup double : elle vend le rythme et le plaisir. Elle garantit la cadence infernale du vécu et l'accès au nouveau plaisir.

Implacable mesure du plaisir apporté par le capitalisme. Extraordinaire chute de la promesse initiale. Le bonheur devenu plaisir, le plaisir tellement dégradé qu'il n'est plus qu'une épicerie du sensible. Et pire encore : une pharmacopée. Il ne s'agit même plus de jouir. Ou de proposer les conditions de la jouissance. Mais d'anesthésier. Le bonheur est devenu le moyen d'avoir moins mal. De pouvoir encore tenir le coup.

Le capitalisme se dénonce lui-même. Il a ainsi perdu ses alibis, sa justification. La conquête du plaisir s'achève à l'infirmerie. Dérisoire parcours : de l'exaltation du plaisir à sa maladie. Mais en même temps, le capitalisme prospère. Il a bien « accroché » sa clientèle. Il vend son propre conditionnement, les moyens de soumission à la temporalité et à la finalité qu'il propose.

On achète, dans le même acte, la maladie et le remède. C'est le même produit. À la fois cause de la maladie et moyen de la guérison. La drogue permet d'atteindre la perfection diabolique du dressage du corps : la meilleure soumission au système par la plus grande tromperie sur la marchandise vendue. Le capitalisme, marchand de rythme et de drogue, entremetteur de l'imaginaire.

C. — LES FAÇONS SEXUELLES : D'UN CERTAIN APPRENTISSAGE DE LA PILULE A LA NOUVELLE COQUETTERIE (LE FÉMINISME)

1. La pilule, la régulation démographique et la fillette. De l'usage civique à l'usage mondain

Avec le hasch, l'initiation mondaine à la civilisation capitaliste tend à accéder à la consommation de masse. Il ne s'agit plus, comme nous l'avons vu au niveau de l'animation de groupe et de l'animation sonore, de produire une « élite » mondaine qui inventera des modèles. Mais d'inciter à une consommation collective. Selon deux nouvelles pénétrations, quantitatives. La drogue atteint toutes les classes d'âge et toutes les catégories socio-professionnelles. Relativement, certes. Il ne s'agit déjà plus d'une consommation de club, super privée et sélective. L'usage idéologique et tendancieux de la pilule doit conditionner toute la jeunesse. À partir de cette tranche d'âge 14-16 ans, celle de la nouvelle scolarité obligatoire. Au moment où la fillette devient une adolescente.

L'institutionnalisation de la pilule a été une grande conquête du progrès social et du progrès moral. Nous oserons dire qu'elle est une moralisation décisive des mœurs. (Et ce qui va tout d'abord s'avérer scandaleux, c'est qu'un droit institutionnel soit rejeté dans la clandestinité par la mauvaise volonté de certains praticiens. Ainsi se révèle la mauvaise foi du moralisme bourgeois.)

La loi Neuwirth sur la pilule est d'abord la reconnaissance par l'État du progrès de la médecine. C'est la consécration institutionnelle de la recherche scientifique. Le législateur a vulgarisé une acquisition de laboratoire qui permet un progrès décisif de la contraception. Les garanties institutionnelles de l'usage consacrent les garanties scientifiques du produit. La chimie et la loi normalisent ainsi la fécondité. Celle-ci n'est plus « naturelle », spontanée, désordonnée. Mais doublement soumise à l'ordre social. La fécondité est policée. Au sens étymologique de politique, civilisé.

Cette acquisition politique autorise un deuxième progrès : la normalisation démographique. L'universalité de la loi vise à la mondialisation de son application. La science doit intervenir en un domaine jusqu'alors totalement abandonné à la nature : la natalité. La nature doit être soumise au politique, en son principe même. Le biologique doit être dirigé par le scientifique. Et les deux doivent se soumettre au politique.

Il s'agit d'une révolution — nataliste et biologique — d'une portée immense. Aussi essentielle que la révolution technologique et scientifique accomplie par le travailleur collectif. On peut en particulier envisager, enfin, une solution à ce fléau : la faim dans le monde.

Troisième niveau, corollaire du progrès social apporté par la pilule : le planning familial. La visée démographique doit se réaliser d'abord par une programmation et des coutumes qui transforment la vie familiale. Pour normaliser la vie sexuelle, il faut se soumettre à de nouvelles contraintes : l'usage de la pilule. Contraintes légères qui portent en elles de nouvelles normes civiques.

Car la loi, la science, le progrès social, dans cette perspective universelle, s'identifient pour proposer une nouvelle civilité : l'usage de la pilule est un devoir civique. Ce qui veut dire aussi : la libération de la femme. Au sens alors précis de libération = liberté. Parce que la loi permet à la fécondité d'échapper à l'idéologie politique et au hasard biologique. Aux deux systèmes de l'irrationalité qui, habilement combinés, ont fait de la femme la nature de l'homme. Alors que celui-ci, d'animal politique, devenait le citoyen du monde.

Le détournement de la loi sera un phénomène idéologique extraordinaire. Pour servir et justifier la nouvelle bourgeoisie. Notre critique va consister à montrer cette récupération, l'inversion de l'intention du législateur. En effet, la coutume semble avoir consacré deux usages de la pilule : l'usage bourgeois et l'usage populaire.

L'intention de la loi et l'usage idéologique s'avèrent être en relation inverse. Alors que l'universalité de la loi ne préjuge pas des cas particuliers, l'idéologie lui impose des intérêts de classe, de corporation, d'individu. Pour créer des ségrégations de classe, d'âge et de sexe.

Tel est le fonctionnement idéologique, le passage de l'universalité de la loi à son usage de classe :

1. Les forces de progrès imposent une loi révolutionnaire, de portée universelle. Première récupération de la bourgeoisie : justifier son pouvoir de classe par la loi progressiste. La droite par le truchement de Neuwirth a « octroyé » la pilule.

2. La loi est détournée selon deux autres manipulations :

— par sa non-application dans les populations qui pourtant en ont le plus grand besoin ;

— par de nouveaux modèles de la consommation mondaine, à l'usage de la nouvelle bourgeoisie.

Autrement dit : le privilège de classe — la nouvelle consommation libidinale, ludique, marginale — va s'habiliter, se justifier par la loi révolutionnaire. Ce privilège va se proposer comme un droit. Un droit à conquérir. Le nouveau combat révolutionnaire. Combat pour la liberté — du jeune et de la femme — contre les tabous et les interdits que l'homme adulte imposerait.

Extraordinaire habileté de l'idéologie : avoir identifié le sexe et la liberté, la consommation sexuelle et la libération des opprimés. Le sexe, en définitive, serait le chemin de la liberté. Ainsi le nouveau bourgeois se déculpabilise en promouvant sa sexualité en combat révolutionnaire. D'une pierre deux coups, contre la bourgeoisie traditionnelle et contre le prolétariat. Ainsi l'idéologie tient les deux bouts : la loi et la révolution, le statut légaliste et le statut subversif.

Nous demanderons à l'honnête homme si vraiment on peut croire — si vraiment il a pu croire :

1. Que le modèle de cette sexualité « révolutionnaire » n'avait rien à voir avec le nouvel usage bourgeois de la libido ?

2. Que l'expansion universelle de cette libido, ludicité, marginalité ferait éclater les structures « répressives » de la société ?

Ne faut-il pas convenir, au contraire :

1. Que le modèle de cette sexualité pseudo-révolutionnaire n'a d'usage possible que dans le contexte d'une social-démocratie libertaire ?

2. Qu'alors sa vocation véritable est de soumettre les âmes et les corps pour empêcher la révolution des travailleurs ?

La cible privilégiée, c'est la fillette. La classe d'âge, la sous-classe d'âge, de 14 à 16 ans. Il faut l'amener à consommer la pilule ; tout le reste suivra. L'usage du produit entraînera l'idéologie de l'usage, une nouvelle initiation au système.

Il faut saisir la femme à la sortie de l'enfance. Au moment de sa plus grande malléabilité, vulnérabilité. Moment idéal du meilleur dressage : la moindre marque se fait indélébile. Le corps ensuite ne pourra que répéter. C'est un âge désarmé : il n'a plus la dynamique de l'enfance, il n'a pas la structuration de la femme. Un âge disponible.

Entreprise, combien méconnue, de subversion de l'âme adolescente : il faut empêcher la psyché, l'écraser en son lieu d'éclosion, lieu de résistance à la consommation mondaine. Lieu de la pudeur et de l'imaginaire.

Toutes les cultures ont magnifié, célébré, protégé ce moment. Celui de l'attente, de la foi, de l'initiation. Attente de l'amour par le plus grand potentiel affectif. L'affectivité apprise dans le cercle familial veut se déverser, s'épancher dans l'Autre. Alors la grande rencontre : la Jeune Fille et le Jeune Homme. Et n'ayons pas peur du ridicule : la vierge et le puceau. Les meilleures conditions possibles du projet subjectif. L'égalité des chances et la chance de l'égalité. Chaque sexe est l'égal de l'autre et chaque sexe apprend à l'autre pour s'apprendre lui-même.

On peut proposer les périodes de cette « émancipation ».

D'abord écarter le problème métaphysique, posé et non résolu : celui du couple. Première régression. Écraser la psyché. Une fois bâillonnée, le discours sexualiste aura le champ libre porté par le naturalisme, vitalisme, mécanicisme de l'animation machinale. La psyché s'efface devant le culturo-mondain ! Pour une idéologie de la consommation libidinale, ludique, marginale qui sera l'idéologie de l'industrie du loisir.

Ce dressage procède par conditionnements sociologiques progressifs. C'est d'abord le gestuel de la première consommation ludique (juke-box, flipper, poster, etc.). Puis le port de l'uniforme, le portrait-robot. Pour en venir à la double animation machinale. Alors le travail de conditionnement est quasi accompli : la fillette est déjà mûre. Pour la pilule. C'est dans la foulée, portée, projetée par cette dynamique, qu'elle consommera un produit de plus.

Les stéréotypes fonctionnels fonctionnent tout seuls. Le corps récite la leçon de choses et de gestes appris. Pour agir dans et selon ce langage imposé.

L'âme machinale va passer à l'acte sexuel machinalement : elle y est conduite fatalement, par le gestuel appris. Le gestuel d'avant le prépare, le commence, l'impose. L'acte sexuel n'est plus qu'un geste situé dans une série. Il n'a plus de signification par lui-même. Mais de par la totalité du comportement. Le sens de l'acte est dans ce qui le précède mais aussi dans ce qui le suit. Il est la signification de la série. Une consommation de plus, un rythme de plus. L'acte sexuel est un élément parmi d'autres qui a la nécessité sociologique des gestes à faire et des mots à dire.

Alors l'initiation sexuelle écarte la culture de la jeune fille, les rituels et les célébrations valorisantes, qui faisaient de ce moment un moment privilégié, unique, d'une grande portée symbolique. L'idéologie de la consommation fait de la sexualité une consommation parmi d'autres. La psyché se paupérise, se banalise à l'extrême. Après avoir écarté l'imaginaire de l'attente, l'idéologie dévalorise l'acte sexuel en le réduisant à un acte d'usage, à la consommation (du plaisir).

À la place de la psyché, l'initiation de série. L'impératif catégorique de l'opinion libérale. Les adolescentes sont pilonnées de slogans, de modèles, de signes, de conseils, de revues émanant de spécialistes, d'éducateurs... Malheur à celle qui n'est pas dans le coup. Elle sera repérée, désignée, dénoncée, moquée. Comment pourrait-elle se dérober ? Les copines qui vous tournent le dos. Les garçons qui vous charrient. La mise en quarantaine (mondaine). Laquelle consentirait à paraître ringarde, vieux jeu ? Comment la fillette pourrait-elle — d'elle-même — résister à cet environnement idéologique et s'écarter du troupeau ? Comment pourrait-elle soudain briser en elle tout l'acquis culturel et affectif de l'animation machinale qui déjà l'a inexorablement modelée ?

Surtout lorsque c'est la mère qui fait fonction d'entremetteuse. La mère ou l'éducateur. Bien intentionnés, ils prennent les devants. Leur démarche est préventive. Ils sont soucieux des intérêts de l'adolescente. Ils pensent agir pour le mieux. Étant donné l'époque, pensent-ils, il « vaut mieux » ne pas attendre qu'elle soit bêtement enceinte. Il « vaut mieux » éviter l'avortement. Bien que l'avortement, lui aussi, ait été banalisé, vulgarisé. Mais quand même : pourquoi prendre le moindre risque alors qu'il y a la pilule ?

Aussi la maman ou l'éducateur sympa agissent préventivement : « Tu sais ma petite fille... la pilule. » Nouvel avatar de la sentimentalité (bourgeoise) : le néo-intimisme du positivisme petit-bourgeois. Celui de la mère et de la fillette, de l'éducateur et de la fillette, de la fillette et de sa copine, de la fillette et de son partenaire. À la fois légal et intime, secret et public, subversif et institutionnel. Dernier avatar de la psyché occidentale : forme extrême de sa paupérisation, de son extinction. Une culture de l'âme accommode ses restes.

Et intimisme qui s'étale, maintenant, dans les media. Intimité bavardée sur les ondes, sur les écrans, sur huit colonnes à la une. Courrier du cœur, du sexe, des magazines spécialisés ou pas et des émissions intimistes des radios commerciales. Stéréotypes de masse qui se proposent comme culture de l'intériorité. Avec toute la vulgarité requise.

Cette procédure initiatique s'est substituée à l'initiation clandestine, sauvage, politique. Des premiers combats pour l'usage des contraceptifs, de la pilule. Combats d'avant-garde des nouveaux docteurs Folamour, des éducateurs « apprenons à faire l'amour » au lycée. Du défi à la « répression sexuelle bourgeoise ». Aux tabous et interdits. Maintenant, les incitations de l'opinion libérale sont telles que la fillette demande « spontanément » sa pilule. On a tellement bien su la lui dorer.

Une troisième période de l'usage semble même déborder l'initiation intimiste. C'est celle qui s'avoue franchement revendication d'usager, de consommateur : la pilule du distributeur automatique. Et gratuite. Entre le flipper et le distributeur de coca-cola et de chewing-gum. Et pourquoi pas dans la salle de classe ?

Loi des trois états de la consommation-transgressive : message politique, pratique intimiste, usage de masse. À mesure que la consommation gagne en extension le message politique se perd dans la banalité de la consommation quotidienne. L'initiation reste clandestine, marginale. Mais elle est devenue une banalité et une conduite de masse ! Les deux dynamiques constitutives de l'ambiguïté social-démocrate se sont parfaitement compénétrées. Subversion et institution s'équilibrent pour proposer un nouveau type de conduite : le normatif contestataire.

Ce modèle culturel, ce dressage de masse, cette pression de l'opinion fonctionne selon trois moments constitutifs :

1. Il faut s'émanciper, se libérer des interdits et des tabous.
2. Donc prendre la pilule.
3. Alors passer à l'acte sexuel.

ou bien :

2. Donc passer à l'acte sexuel.
3. Alors prendre la pilule.

Qu'importe l'ordre des motivations occasionnelles. En tous les cas une « causalité structurale » — d'ordre logique et non événementiel — régit le fonctionnement idéologique. La prescription idéologique est impérative. C'est elle qui motive : le droit à la pilule est le droit à la sexualité comme le droit à la sexualité est le droit à la pilule. La garantie contraceptive incite à l'usage comme l'usage à la précaution.

Ainsi se révèle le mécanisme idéologique de l'usage. L'idéologie crée le besoin et l'usage. Cet usage devient une fonction sociale. Et cette fonction crée l'orgasme.

L'idéologie impose une pratique. Celle-ci devient une fonction. Et celle-ci l'émancipation sexuelle.

Mais orgasme à la mesure de son usage : sociologique, fonctionnel, machinal. Une jouissance à la mesure de son conditionnement. Et nous nous permettrons de donner un conseil aux sexologues, puisque sexologues il y a, et même aux psychanalystes. Ne cherchez pas ailleurs les causes de la pathologie de la nouvelle sexualité. Un sexualisme de masse aussi fonctionnaliste et sociologique est a priori une forme réductrice de la jouissance. Ce trouble de jouissance, certes, se manifeste de multiples manières. Mais la cause essentielle est dans la soumission au modèle de série.

On a la jouissance que l'on mérite. Que voulez-vous : le sociologique est frigide ! Et le machinal machinal ! Si pour certains le sexe est devenu un instrument politique, pourquoi s'étonner de la piètre jouissance qu'il apporte ? Justice immanente. Une remarque, pour conclure ce chapitre. Nous n'avons entrepris ni un travail de sociologue ni un travail d'expert. Rappelons que nous cherchons à définir les figures phénoménologiques de l'initiation mondaine à la civilisation capitaliste. Aussi que l'honnête homme n'attende pas de nous le discours culturel que justement nous cherchons à dénoncer. C'est-à-dire les spéculations du sociologisme et de l'expertisme. Car à expert contre-expert et à sondage contre-sondage. Nous récusons cette culture scientiste et empirique qui a fonction d'alimenter le confusionnisme de l'idéologie.

Nous n'avons pas cherché à faire le bilan des divers méfaits et bienfaits de la pilule à la manière du néopositivisme. Ce n'est pas notre propos. Nous avons voulu distinguer deux usages. L'usage révolutionnaire et l'usage idéologique. Comment la pilule peut libérer la femme — et l'homme — et comment elle conditionne la femme et l'homme. La meilleure et la pire des choses. Soit l'initiation mondaine à la consommation libidinale, ludique, marginale. Soit la maîtrise de la nature et un nouveau civisme.

2. Le sexisme mondain, la psyché et la lutte des classes

Protester contre le détournement… d'usage de la pilule et le dressage… mondain de la fillette va provoquer l'inévitable réplique mondaine : « Phallocrate ! » Et peut-être même dans la bouche de l'honnête homme.

Jouons le jeu ; en piste pour la dispute. Celle qui structure le mondain. La scène du monde ne s'anime que d'éternels poncifs. Chacun doit réciter son rôle. La procréation semble avoir programmé ces piques de sexe. Elles font partie de l'approche amoureuse. Ce sont des rituels. On a ainsi quelque chose à dire et à se dire. Joutes de sexe, conventions mondaines, ingrédients du désir. Un homme arrive. Un phallo ? « L'ennui s'envole. »

Et comme le mot sonne bien. Phallo… Toute puissance mondaine du signifiant. Mot choc, bourré de sens et d'émotions. Mot de vigilance. De militante. Mot totem. Celle qui le dit la première a gagné.

Mais si nous voulons jouer le jeu de la dispute mondaine, c'est pour amener des arguments peu employés dans le genre. Notre « entrisme » nous permettra de forcer la place. C'est sur la scène mondaine elle-même que nous poserons ce problème de la connaissance : quels sont les fondements épistémologiques du féminisme ?

Nous glisserons le problème de la connaissance sous les colifichets rhétoriques de la mondanité ! Nous en ferons un paradoxe mondain. La provocation réflexive se présentera sous la forme d'un nouveau jeu de société. Nous proposerons une hypothèse qui devrait exciter la curiosité des salonards de la mondanité culturelle. Ne serait-ce que par son énormité : « Si vous vous refusez à tout critère réflexif, rationnel, vous autorisez la pire des confusions. À la limite, alors, vous vous exposez à cette interrogation : et si la néophallocratie… était mise en place par le féminisme ? Si le dernier masque du monstre imitait le visage de sa victime ? Si la phallocratie atteignait sa perfection par sa pseudo-dénonciation ? Et si les militantes du MLF n'étaient que des manipulées de l'éternel pouvoir mâle ? Permettez-moi d'exposer cette hypothèse... Recevez-la d'abord comme une amuserie culturelle, une énormité qui vous fera bien rire. Et puis... »

Eh oui, tout ce travail de mise en scène est nécessaire pour forcer la scène mondaine ! Autrement, le savoir reste aliéné par sa formalisation abstraite. Une mimique ou un bon mot suffisent alors pour le ridiculiser et l'écarter. Nous ne faisons que suivre la leçon de Socrate : la provocation réflexive doit affronter les sophistes. Sur leur terrain. Nous nous proposons donc d'établir la vacuité conceptuelle des termes féministes et phallocrates en montrant leur plénitude mondaine.

L'émancipation de la femme passerait par le refus du mariage ? Par l'union libre ? En luttant contre l'institutionnalisation du fait sexuel ? Mais c'est l'éternel combat du phallo ! « Je n'épouse jamais » avait fait broder sur ses draps un célèbre tombeur, cité par Montherlant avec quelle admiration ! Et l'essentielle préoccupation de cet homme de plaisir n'était-elle pas, en bon rentier, en bonne littérature de rentier, de se sauver du mariage ? On n'épouse que par pitié.

Pour le dragueur, ce pur produit de la modernité (ce fléau social, iront jusqu'à dire les féministes) n'est-ce pas le même combat ? Et quand un homme se marie, les copains n'ont-ils pas toujours dit qu'il se passait la corde au cou ? Mais qu'eux ne se feraient pas avoir de sitôt...

Dieu sait si le phallo redoute l'institutionnel. Est-il nécessaire de développer encore ce thème du mariage épouvantail du pouvoir mâle ? La fin de la jeunesse, la fin des incartades ! La belle-mère, le travail, les enfants ! Adieu la belle vie : « Si tu veux pas que ta femme t'emmerde... »

Le phallo — de maman — n'avait qu'une crainte : le chantage à l'enfant. Sous la pression sociale (anti-phallo en l'occurrence car l'opinion publique ne soutient pas le « pouvoir mâle », contrairement à ce que peuvent dire certains idéologues) il fallait bien qu'il « y passe ». Aussi, quelle terreur, quand elle n'avait plus ses règles.

Mais il pouvait encore sauver son coup. Par l'avortement. Encore un autre pouvoir de classe. Dans le milieu populaire, le phallo, lorsqu'il avait mis une fille enceinte, lui, devait épouser, « obligé ». Dans la bourgeoisie, le pouvoir mâle avait recours à l'avortement. De deux manières, directe et indirecte. En l'imposant à la fille « séduite ». Ou en l'abandonnant purement et simplement, surtout lorsqu'il s'agissait d'une fille du commun. Alors celle-ci, complètement paumée, d'elle-même, avait recours à la faiseuse d'anges. Ou comble de la misère sexuelle, s'avortait elle-même.

Pour le phallo bien né, qui prenait en charge l'avortement, que de problèmes : « Avec les femmes on a toujours des histoires… » Ça coûtait cher, un avortement. Il fallait trouver une avorteuse. Se compromettre. Que de risques ! Que de soucis ! Rappelez-vous Mathieu, ce brave type, lorsqu'il inaugure les *Chemins de la liberté*. Ce héros sartrien, comme tout bon petit bourgeois qui veut vivre sa vie, cherche à faire avorter sa maîtresse. Et comme il est embêté.

Remarquable continuité du pouvoir mâle. Derrière des idéologies apparemment opposées, la même attitude. Les chemins de la liberté — du fils — commencent où finissent ceux de la littérature des rentiers — du père. La relève est assurée. Le refus de l'institutionnel est aussi le refus d'une certaine paternité. Avant, les bâtards du prince poussaient « à la va que je te pousse ». Mais le code Napoléon est plus regardant : les lois recherchent la paternité. Le code contraint à de graves obligations : pensions alimentaires, etc. Certes, obligations théoriques et platoniques : l'homme, s'il est condamné, peut ne pas s'exécuter (même encore, les deux tiers des hommes ne paient pas les pensions alimentaires auxquelles ils ont été pourtant condamnés. Sans mauvaise volonté avouée : ils gagnent si peu !). Mais il y a des risques, des menaces. Les gosses, ça revient cher, il faut les nourrir, les élever, s'en occuper…

Pas de mariage et pas d'enfant : l'aventure, la liaison et l'avortement, constant mot d'ordre de la phallocratie bourgeoise. Son combat anti-institutionnel. Ses chemins de la liberté. Pour ratifier la famille, se marier et avoir des enfants au moment (bourgeois) venu. Avec certaines : on n'épouse pas et on fait avorter. Avec d'autres : on se marie et on a des enfants.

En un premier moment, donc, que demande le phallo ? Le refus de l'institution et le droit à l'avortement. Ce seront les premiers exercices imposés. Au féminisme. Premières tâches. Première manipulation.

Le phallo — de maman — ne se retirait pas, bien sûr : à la gêne point de plaisir. Pas de préservatif, non plus. Cela gâte la spontanéité. Tout échoit à la femme. Autres tâches ménagères : « Lave-toi… tu t'es bien lavée ?... Je t'avais dit de faire attention… » Et le phallo engage le combat pour l'avortement libre. Mais sans se « mouiller », sans avoir à faire le moindre travail. Ses femmes seront en première ligne. Avec les héroïnes de la libération de la femme. Celles qui accumulaient les avortements pour donner le bon exemple. Les performantes (alors qu'il est maintenant établi que les accouchements prématurés et même les fausses couches spontanées sont proportionnels au nombre d'avortements subis antérieurement.) Celles qui exploraient les techniques nouvelles. Ou qui partaient et partent encore, pitoyables troupeaux, par autobus entiers, en des pays moins « répressifs » (les « mecs » n'ayant pas toujours payé le voyage).

Discrète et constante ironie du pouvoir mâle : la femme objet d'usage et sujet d'expérience doit veiller, d'elle-même, au bon entretien du matériel. « Ton corps est à toi ; sache que les "mecs" ne veulent plus de risques, d'ennuis. Sois disponible à leurs désirs sans les importuner de ton corps lorsqu'ils n'en ont plus besoin. Sois fonctionnelle : gère tes ovules comme une bonne femme. Cela fait partie, maintenant de tes obligations mondaines. C'est ton problème. Et nous en avons proposé la bonne solution. Tout est pour le mieux dans le meilleur des mondes des hommes possible. Sois féministe et tais-toi. »

C'est la récupération mondaine du progrès social que nous dénonçons, sous sa couverture féministe. Que le rhéteur mondain ne profite pas de notre dénonciation d'un certain usage de l'avortement pour insinuer que nous le condamnons. Nous souhaitons, au contraire, le plein usage de la loi. (Rappelons que nous voulons l'abrogation des restrictions mentales, de la clause de conscience qui permet encore à bien des médecins d'éluder son intégrale application.)

L'avortement n'est concevable qu'en écartant le libéralisme permissif — qui le récupère — et l'idéologie réactionnaire — qui l'interdit. Il faut établir, là aussi, la ligne juste et dénoncer les usages abusifs, mondains qui manipulent les femmes pour maintenir le confort sexuel mâle. Et exiger l'application de la loi pour les populations où elle est le plus sous-utilisée, alors qu'il s'agit de la plus authentique misère sexuelle, sociale, affective. Nous constaterons que chacune de ces idéologies se justifie a contrario par l'autre. Pour ainsi empêcher le bon usage de la loi.

Encore une fois : la femme a tout à gagner des lois sociales et le phallocrate a tout à gagner du féminisme. L'émancipation mondaine de la femme non seulement s'accompagne d'une plus grande garantie d'usage pour le phallo mais encore élargit extraordinairement son champ de consommation. « La circulation des femmes » est devenue ce que le phallo n'osait imaginer.

Nous verrons dans la libéralisation des lois du divorce une autre conquête de la phallocratie moderniste, machiavélique et manipulatrice. Qui profite du divorce (dans la conjoncture actuelle ?) Ne sert-il pas, en définitive, à libérer encore plus le pouvoir mâle de l'institutionnel, du mariage, de ses obligations, en particulier à l'égard des enfants ? Étudions de près le profil socio-professionnel du couple qui divorce. Pour en dégager une loi tendancielle, non-dite et recouverte par les motivations psychologiques soufflées, serinées, par les médias. Intéressons-nous en particulier aux gens de 35-40 ans jusqu'à 50-55 ans. À cette génération mariée avant 1968, qui est l'âge « mûr » et qui peut bénéficier maintenant des facilités du divorce, octroyées par le libéralisme du système. En lui faisant grâce des statistiques, nous proposerons à l'honnête homme, deux portraits robots.

Lui : après des débuts parfois difficiles, il dispose maintenant d'une bonne situation. Ne serait-ce que par le mérite de l'ancienneté. Il s'est maintenu en bonne forme. Il est dans le secondaire, et surtout, le tertiaire. Profession libérale, cadre, ingénieur, professeur.

Elle : ne dispose d'aucune qualification professionnelle. Pas de métier. Elle a abandonné ses études pour se marier, aider son mari, élever ses enfants.

Elle : au foyer. Lui : au bureau, en voyage d'affaires, en

dîner, en soirée. Autant d'occasions de rencontrer des femmes d'un autre milieu social, plus jeunes et disponibles. Il dispose enfin du genre de vie (argent, standing) que le système a mis au point pour séduire. Aussi va-t-il délaisser puis répudier l'épouse non compétitive.

Sa nouvelle et jeune femme, par-dessus le marché, dispose d'un métier, d'une qualification professionnelle. Un autre traitement. Réel ou virtuel (elle pourra cesser de travailler ou elle pourra se mettre à travailler).

Comment la femme délaissée, répudiée, pourrait-elle « refaire sa vie » ? Elle propose, elle, deux ou trois enfants à prendre en charge, un corps fatigué, une carte de chômeuse. Il va falloir qu'elle cherche du travail. Tout en s'occupant encore des enfants…

Telle est la situation type que la libéralisation du divorce a autorisée. Deux destins de femme. Une perdante. Deux gagnants.

Bien sûr, il est d'autres divorces. Pour d'autres classes d'âge. Mais avec cette constante : prise en charge des enfants par la mère[32]… et non-paiement des dérisoires pensions alimentaires. Situation de fait qui est le reflet d'un privilège objectif.

Comment le nouveau phallocrate ne serait-il pas féministe, puisque le féminisme est le vieux projet phallocrate adapté au libéralisme avancé jusqu'à la social-démocratie libertaire ? De toute son hypocrisie sexiste, il a voulu que la femme « réussisse » son divorce comme elle a déjà « réussi » ses avortements. De même, en lançant la femme sur le marché du travail, il réussira à en faire une chômeuse.

32. Le « papa-poule » n'est qu'un gadget idéologique. On n'a pas encore vu de papa-poule chez les « trois-huit ».

Car là aussi, les dés sont pipés : toujours deux destins de femme. Celles qui profitent du système. Celles qui en sont victimes. Les bourgeoises, nanties de diplômes et qui se sont casées avant la récession. Ou qui, maintenant, bénéficient d'une qualification professionnelle qui leur permet d'exercer un métier libéral, ou d'occuper les secteurs de pointe des public-relations, des mass-media. Celles qui ont le pouvoir de choisir. D'attendre. De se faire pistonner. Qui savent plaire. Qui gèrent les boutiques de mode. Qui ont des relations. Des oncles bien placés. Celles qui peuvent rentrer à la maison. Après avoir gagné la maison de campagne. Ou l'autre voiture.

Et les femmes d'origine populaire. Sans diplôme. Sans qualification professionnelle. Même pas ouvrières. Même pas OS. Les femmes de salle. Les balayeuses. Les serveuses. Les bonnes (portugaises). Les femmes de ménage. Les vendeuses. L'immense armée des femmes à tout faire. Contraintes de prendre n'importe quel travail. Les saisonnières. Et toutes celles qui ne trouvent même pas ces humbles et pauvres tâches. Chômeuses. Ou même pas chômeuses.

Le féminisme est cette idéologie qui consacre une nouvelle et terrible ségrégation dans le sexe féminin. Ségrégation de classe qui organise deux destins de femme.

Celles qui parviennent, arrivent. Qui s'intègrent à la dynamique du système. Celles qui ont droit aux essais et erreurs. Aux expériences non seulement permises mais recommandées. Et qui, en définitive, réussissent ou réussiront leurs mariages, leurs enfants, leurs carrières. Et celles pour qui l'avortement, le divorce, le travail-chômage sont de terribles drames, des traumatismes irrécupérables, des épreuves insurmontables.

Certes, ce n'est plus le destin de Fantine. L'idéologie de la classe dominante s'est « humanisée ». Un certain misérabilisme féminin n'est plus possible. Mais le néo-capitalisme condamne toujours à un échec objectif la majorité de la population féminine. Échec sexuel, affectif, social.

Le système a su gérer magistralement cet échec. Grâce à ses lois « sociales » qui empêchent ces femmes de s'insurger. Il a su récupérer le négatif par une bonne gestion de l'échec : un bon avortement, un bon divorce, un bon chômage. Toute une population féminine est assurée de « réussir » ses échecs. Au prix d'une insatisfaction profonde. Mais aussi d'un moindre mal politique. Cette « fourchette » idéologique permet au système de ne rien accorder d'essentiel à ces femmes tout en empêchant leur prise de conscience sociale et politique.

Trois moments du destin de la femme, trois promesses du capitalisme libéral. Avortement, divorce, travail-chômage. Pour certaines, trois figures du malheur. Pour d'autres, trois moyens de s'intégrer, d'arriver. Pour beaucoup les deux à la fois, tantôt l'un, tantôt l'autre. Et alors l'extraordinaire confusion idéologique du discours féministe.

Nous n'avons entrepris cette polémique que pour battre l'adversaire sur son terrain : la dispute mondaine. Pour montrer que son audience ne repose que sur un pouvoir idéologique. Le féminisme n'a aucun fondement théorique.

Aussi, maintenant, devons-nous élever le débat. Et proposer notre contribution aux fondements scientifiques d'une théorie progressiste des rapports du sexe, de l'homme et de la femme.

Certes, le féminisme relève d'un bon sentiment. À l'origine, c'est la saine et même sainte colère de la femme outragée. C'est vouloir reconquérir une dignité bafouée. Dignité de la femme scandalisée d'être réduite à la seule valeur d'usage.

Légitime protestation, morale, devant la dégradation de la psyché. Revendication affective de la femme qui prétend ne plus être réduite au fonctionnalisme vulgaire du sexe.

Mais ces bons sentiments sont aussitôt récupérés par l'idéologie, par le féminisme. Ce ne sera pas la faute du néo-capitalisme. Ce ne sera pas la social-démocratie libertaire qui sera responsable. Mais l'homme. Pas tel groupe d'hommes. Mais l'homme en général. L'homme en tant qu'essence. Et c'est en défaisant l'homme que la nouvelle femme se fera.

Effectivement, très longtemps, des origines de l'humanité au système occidental des classes sociales, « la société » a été fondée sur les rapports de sexes. En raison de deux faits essentiels qui se recoupent : la division du travail et le système de parenté.

La première division du travail s'organise sur la division des sexes. Le travail — de reproduction de l'espèce — et le travail — de subsistance — sont deux systèmes spécifiques. C'est un a priori « logique ». Le fait de la maternité, et de la première structure d'élevage, entraîne une répartition des tâches qui peut être très sommaire, certes, en fonction du sexe. Dès le principe, il y a une *différence*. Et pour autant que la femme participe au travail de subsistance et de reproduction de la force de travail, c'est selon des fonctions et des rythmes qui prévoient cette différence.

L'ordre du travail se dispose alors nécessairement selon un système de parenté soit masculin, soit féminin. Dans les deux cas, ce système de parenté — et qu'importe qu'il soit matrilinéaire ou patrilinéaire ou un compromis des deux — réduit le destin politique et le destin de chacun à n'être que l'expression naïve, mécaniste de la division des sexes. Le politique et la vie personnelle ne sont que l'expression de la reproduction de la tribu.

Il est essentiel de constater que cette différence objective, structurale n'indique pas une subordination constitutive de la femme. Cette nature sociale originelle ne peut servir d'argument ni aux phallocrates ni aux féministes. On a voulu l'interpréter en projetant une idéologie moderne sur une structure qui, par elle-même, n'est pas un ordre de domination. Et même Engels est tombé, à notre avis, partiellement, dans ce piège.

Mais il est aussi essentiel de constater que la différence implique le conflictuel, l'antagonisme, le contradictoire. Ce conflit par lui-même n'est pas négatif. Il n'y a pas une fatalité de domination, mais plutôt le principe de la dynamique sociale. Et nous pensons que ce conflictuel est même nécessaire à la structure d'élevage. L'enfant doit être la reproduction d'un double, d'une contradiction interne. Pour devenir. Pour qu'il y ait une dynamique de l'être. Pour qu'il se projette.

L'inconscient collectif, le nôtre, celui de l'époque, traduit cette culture. Celle de la tribu fondée sur la division des sexes. Son actualisation, au niveau de la vie quotidienne, est l'éternelle querelle domestique. Le conflit intime de tout couple. Cette querelle est devenue le fondement de la comédie humaine. L'ironie de l'histoire est née de cette sempiternelle et vaine querelle. Exercice somme toute formel, catharsis.

Ce conflit est culturel, objectif. Ce n'est pas comme le croient certains idéologues un conflit biologique, inscrit dans la nature. Ce naturalisme est alors une métaphysique. C'est au contraire un conflit inhérent au mode de production étymologique. Et présent dans l'inconscient collectif. C'est une reproduction des rapports de production.

Le féminisme va se servir de ce fond atavique. Pour l'utiliser en une modernité idéologique qui prétend dépasser la lutte des classes. Alors qu'au contraire c'est la lutte des classes qui réactive ces fixations étymologiques et leur donne leur sens exact.

L'Occident féodal et bourgeois, par l'organisation des classes sociales, dépasse mais aussi récupère le dualisme originel. La noblesse et le servage, la bourgeoisie et le prolétariat définissent deux nouveaux univers. Celui où l'on extorque la plus-value (et où on en profite, de près ou de loin : dérive de l'accumulation). Et celui où l'on produit cette plus-value. Bien sûr, dans ce nouveau système, les antagonismes étymologiques continuent à se manifester. Mais *dans*. La lutte des classes subsume et conditionne la lutte des sexes.

Dans la classe dominante, la femme profite aussi de l'extorsion de la plus-value. D'une manière objective, évidemment (il ne s'agit pas d'apprécier les bons ou les mauvais sentiments). Donc, comme exploitation de l'autre femme, de la classe dominée. Ce qui ne l'empêche pas d'être aussi, éventuellement, « exploitée » par l'homme de la classe dominante. (On peut être la prolétaire de l'homme et avoir une armée de larbins. Une simple bonne ou femme de ménage suffit parfois à faire la Madame). Alors on peut proposer cette formule, objective : exploitation de la classe dominée > (plus grande) que l'exploitation de la femme par l'homme dans la classe dominante.

Plus grande, parce que c'est le pouvoir de classe — la domination d'une autre classe sociale — qui autorise, qui contient le pouvoir de l'homme — mais de la classe dominante — sur les femmes — de la classe dominée mais aussi de la classe dominante. Et la cause inclut, contient toujours l'effet. La cause est plus grande que l'effet. L'antériorité logique, économique, politique — de la lutte des classes — fait de la lutte des sexes une conséquence, un effet. La chronologie historique — celle qui apporte la mémoire collective de cette lutte des sexes — est soumise à la causalité politique et économique. La lutte des classes réactive la lutte des sexes. Celle-ci n'était plus qu'une forme vide qui va véhiculer le nouveau contenu historique. La lutte des sexes n'a de sens que par la lutte des classes.

Cette logique se vérifie abondamment au niveau empirique. Quelques questions très « naïves » permettront de le constater. Quel était le pouvoir du charbonnier sur la châtelaine ? Quel est celui du travailleur étranger sur Delphine Seyrig ? Voit-on souvent les dames des classes dominantes être soumises à des hommes de telle manière qu'elles acceptent de vivre *comme* et *avec* les femmes des classes dominées ? Certes, il y a des variables. Nous en avons étudié les lois : la dérive de l'accumulation porte un système de parenté qui ne fait que confirmer la loi que nous venons de proposer.

Résumons en deux propositions les rapports « scientifiques » de la lutte des classes et de la lutte des sexes :

1. La femme de la classe dominante « exploite » — objectivement — à la fois l'homme et la femme de la classe dominée.

2. L'homme de la classe dominante « exploite » — objectivement — la femme (de la classe dominante et de la classe dominée) et l'homme (de la classe dominée).

Ce système de relations est constitutif du pathos occidental. Il ordonne l'intersubjectivité structurale. Celle qui est l'inconscient. Et qui est recouverte, cachée par les « motivations » psychologiques explicites. Et nous ajouterons même le petit appendice qui explique plus précisément la psyché, l'âme de l'Occident: dans la classe dominante se reproduit aussi la contradiction de classe, en tant que contradiction *interne*, relative, hiérarchie dans la classe. Ainsi le droit d'aînesse. Il s'agit là d'une donnée structurale de toute classe dominante.

Alors les deux dominés-internes peuvent — et ne peuvent que — se reconnaître et s'allier face au dominateur. C'est la situation structurale de l'amour (d'abord courtois) et du mythe de Tristan et Iseult. Le vassal, le cadet, le chevalier « s'allie » subjectivement à la femme, à la fille, à la sœur du suzerain.

Mais impossible amour. Terrible piège: les conditions de la reconnaissance sont proposées... et sont aussi « structuralement » impossibles. Alors amour fou. Si l'alliance sentimentale des termes subalternes est quasi-inévitable, de par l'analogie des situations, elle ne remet pas en question, elle ne doit pas remettre en question la contradiction majeure entre les classes sociales. Il ne peut y avoir de lieu politique qui institutionnalise cette dérive interne. Elle doit rester l'inconscient de classe. La contradiction relative ne peut que rester dans la contradiction majeure. C'est le principe de la contradiction relative incluse. Le fondement du destin, de la poésie et de la musique de l'Occident. L'amour fou, l'impossible amour: la psyché ou la mélodie infinie[33].

33. *L'Être et le Code* est l'étude de cette psyché, de ses origines — le mythe occidental de l'amour: Tristan et Iseult — au romanesque bourgeois et à la fin du romanesque (la psychanalyse). *Le Frivole et le Sérieux* est l'étude de la bourgeoisie moderne, post-romanesque. La contradiction interne, issue de la dérive de l'accumulation, est devenue le gauchisme. Il ne remet pas en question la contradiction majeure. Mais il réussit à renverser, à son profit, la contradiction interne. Le libéralisme avancé et permissif du fils succède à l'idéologie conservatrice et moralisatrice du père et chemine vers la prise de pouvoir social-démocrate.

La lutte des classes a totalement transformé, travaillé l'antagonisme des sexes qui est au commencement de l'histoire de l'humanité. Maintenant, la femme s'oppose à la femme comme l'homme s'oppose à l'homme. Et la femme s'allie à l'homme comme les classes sociales s'opposent.

L'extraordinaire expansion des couches moyennes peut occulter la contradiction majeure : bourgeoisie — classe ouvrière. Et la lutte des classes peut être sous-estimée, ignorée et même considérée comme « dépassée ». Pour bien des femmes, il n'est pas évident qu'elles participent à l'exploitation de la classe dominée et que cette exploitation soit plus grande que leur exploitation par l'homme de la classe dominante. C'est qu'elles méconnaissent le rôle exact de ces couches moyennes dans le procès de production et dans le procès de consommation. Et il est vrai que le statut de ces couches sociales est particulièrement ambigu.

Elles sont à la fois victimes et profiteuses de l'extorsion de la plus-value. Elles ne possèdent pas les moyens de production mais extorquent une certaine plus-value. Cette double monstruosité statutaire explique la confusion fondamentale de la nouvelle idéologie et, en particulier, le féminisme. Celui-ci va inverser la situation objective (que nous avons définie). L'antagonisme de sexe, originel, sera réactivé au point de prétendre dépasser la lutte des classes. Et le marxisme (surtout lorsqu'il sera léniniste), sera même dénoncé comme un phallocratisme larvé.

Apparaît alors un *corporatisme* du sexe : un sexisme. Le mélange confus des « intérêts » du sexe — féminin — de la culture — bourgeoise — du discours — libertaire. Est sexiste toute représentation qui fait du sexe une « essence », une détermination transcendante à l'histoire. Sexe « naturel », pur, au-delà des rapports de production. Ce corporatisme promeut un fait biologique en une « nature » métaphysique.

Aussi, tout pouvoir politique, de toute culture historique, sera identifié au pouvoir mâle. Le combat révolutionnaire du féminisme est le combat contre l'homme en tant que sexe qui s'est identifié au processus de l'histoire.

Alors, ce n'est plus la guerre des sexes de l'origine. C'est une nouvelle guerre. D'ordre métaphysique. Celle de la substance contre l'histoire. La femme est l'anté-prédicatif, la non-détermination, la non-représentation. Elle est ce qui était avant la culture. Elle est l'anti-progrès absolu. Elle est l'humanité d'avant l'histoire. Histoire décrétée vaine, prétexte à la prise de pouvoir phallocratique.

Le combat féministe se révèle n'être que le combat de l'idéologie réactionnaire contre le sens de l'histoire. Et sous une forme moderniste. Le féminisme réactive un archaïsme, le dénature, le falsifie pour en faire une nouvelle idéologie de la substance : l'Être sans l'histoire (idéologie commune à tous les penseurs de la modernité bourgeoise, à partir de Heidegger).

Le nouveau statut conféré à la femme n'est autre, alors que son nouveau pouvoir mondain, une nouvelle stratégie du pouvoir de classe. Elle a fonction d'implanter la social-démocratie libertaire[34] et ce qui est désolant (rappelons-le), à partir d'un bon sentiment : la révolte légitime de la femme outragée (toute idéologie se farde d'une vertu. Pour la détourner). Femme doublement spoliée : par l'homme de la société victorienne et par l'homme de la société permissive.

34. Tel est le parcours du féminisme : revendication archaïsante dans l'opposition puis participation doucereuse au pouvoir. Le féminisme encercle ainsi ses opposants, car il dispose de deux discours, deux stratégies. Éternel féminin !

Le féminisme sera cette contradiction radicale, ce paradoxe mis en place et promu par le pouvoir : l'égalité des sexes est revendiquée en même temps que le sexisme radical (du féminisme). Et même *par* ce sexisme. Comme si l'égalité « naturelle » pouvait s'identifier à l'égalité politique et culturelle. Comme si le processus de désubstantialisation de l'histoire pouvait à son résultat, proclamer la substance absolue.

La seule mesure de l'égalité politique entre l'homme et la femme, c'est l'égalité devant le travail. C'est l'égalité proposée par le socialisme (celui qui lutte contre la social-démocratie). C'est la seule manière d'en finir à la fois avec l'Ève éternelle et l'Homme éternel. Alors plus de phallocrates ni de féministes. Mais un rôle commun, dans le procès de production et de consommation.

Bien sûr, le féminisme ne peut avoir que du mépris pour ce genre d'égalité. L'émancipation ne peut être que l'émancipation du sexe par le sexe. Alors la contradiction fondamentale du féminisme — l'égalité des sexes par le sexisme — s'avère la *coquetterie* de la femme moderne. La contradiction ne fait que camoufler la stratégie éternelle de l'Ève éternelle. La coquetterie n'est qu'un stratagème du pouvoir du sexe, une ruse sexiste. Si le féminisme dénonce la femme-objet, c'est pour mieux valoriser le sexe féminin.

La coquetterie classique est bien connue :

1. Provoquer (subtilement, si possible) l'homme ;
2. Se refuser ;
3. Alors « l'intéresser ». Banal et efficace.

Mais ce travail de valorisation n'est pas l'essence de la féminité, de sa nature originelle. C'est un travail culturel, de civilisation : valoriser la femme, l'arracher à sa banalité fonctionnelle, à sa simple valeur d'usage. L'Occident féodal et bourgeois, qui a perfectionné et sublimé ce processus, est profondément « féministe », répétons-le. La psyché est la finalité de sa culture. Mais cela est de l'ordre de l'inconscient collectif. La stratégie culturelle se camoufle sous les apparences institutionnelles. Tous ceux qui dénoncent la phallocratie logocentrique — les Derrida, Deleuze, Foucault, etc. — s'y sont laissés prendre.

Tout un arrivisme mondain va détourner la coquetterie classique, légitime, de bon aloi. D'arme secrète, démonique, elle va se vulgariser en un modèle culturel prêt-à-porter. Nous avons reconstitué la sémiologie et la morphologie de cette nouvelle mondanité, en référence à un code qui reste, aussi laxiste qu'il soit, celui de groupes sociologiques clos. En fonction des valeurs de la bande, par exemple. Ou d'une mode. La liberté sexuelle reste sélective. La femme est libre, mais de circuler et de s'échanger dans ces enclos culturels et sociologiques. En définitive, elle est toujours chasse gardée. Comme dans les troupeaux où les grands mâles se partagent les femelles (après de durs combats) et chassent ensemble les intrus. Le bourgeois chasse à l'extérieur. Mais chasse gardée à la maison. Ou bien il est échangiste. Donnant, donnant.

Toute notre démonstration tend à établir que la guerre des sexes ne fait qu'exprimer une situation idéologique, et que le féminisme est l'une des idéologies de la social-démocratie. Il n'y a pas d'essence des sexes : un antéprédicatif antérieur aux rapports de production. Mais des désignations très subtiles et des significations très raffinées des rôles sociaux de l'homme et de la femme. Par le mode de production et de consommation.

Allons au cœur de la dernière sensibilité bourgeoise occidentale. Établissons l'aporie qui prouve l'inanité des considérations féministes et phallocratiques. Proposons au jugement de Salomon la situation paradoxale qui prouve que la solution ne peut apparaître qu'en dehors de cet antagonisme « éternel ».

Peut-on violer une putain ? C'est le problème posé par Sartre dans *La Putain respectueuse*. Et qui est le problème même du libéralisme sexuel. Problème révélateur des limites culturelles d'une civilisation.

— « Non, bien sûr, dit le phallo. C'est elle qui a commencé. D'elle-même la prostituée s'est mise en dehors de la loi éternelle pour vivre sans rien faire du travail de l'homme. On ne peut violer qu'une femme honnête. Celle qui vit selon la loi. Alors c'est un terrible péché. Qui doit être puni de mort. Mais une putain non consentante est une contradiction dans les termes. L'impure ne peut être atteinte d'une impureté. Une putain ne peut pas protester d'un viol. La cause du mal ne peut se plaindre d'un effet du mal. Prendre de force une putain, c'est la punir par où elle a péché : c'est ne pas la payer. »

— « Oui, bien sûr, dit la féministe. C'est l'homme qui a commencé. De même qu'il a créé l'esclavage, il a imposé la prostitution. Celle-ci est essentiellement une violence. Toute prostituée est constamment violée. Prendre de force une prostituée n'est qu'une redondance de l'ignoble : c'est vouloir lui prouver encore qu'elle n'a aucune liberté, aucune existence personnelle en dehors de l'exercice de son métier. »

La prostitution, c'est la faute de l'homme ou de la femme ? Ce débat sexiste — celui qui cherche à imputer les responsabilités à tel ou tel autre sexe — débouche sur une casuistique où le libéralisme révèle toutes ses contradictions, son opportunisme, son éclectisme et son syncrétisme. Il conduit à des paradoxes insoutenables et à un alexandrinisme à la fois odieux et ridicule. Les attendus de certains juges, à l'occasion de procès pour viol, témoignent d'un extraordinaire talent de navigateur à vue à travers les écueils du libéralisme. Courteline et Ubu ne sont pas loin.

Peaufinons cet alexandrinisme : peut-on être violée en partouze ? Ou bien : peut-on, dans le même acte sexuel, être consentante et refusante ? La chatte de la voisine aura-t-elle le droit de témoigner ? Si le mari préfère une position amoureuse et si sa femme la refuse, est-ce un cas de divorce ? Au bénéfice de qui ? Où est le licite et l'illicite du lit conjugal ? Et de celui de l'union libre ?

Vanité de ces débats. Dérisoire remake de la dispute théologique à propos de l'origine du mal. Mot d'enfant : « C'est lui qui a commencé… »

Guerre des sexes, guerre en dentelles. Le champ de bataille est la scène mondaine. Ce qui importe à la stratégie idéologique, ce n'est ni les phallocrates, ni les féministes. Mais leur dispute. Celle de Jean Cau et de Gisèle Halimi. Le tapage et la retape des mondains. Pour empêcher de poser les vrais problèmes. Pour faire diversion.

Le vrai débat doit être proposé selon les rapports de production. C'est seulement par leur connaissance que l'on peut énoncer le problème. Et envisager sa solution. Tout d'abord en situant phallocratie et féminisme dans la lutte des classes. Ce sont deux statuts mondains, sexistes. Pour une commune consommation libidinale, ludique, marginale. Celle de la social-démocratie libertaire. La farouche guerre des sexes n'est qu'une querelle de consommateurs. Portés par une commune idéologie, les deux vieux complices se disputent bourgeoisement la plus grosse part du gâteau libidinal.

6

Cinquième niveau initiatique : la moto, la chaîne hi-fi, la guitare électrique, le nikon. — La définitive intégration au système par la technologie avancée

A — L'USAGE PROGRESSISTE ET L'USAGE MONDAIN

Comme pour la pilule, comme pour tous les produits commercialisés de la science, de la technologie, du progrès, il y aura deux usages de la moto : le bon et le mauvais, l'usage utilitaire et l'usage idéologique. Celui du progrès et celui de la récupération corporatiste, mondaine.

Bien sûr, l'idéologie ne s'embarrasse pas de ce distinguo, qui est pourtant d'une importance capitale. Au contraire, elle procède par l'amalgame, le confusionnisme. Pour le vieux grincheux, tous les motards sont des pétaradeurs. Aussi dirons-nous : vive la moto ! Et pour cela, dénonçons tout d'abord la récupération idéologique de son usage.

« Si tu as ton bac, tu l'auras ta moto. » Ou la guitare électrique, ou la chaîne hi-fi, ou le nikon. Ces objets prestigieux vont inaugurer un nouvel échange à la fois symbolique et pratique, dans la famille et dans la société. Un protocole de l'accession à l'objet va caractériser son usage. Ce nouvel usage fera la médiation entre ceux de la consommation-transgressive et ceux de la société dite de consommation. L'initiation adolescente s'achève et la participation adulte au système commence. Par un simple glissement. Un rien qui permet de passer des rituels initiatiques à l'intégration radicale.

Il est proposé un modèle d'usage qui prolonge et achève la consommation mixte, celle de l'initiation mondaine, à la fois subversive et institutionnelle. L'ambiguïté constitutive se dépasse en s'accomplissant. Le modèle d'usage n'est plus un monopole de l'adolescence sans être d'usage courant pour l'adulte. Il n'est plus marginal sans être vraiment banalisé. Ce n'est plus un usage exclusivement ludique sans être cependant purement fonctionnel.

C'est que l'usage vient d'accomplir un très insidieux mais très important renversement de signification. Il signifie, encore, la *différence*. Il fait autre. Mais alors qu'antérieurement il s'agissait de signifier une différence avec la société, c'est maintenant une différence *dans* la société. Les nouveaux usages hiérarchisent dans les classes sociales. Et non plus dans la marginalité. Ils marquent une barrière et un niveau. Ce sont déjà des éléments de standing. Des signes de possession. Ils coûtent cher.

La stratégie de subversion-intégrative consisterait à multiplier ces corporatismes de consommateurs pour les confondre en un agglomérat d'usagers qui serait le socle de la société civile voulue par le libéralisme. Cet ensemble s'ordonnerait selon la consommation libidinale, ludique, marginale. Il occulterait la lutte des classes et proposerait à la place, le révolutionnarisme du sexe et du jeune.

Le corporatisme des motards est très révélateur de ce processus. Pour le situer historiquement, nous le mettrons en relation avec une bande très particulière, celle qui devient horde, celle de l'*Équipée sauvage*. Ce film, que l'intellectuel de gauche, alors, avait beaucoup aimé, dénonçait une dynamique de groupe qui vire au commando. Et toute une série de films américains a montré comment s'enchaînent les exactions que le terrorisme mondain de la modernité a reconduites et banalisées (casseurs).

L'actuelle manif de motards ressemble davantage à un troupeau de moutons qu'à un commando. Mythologie ? Oui, de « la société de consommation ». C'est une sémiologie de l'avoir, du prestige, du pouvoir d'avoir.

La moto est devenue une sémiologie du standing. Ce qui séduit, c'est l'objet de luxe. C'est-à-dire non utilitaire. Il doit proposer un niveau de consommation qui écarte, éconduit toute allusion à l'instrument de travail. L'objet est standing : grosses cylindrées, chromes rutilants, gadgets dernier cri, performances ahurissantes, vitesses vertigineuses, cuirs rares, marques exotiques. Tout est prétexte à des regroupements, des défilés qui sont des expositions ostentatoires.

Cette symbolique de l'avoir est aussi une mythologie de l'évasion. L'idéologie social-démocrate du temps libre trouve là un appareillage de commando du loisir. La moto est l'objet qui véhicule idéalement l'imaginaire, le fantasmatique de la social-démocratie libertaire. Elle permet à l'idéologie de prendre corps, de s'objectiver. Elle donne forme et sens au virtuel, au potentiel. Celui de l'évasion. Mais évasion par l'avoir. Par le luxe. De la technologie avancée, cet imaginaire ne retient que les prestiges du standing. Ceux qui permettent d'écarter les autres usagers. Ceux qui avalent l'espace qui sépare la vie quotidienne de la vie de loisir, du temps libre : « La moto était belle et s'en allait là-bas. »

Sémiologie de l'avoir, mythologie de l'évasion : la moto sera donc le signe-objet privilégié de la séduction, séduction objective. C'est la moto qui fait tout le boulot du dragueur, par rituel interposé. Se révèle alors le nouvel ordre de la séduction, qui dénonce la séduction traditionnelle. La conquête amoureuse n'est plus celle de la femme par l'homme (ou de l'homme par la femme). Elle est la conquête de l'idéologie, de ses signes-objets. Ces jeunes sont amoureux de l'idéologie. À travers les signes ils adhèrent à une situation politique. Mais ainsi l'idéologie leur donne le pouvoir de la séduction. Le signe-objet est devenu la fin et le moyen de la séduction. La nénette n'est plus qu'un gadget de plus, un standing de plus, un signe de plus.

Cette ludicité, libidinalité, marginalité de l'usage social-démocrate va rejoindre la mythologie originelle, celle de la horde sauvage. Mythologie alors affadie, amollie, exsangue, du « vive la mort ». L'errance nomadique qui devient invasion et occupation terroriste va très symboliquement réapparaître. Mais il ne s'agira que de furtives résurgences, d'allusions aux mythes originels.

En d'autres termes : la ludicité de l'usage — l'idéologie social-démocrate — va récupérer et intégrer le « vive la mort » — l'idéologie fasciste. Le défi à la mort devient le défi du motard. Le danger — très grand, statistique, alarmant — de la moto devient le piment du loisir. Le risque — de mort — est alors le sérieux — du jeu. La ludicité de l'usage se valorise du risque de l'usage. L'enjeu, du jeu, est énorme. La gratuité de l'usage mondain retrouve une mythologie, comme une nouvelle chevalerie, celle de l'errance de l'éternel marginal qui a comme fin secrète et dernière l'affrontement de la mort. Rungis a été le lieu privilégié de ce défi. L'hécatombe des courses de moto est une promotion commerciale par la promotion de la mort.

Et cette idéologie prétend se vivre aussi sur la voie publique ! L'usage privatif, sélectif, romantique, anti-normatif s'exerce au lieu même de l'usage public. L'épreuve, la quête aventureuse a comme champ de réalisation le code de la route. Le corporatisme de consommateurs en tant qu'affrontement de l'autre et en tant qu'affrontement de la mort devient un conflit avec l'ensemble des usagers de la route. C'est le dernier avatar du combat contre le système. Il est mené par les leaders de ce corporatisme. Ceux qui viennent de l'idéologie contestataire, qui l'ont promulguée ou diffusée. On retrouve trois types d'animateurs : le fils à papa, blouson doré venu du 16e, le cadre contestataire, le loubard ou rocker.

La contestation de l'ordre, du quotidien, de l'obligatoire, n'est plus marginale, parquée en une boîte, un bistrot, un campus. Elle est une *conduite* ludique, mythologique qui se sert de l'usager banal comme d'un faire-valoir. Et qui l'expose, à son tour, à l'accident.

La consommation-transgressive est devenue l'usage ludique de la voie publique. Provocation objective et danger réel. Conduisant différemment ce motard conduit mal. Cette figure de l'affrontement du frivole et du sérieux est très révélatrice des mœurs actuelles. Le ludique, le marginal, le libidinal se glissent dans les spatio-temporalités de l'usage quotidien. Sous prétexte de contester la société de consommation, on nargue l'usager de la route.

Le corporatisme de la moto est une réalité qu'il fallait définir en son « intentionnalité ». Il est avant tout une stratégie de la séduction. Il veut imposer une sémiologie récupératrice de tout motard. Cette stratégie ne doit être ni surestimée (ne considérer que cet usage, et tomber dans le panneau de l'idéologie qui veut que cette intégration soit accomplie) ni sous-estimée (considérer le phénomène moto comme négligeable).

Aussi, maintenant, allons-nous situer ce fait corporatif dans la totalité du fait social. Nous compléterons sa phénoménologie en le situant dans la hiérarchie des classes sociales. Alors il apparaîtra que les rapports de classe incluent et subsument la tentation corporative, mondaine. Et qu'ils apportent une régulation objective.

L'ordre des classes sociales se reproduit aussi par la consommation de la production industrielle. Celle-ci se traduit par une implacable hiérarchie des prix. Tout usager de la moto s'inscrit nécessairement dans cet ordre, capitaliste. Le corporatisme mondain, celui de la consommation de luxe et de standing, naît en haut et se propage de haut en bas. Alors que le sérieux fonctionnel de l'usage est soumis à une dynamique inverse. Il n'y a rien de commun entre l'humble deux roues qu'est la mobylette, le vélomoteur, le cyclomoteur et le gros cube exotique que le quidam contemple bouche bée. Leur relation est celle de l'insolence de la rareté (mercantile) et de l'humble banalité de l'usage.

Tout engin à deux roues dispose d'une mobilité, d'une maniabilité enviées et même jalousées par le corporatisme des quatre roues. Les deux roues ont en particulier cet énorme avantage de pouvoir se faufiler dans les bouchons. Aussi le chauffeur agacé peut identifier l'avantage fonctionnel aux abus du corporatisme mondain, à sa conduite aventureuse. L'équipement spécifique de tout motard est cher, compliqué, bizarre (casque, combinaison, lunettes, gants, etc.). C'est que la sécurité routière exige de tout usager des deux roues une sophistication protectrice telle qu'elle peut apparaître comme outrancière, comme un accoutrement, un déguisement même, une façon coûteuse de se différencier. Le chauffeur en surchauffe — celui du bouchon — dira que c'est un maniérisme de jeunes.

Car la quasi-totalité des usagers de la moto sont des jeunes. Pour la bonne raison que c'est un moyen de locomotion moins cher que la voiture. Telle sera l'inversion de la mauvaise foi : alors que le cyclo-moteur témoigne de la modicité des ressources et que l'équipement est extrêmement contraignant, on dira qu'il s'agit d'une fantaisie et cet équipement sera même le signe de la vanité d'être jeune.

Mais peut-on confondre celui qui achète une petite cylindrée avec l'argent de son travail et de ses économies et celui pour qui le gros cube n'est qu'un cadeau parmi d'autres ? Quelle mauvaise foi, d'identifier un moyen de transport nécessaire au travail et un gadget nécessaire à la drague.

Et nous dirons même que c'est à ce niveau que l'on peut établir une permanence de la sensibilité populaire. Ceci dit sans aucun populisme. Se révèle, en effet, une fondamentale continuité de classe entre le paysan-ouvrier du capitalisme concurrentiel libéral et le travailleur de banlieue et de la grande banlieue. C'est la même situation et du coup la même sensibilité qui se véhicule. C'est la même empathie adolescente, de l'apprenti de l'atelier à l'auxiliaire des grands services de la nation. C'est la même entrée dans la vie, la même réponse.

Tout un comportement, alors, témoigne d'une totale fidélité de classe. Et du coup d'une grande indifférence à la séduction mondaine. Se révèle une naïveté, au sens noble du terme, une fraîcheur adolescente soigneusement censurée par les imagiers des media. Car elle est adhésion spontanée au progrès technologique et refus de l'idéologie du mépris du progrès.

C'est que, pour les classes laborieuses, en milieu rural et ouvrier, en particulier, la moto n'est pas un gadget. Elle est un investissement d'équipement. Un instrument devenu nécessaire à la vie de travail. Que cet engin serve aussi au divertissement, pourquoi pas? Que la moto permette le samedi soir de promener Mimi — et de l'épater, mine de rien — ou qu'aux beaux jours elle autorise une balade à la mer, quel censeur aurait le droit de s'en formaliser? Les travailleurs vivent leur vie, eux aussi.

Dans ce conditionnement familial et professionnel, aucune désinvolture de l'entretien. On sait trop ce que coûte une moto et à quel point elle est nécessaire. Il y a une prise en charge de l'objet. Et une rupture radicale avec l'usage magique. Alors que dans les premiers niveaux de l'initiation mondaine, l'usage des objets est la totale ignorance de leur production matérielle, économique, politique, cet utilisateur tend au contraire à un entretien de reconstitution et de re-production. C'est toute une quête, révélatrice d'un profond besoin. Et celui-ci est bien plus, est autre chose que le besoin de bricoler. Ce n'est pas une nostalgie témoignant d'une fidélité archaïsante, comme l'ethnologue-idéologue voudrait le faire croire. C'est au contraire, tout d'abord, une gestion de pauvre. Plus qu'une économie (éviter d'aller prendre « un coup de barre » chez le garagiste), une nécessité : on n'a pas le sou.

Aussi cette nécessité va s'identifier légitimement à une ludicité. Et le besoin au plaisir. La prise de possession de l'objet (l'avoir) sera justifiée par tout un travail. Alors, tout le progressisme de cet usage apparaît. Cela commence par un rituel d'entretien. L'adolescent astique son engin après chaque sortie. Et avant. Puis il en vient à des interventions ponctuelles, des réparations. Il considère qu'il doit pouvoir se tirer d'affaire en cas de panne. Il aide ses copains et se fait aider par eux. Une amicale spontanée, de quartier ou d'entreprise, qui n'a rien à voir avec le corporatisme mondain, naît de la moto.

Puis s'instaure, phénomène que tout observateur peut repérer (le dimanche matin, par exemple), tout un rituel de montage-démontage. C'est la définitive rupture avec l'usage magique. L'adolescent veut savoir comment cela fonctionne. Il veut reconstruire, refaire ce qui lui a été livré comme produit magique. Ainsi il démystifie l'objet, il l'arrache à l'idéologie. Pour le rendre à la technique, au travail, au sérieux. Tout en prenant son plaisir. C'est un jeu. Alors il se détourne totalement de la consommation mondaine. Il tend à devenir un technicien. À la limite, la moto n'est plus qu'un mini-laboratoire expérimental.

Tout cela, bien sûr, ne peut être explicité par l'adolescent. C'est doublement interdit. Par le corporatisme mondain, de l'usage magique et du plaisir transgressif. Et par le censeur, pour qui la moto ne peut être qu'usage magique et plaisir transgressif. Les deux discours se renforcent mutuellement pour occulter le niveau de l'usage populaire. L'inconscient collectif est là, caché, interdit, traqué car menaçante potentialité d'une fantastique reconquête de l'univers des objets.

B. — LE GRAND PASSAGE

Nous allons maintenant situer la nouvelle initiation mondaine dans la totalité initiatique car ce moment est l'accomplissement de toute une éducation. À la fois civique et mondaine.

Nous avons vu que la société capitaliste a inventé une pédagogie d'intégration au système : l'usage ludique du fonctionnel. Et nous avons essayé de montrer que le premier moment initiatique est cet « apprentissage » de l'enfant : le transfert de son animation magique dans les techniques de l'environnement familial. Parti d'une manipulation des objets fabriqués, de la récupération de l'univers fonctionnel, de la société industrielle, le processus initiatique revient à la technologie avancée, pour s'achever et s'accomplir. Mais alors qu'au commencement il s'agit d'actes symboliques, d'exercices formels, maintenant c'est un usage de possession. L'appropriation n'est plus totémique, allusion à des scènes étymologiques, comme pour les jeux automatiques (flipper). Elle est une pratique sociale, une manipulation sérieuse. Elle exige un entretien, une technique d'usage très élaborée, qui doivent s'apprendre.

C'est une suffisance quasi ontologique qui est garantie par ces deux entrées dans la vie, de l'enfant puis de l'adolescent. La progressive initiation mondaine sera encadrée, portée, par cette animation technologique. Les 2e, 3e, 4e niveaux initiatiques sont inclus dans l'usage ludique, magique de la production industrielle. Ils sont dynamisés, propulsés par l'animation machinale. Ainsi se compénètrent sans problème, la libido et l'industrie, le ludique et le fonctionnel, le marginal et l'institutionnel.

Tous ces usages libidinaux, ludiques, marginaux, d'abord appris en tant que tels au niveau initiatique, seront ensuite reconduits comme pratiques de masse, comme usages de la social-démocratie libertaire. Mais après toute une transmutation, celle du passage du modèle sélectif à l'usage de masse.

C'est seulement ceux qui n'ont pu réaliser le parcours

complet, ceux qui, par la force des choses, n'ont pu être initiés au tout dernier échange symbolique, qui persisteront dans la consommation des significations ouvertement transgressives. Ces ratés de la consommation — qui auraient bien voulu mais qui n'ont pas pu — feront des *fixations* aux niveaux initiatiques antérieurs (usages machinaux, cheveux longs, etc.). Les autres sauront intégrer ces moments, et leurs signes dans la totalité du parcours. Ils peuvent même les utiliser, mais leurs significations seront autres. À la limite, deux personnes pourront avoir le même système sémiologique vestimentaire pour des significations d'usages radicalement différentes. Les signes n'indiquent que les stratifications archéologiques. Le même signe peut marquer la plus grande différence d'usage. Ce que les spécialistes du signe semblent ne pas avoir compris. C'est l'usage du signe qui importe. Et non le signe en tant que tel.

En fin de parcours initiatique, l'ambiguïté constitutive du rituel — entre la marginalité et l'institutionnel, la contestation et l'intégration — va devenir l'ambiguïté de la nouvelle bourgeoisie, de la nouvelle société. Le dernier modèle initiatique sera l'ambiguïté même de la social-démocratie libertaire.

Le mode d'emploi des objets sera révélateur d'un nouveau genre de vie, d'un nouvel échange symbolique, d'un nouveau contrat social, d'un nouvel usage de l'avoir. Aussi, devons-nous, tout d'abord, compléter la définition de ce mode d'emploi. Pour établir le principe qui ordonne la modernité, les nouvelles mœurs.

C'est plus qu'un corporatisme de consommateur. La définition de celui-ci a certes permis une première approche. Mais elle ne suffit pas à la définition d'une structure constitutive des rapports de production. La nouvelle consommation sélective est essentiellement la consommation du luxe de la technologie. Il ne s'agit en aucune manière de biens d'équipements (soit collectifs, soit des ménages) à vocation fonctionnelle, utilitaire. C'est le sélectif de la technologie qui est consommé. L'usage cher et rare. Le prototype. Le modèle. La première série. La série la plus chère. La plus récente série. Celle que l'on se dispute. Le dernier cri. Le dernier perfectionnement. La dernière trouvaille. Celle qui change tout. Qui fait autre. C'est la série qui a valeur symbolique et valeur d'usage, usage du symbole dans le quotidien. Cette appropriation totémique reconstitue le club, le clan. C'est la sélection d'une élite. Par un totem qui est aussi un usage prestigieux.

L'accession au luxe de la technologie a une portée symbolique qui permet même de snober le luxe traditionnel. Car elle témoigne de l'intégration à l'essence même du système, à son mana. Elle est la récupération, à usage privé et ludique, de la révolution technologique et scientifique de l'époque. Et récupération particulièrement habile, car la valeur symbolique est investie dans l'usage. Ce qui permet alors l'accès au plus grand pouvoir de séduction.

Le travail des autres, l'extraordinaire révolution technologique et scientifique, est transmué en usage privé, intime, singulier. Cette nouvelle pratique, qui n'a rien de commun avec l'usage quotidien, usage domestique ou usage du travailleur, permet de reprendre et de transcender l'usage ludique, libidinal, marginal acquis antérieurement. Cette pure consommation mondaine, exercices et signes nés de l'animation machinale (de groupe et sonore) était quand même marquée d'une certaine gratuité. Ce qui était une force et une faiblesse. Car pur signifiant mondain mais aussi... manque de moyen. Maintenant, la technologie avancée permet d'exalter la sémiologie de séduction antérieure, de multiplier ses effets par un nouvel usage du luxe. Le pouvoir de séduction est un fonctionnel devenu ludique, un sérieux devenu frivole, un procès de production devenu usage mondain.

L'usage proposé est l'accession à un genre de vie réellement parasitaire. Aux meilleures conditions de la consommation transgressive. Car la consommation ludique, libidinale, marginale veut dire, maintenant, deux systèmes de récupération. L'objet a été produit par l'autre : le travailleur de la révolution technologique et scientifique. Et aussi payé, offert par l'autre : le père. Au sommet du système, trône une consommation mondaine d'une « innocence » parfaite. Et qui signifie la plus parfaite exploitation de l'homme par l'homme. Aussi ce modèle d'usage tend à devenir le genre de vie de la social-démocratie libertaire. La consommation-trangressive devenue objective — rapports de production — est le fondement du nouvel ordre intérieur.

7

La social-démocratie libertaire

A. — LE NOUVEAU CONTRAT SOCIAL DU PÈRE ET DU FILS

Le père et le fils ont passé un contrat social (« Si tu as ton bac, tu l'auras, ta moto »). C'est un moment crucial du nouveau modèle éducatif. Et c'est à ce niveau que doivent être situés et traités les rapports du père, de la société, du fils. Ce que les idéologues et les psychanalystes ne semblent même pas soupçonner. C'est alors que la problématique psychanalytique venue de la société traditionnelle — la névrose — trouve ses solutions par le libéralisme avancé jusqu'à la social-démocratie. De l'interdiction à la permission. Solution par l'avoir-bourgeois des problèmes de l'être-de classe.

Ce moment n'a pas existé pour Kafka. Maintenant il est devenu la norme familialiste : un rituel de rupture et d'intégration, le protocole d'accords de la nouvelle famille (entre le père libéral et le fils contestataire). C'est un véritable contrat social : un acte d'échange à la fois symbolique et pratique, aux multiples attendus implicites. C'est le résultat d'une négociation, d'un compromis.

Ce moment est l'achèvement du rituel familial et le commencement de l'entrée dans la vie. Il accomplit un système de récompenses — par l'objet ludique — de toute ratification de l'ordre familial. Récompenses du travail scolaire. À partir du jouet machinal de la première enfance, le fils a reçu un formidable équipement ludique : l'équipement pour la montagne (habits, chaussures, skis), l'équipement pour la mer (fusil de plongée sous-marine, bateau pneumatique, planche à voile), l'équipement pour le tennis, l'équipement pour le cheval, etc. Recouvert d'objets et d'usages ludiques, l'enfant progresse dans l'institutionnel en fonction de cet équipement de l'industrie du loisir.

La récompense du succès au bac opère un saut qualitatif. Il est demandé une ratification solennelle de l'institutionnel : le bachot est le grade minimum de l'entrée dans la vie bourgeoise, de l'accès à la classe sociale. En échange, les parents proposent eux-mêmes l'extraordinaire objet ludique, libidinal, marginal qui, tout en continuant l'initiation mondaine et parachevant l'équipement ludique, consacre aussi (et cela est essentiel) la différence sociale. Un objet tellement sélectif, coûteux, prestigieux qu'il mérite quelques efforts, quelques sacrifices.

Autrement dit, la famille consent à l'émancipation de l'adolescent. Dans la mesure où celui-ci s'intègre à la société. Et cette intégration est non seulement acceptable, recevable (pour le fils) mais encore voulue, demandée. Car elle reconduit, accomplit même, la consommation ludique. En disposant de la technologie avancée.

La famille a fait de l'enfant un citoyen. Elle a reproduit les rapports de production. Elle a assuré le passage de la société traditionaliste à la société libérale avancée jusqu'à la social-démocratie libertaire. Trois subtiles articulations de l'émancipation. Dialectique machiavélique de l'éducation du libéralisme. On libère le fils. Dans la mesure où il s'intègre au système. Et il veut s'intégrer, car alors il élargit son champ de consommation.

Ainsi la société acquiert un nouveau modèle de reproduction des rapports de production. Le système travail-récompense-consommation ludique (de la technologie de pointe) assure la reproduction de classe. Sans se substituer totalement au modèle de reproduction de la société traditionnelle, il le dynamise et prend sa relève en bien des circonstances de la scolarité (grande, moyenne, petite bourgeoise) et de la vie familiale.

Ce modèle permet de renforcer... la sélection. Il incite à ratifier le système scolaire et encourage à la course aux diplômes. Et aux situations. L'adolescent doit comprendre que ses privilèges antérieurement acquis ne seront garantis, et élargis, que par la réussite scolaire. Alors le contrat social, d'abord conclu dans la famille, devient le contrat social entre la nouvelle société et le nouveau citoyen.

Le fils doit adhérer à la dialectique de la consommation libérale et permissive. Il ne lui sera pas demandé de renoncer au système de consommation libidinale, ludique, marginale, celui de l'initiation mondaine. Le père n'attend pas un tel sacrifice. Ce n'est pas l'un ou l'autre. Mais l'un et l'autre à condition que ce soit aussi l'un après l'autre : « Après le bac, tu pourras te défouler. » Et l'un par l'autre : « Si tu as le bac, tu l'auras ta moto. » Il est demandé au fils de savoir y faire. De savoir en faire tant soit peu pour en avoir beaucoup. Le fils doit comprendre qu'en délimitant momentanément sa consommation mondaine — sortir un peu moins, ne plus fréquenter telle boîte, tel copain, laisser tomber les filles jusqu'à l'examen, etc. — elle lui sera rendue au centuple. Car il aura acquis les moyens de la reconduire en un champ de réalisation bien plus vaste.

Le système initiatique est sélectif. Il doit proposer les modalités de la radicale mutation d'une classe sociale. Pour une nouvelle hiérarchie. Il faut apprendre la consommation libidinale, ludique, marginale. Et il faut apprendre à la maîtriser. Beaucoup doivent se perdre en route. Et végéter dans les abus du ludique, du marginal, du libidinal. Les plus forts feront une nouvelle race de bourgeois, maîtres de leur libido, de leur classe sociale, de la société.

Le fils qui saura ratifier ce contrat social fera preuve d'un « sens moral » digne de celui de son père. Nous distinguerons deux genres de « reconversion » morale, apparemment opposés.

Dans le cas de la reconversion « sincère » l'adolescent accepte de jouer le jeu du père, car manipulé-manipulant, il va (comme nous l'avons déjà indiqué), prolonger, reconduire, renforcer les privilèges acquis dans les phases antérieures du processus initiatique. Et formidable ironie, grâce à papa ! C'est lui qui a proposé le marché, le nouvel échange symbolique et réel. Ainsi, l'adolescent se réconcilie avec la famille sans renoncer à la consommation-transgressive. En faisant plaisir à papa, il garantit institutionnellement l'essentiel des prérogatives acquises. Un équilibre heureux est enfin établi, entre le transgressif et l'institutionnel, entre le champ imaginaire et les nouveaux usages fonctionnels, entre les copains de la bande et les parents, entre la boîte et les études. La continuité entre les générations bourgeoises est réalisée.

Formidable opération de déculpabilisation de la consommation-transgressive, de l'adolescent, de la nouvelle bourgeoisie. C'est l'institutionnel lui-même, le père, le pouvoir qui ratifient le désordre établi comme nouvel ordre intérieur. L'ordre moral est dénoncé par le père. Papa conseille même le bon usage de la consommation ludique, marginale, libidinale.

Alors, l'extraordinaire désinvolture morale du nouveau bourgeois, de l'adolescent. Le voilà décomplexé, libéré. Totalement décontracté. Il disposait déjà symboliquement du principe de réalité par la récupération ludique, magique du fonctionnel acquis par le travail des autres. Maintenant, cette consommation est non seulement autorisée mais recommandée. Et par le gardien de l'ordre.

La généalogie de la fausse innocence s'achève. Elle a commencé par le transfert de la magie enfantine dans l'usage fonctionnel. Et elle s'accomplit par la ratification adulte, institutionnelle, morale de la consommation libidinale autorisée par cette falsification originelle du principe de réalité. (Il faut bien souligner que si le père bourgeois se prête à ce jeu, c'est qu'il n'est qu'un symbole du principe de réalité. C'est-à-dire une usurpation. Le principe de réalité — en sa réalité — est le producteur, l'ouvrier, le travailleur. Le père — la fonction symbolique — ne fait que représenter la classe profiteuse de ce travail. Il est le gardien des intérêts de classe — de la réalité de la classe dominante — et non le principe de réalité en son essence. La psychanalyse exploite cette ambiguïté. Sa fonction a été d'identifier le symbole — de classe — et le principe — de réalité. Pour permettre au père — au symbole — l'opération idéologique que nous décrivons.)

Déculpabiliser la consommation mondaine : c'est non seulement un mot d'ordre de la nouvelle morale, du nouveau civisme, mais surtout une nécessité économique. Il faut consommer la nouvelle production. Celle de l'industrie néocapitaliste du loisir et du plaisir. Toute l'initiation décrite est une préparation à ce devoir civique. De nouveaux besoins ont été créés. Besoins d'ordre ludique, libidinal, marginal. Toute une consommation parasitaire est devenue nécessaire au nouvel ordre social.

L'autre reconversion est encore plus machiavélique. Elle permet aussi de renforcer la déculpabilisation. C'est l'autre achèvement de la fausse innocence. Alors l'adolescent, le nouveau bourgeois, s'installe définitivement dans le confort de la mauvaise foi du libéralisme avancé jusqu'à la social-démocratie libertaire.

Le contestataire faussement reconverti va faire de « l'entrisme ». Un vieux procédé stratégique de la subversion, élargi, maintenant, aux dimensions du système. Il va jouer le jeu, lui aussi, et laisser croire qu'il ratifie le contrat social proposé par le père. Il affectera de travailler. Passera examens et concours. Pour entrer dans le système. Mais sans avoir renoncé à la consommation-transgressive. Et c'est le nouveau contrat qui va lui permettre de la vivre dans des postes privilégiés, des situations clés.

Le fils consomme sans vergogne les objets du nouvel échange symbolique. D'abord ceux que la famille peut procurer. Il va extorquer le « maximum » aux parents. Puis par magouilles et combines diverses, par tous les procédés d'une marginalité dont nous avons vu les modalités de promotion (la bande), il accédera à une consommation libidinale, ludique, marginale, exceptionnelle, exemplaire.

Deux systèmes d'exploitation, maintenant, s'équilibrent et se complètent. Celui du procès de production et celui du procès de consommation. La bourgeoisie a refait son unité. La contradiction originelle — ordre moral et contestation — s'est dépassée en une synthèse harmonieuse. C'est la réconciliation, sincère ou machiavélique, du père et du fils.

Leur conflit n'était qu'un problème de partage. Un malentendu à propos de l'usage d'une certaine part de la plus-value. Une fois ce problème résolu un formidable front unitaire se constitue face à la classe ouvrière. Celui de la social-démocratie libertaire. L'opposition au système a viré. Elle est devenue l'aile gauche de la social-démocratie. Le système s'est renforcé de son opposition (la contestation). Il peut se fermer sur lui-même. Le libéralisme avancé jusqu'à la social-démocratie libertaire, pourra, s'il le faut, redevenir autoritaire, conservateur, réactionnaire. Alors une autre dynamique, une autre stratégie politique pour gérer la crise. Le nouvel ordre intérieur, issu de l'ascendance du capitalisme monopoliste d'État, de la croissance, profitera de la crise pour garantir ses acquis.

B. — DE L'AVOIR SANS L'USAGE A L'USAGE SANS L'AVOIR

La jouissance n'est plus dans la thésaurisation — de l'argent. L'avoir pour l'avoir. Le bas de laine. Ni même dans la possession de l'objet. Mais dans l'usage. Celui de l'usufruit. Celui du « rentier ». Celui du gaspillage. Le nouveau contrat social garantit un nouveau statut de l'usage : disposer des objets sélectifs sans les avoir produits et sans les avoir payés.

Statut qui tend à devenir le modèle de consommation de la nouvelle bourgeoisie.

La stratégie du système — de la social-démocratie libertaire — consiste à proposer ce modèle — de classe — à toute la société. À intégrer la société globale dans l'idéologie de la classe sociale (démarche terroriste du libéralisme: une partie cherche à soumettre le tout). À faire de ce qui est la pratique d'un groupe — de strate de classe — l'idéologie d'une classe d'âge. Puis à élargir cette idéologie en idéologie d'une génération. Puis en idéologie d'une société. Pour accéder à la société de consommation, la vraie société de consommation.

Celle-ci n'est pas, en son essence — comme on a voulu le faire croire — la soumission aux objets manufacturés de la production de série (et l'aliénation par leur avoir). C'est le populaire qui respecte, surestime même l'objet fabriqué. Et à son niveau le plus banal: la grosse production de série. Et pour cause: l'ouvrier sait ce qu'il en coûte, pour le produire et pour l'acheter. Dans l'économie de la famille ouvrière, il y a un ordre implacable des priorités. Que l'honnête homme sourcilleux consulte le budget des ménages. En priorité: les biens de subsistance. Puis les biens d'équipement. Enfin le budget des vacances familiales. Et ce qui reste est consacré à l'équipement ludique des enfants. S'il en reste. Et comme à tous les coups il en reste peu, cet équipement qui passe aussi après l'équipement, combien coûteux, de l'écolier, se réduit à peu de chose. Aux jouets traditionnels, avec quelques fantaisies vestimentaires. Ce budget ignore donc les objets de la série promotionnelle de la société de consommation (offerts sur un plateau par le père bourgeois). À moins que l'adolescent ne travaille pour les acheter. Ce qui est une toute autre affaire.

L'usage mondain, au contraire, doit proclamer la liberté dans l'avoir. La manipulation des objets sélectifs de la production de série ne doit pas relever de l'effort et de l'application. Ils ne servent pas à faciliter la vie du travailleur (équipements collectifs et du ménage). Ils ont une tout autre fonction. Ils sont de l'ordre du divertissement et de la fantaisie. Leur usage doit justement permettre la « distanciation » avec l'univers du travail et de la subsistance. Usage ostentatoire et ironique. Il faut montrer que l'on a. Au point de savoir s'en moquer. Et de jeter. Ce dont les autres rêvent. La fête.

Certes, le principe de réalité est pris en considération. Pour être ironiquement récupéré, consommé. Et à son meilleur moment : le progrès apporté par la révolution technologique et scientifique. Pour réduire cette technologie avancée à une fonction de divertissement. Tous ces objets, en définitive, ne sont pas pris au sérieux. Le progrès est subtilement bafoué : il n'est qu'un gadget.

Alors que l'ouvrier, au contraire, « sacralise » l'objet fabriqué. Et à son plus bas degré : la production de grosse série. Dérisoire camelote, diront les freudo-marxistes, à laquelle il sacrifie sa liberté. Le nouveau fils à papa témoigne élégamment de son mépris en se jouant, lui, de ces objets « aliénants ». Et des plus beaux. Des plus chers. Des plus rares. De la production, il ne retient que ce qui amuse, divertit. Mais usage qui utilise, consomme, en affectant de dédaigner. L'idéologie néocapitaliste a multiplié les moyens d'apporter cette preuve. Toute une sémiologie qui balise le chemin de l'arrivisme mondain. Il faut être cet autre qui n'appartient pas à l'univers du travail, de la production, de l'économie familiale, mais à celui de la consommation ludique, marginale, libidinale. Tel est le sens fondamental de l'initiation au nouvel usage de l'avoir.

Ce modèle de consommation mondaine — sélectif — va se dédoubler. C'est une loi sociologique. En extension et en compréhension, en sa pureté « contestataire » et en consommation de masse. Il cède à la pesanteur sociologique ou il exaspère sa signification idéologique.

La consommation-transgressive, ludique et désinvolte, va accéder à la quintessence du système. A la formulation politique — gestuelle et sémiologique — du modèle. C'est l'ultime forme du potlatch. Celui de l'Occident capitaliste. L'échange symbolique devenu un nouveau contrat social, propose ses signifiants les plus purs. Alors la boucle est bouclée : l'initiation mondaine qui débute par le potlatch finit par le potlatch. Mais celui-ci, au début purement symbolique et imaginaire, s'élargit maintenant aux dimensions des rapports de production et prétend même les remodeler. Des machines à sous du potlatch en miniature (flipper, juke-box) l'usage mondain a accédé au potlatch de la plus-value.

La culture bourgeoise s'avère hyper-réaliste, puisqu'elle peut soumettre le principe de réalité lui-même. En créant une symbolique de l'imaginaire. C'est-à-dire une pratique de l'idéologie qui est une systématique de l'usage mondain. Toute une sémiologie va se détacher de ses usages pour ne signifier qu'elle-même. (Nous allons étudier ce processus dans le IIe livre). Ces signifiants seront le sélect du sélect de la consommation-transgressive. Ils vont autoriser un activisme mondain qui vire très vite au politique : gaspiller, jeter, casser.

C'est un des meilleurs moments de la séduction mondaine. Car il propose la meilleure synthèse de l'animation (des stades initiatiques) et de l'activisme politique. Le gestuel, le sémiologique, le morphologique acquis par les usagers des objets de la consommation serviront à l'expression des signifiants idéologiques. Tout d'un coup surgiront des êtres (des adolescents), purs produits de cette consommation mondaine, qui disposeront aussi de la geste du casseur.

Ce terrorisme mondain — gaspiller, jeter, casser — a toujours été le couronnement de la promotion mondaine. Le signe de l'élite du procès de consommation. Les exemples historiques abondent. Marque — anale ? — du consommateur — radical. Elle a une double signification : bafouer le producteur et empêcher la consommation de l'autre. Deux fois salir, marquer. Ce n'est plus la consommation en tant que telle qui importe. Mais ses entendus, ce qu'elle implique de politique et d'économique. Il faut passer à la signification, la révéler, l'expliciter. Par la destruction de l'objet on signifie la destruction — symbolique encore — de l'autre. Car destruction de ce qu'il a produit et de ce qu'il consomme. Symboliquement, on le prive, on le castre en sa double composante vitale, de producteur et de consommateur.

L'extraordinaire pouvoir du capitalisme a été d'offrir ce luxe suprême — l'exaction — au premier venu. Ce qui était la marque d'une aristocratie s'est banalisé, vulgarisé. N'importe qui a pu se l'offrir. Certes, le plus souvent au niveau des signes et des gestes. Mais aussi en tant qu'acte « autonome ». Le luxe suprême : casser, gaspiller, jeter, est descendu dans la rue. « L'autonome » a été l'apothéose du système. Sa dernière cocotte de luxe.

L'autre usage — de masse — du modèle de consommation mondaine est d'une importance capitale : nous en avons fait le principe de l'explication des nouveaux rapports de classes. Dans nos deux derniers livres (*Néo-fascisme et idéologie du désir* et *le Frivole et le Sérieux*) nous avons essayé de définir

« l'essence » de la social-démocratie. À partir de ses fondements économiques, sociologiques, culturels.

Le système dispose alors d'une régulation interne : le jeu de bascule — ou d'alternance — du centre droit et du centre gauche. Pour une consommation régulée en fonction de la pesanteur sociologique d'une nation qui change tout en préservant ses arrières. Toute sa stratégie, maintenant, consiste à unifier définitivement ces couches moyennes. Selon les modèles de la « différence », de la séduction, de la consommation. Pour en venir à une première étape : la radicale dérive des fixations politiques originelles vers une classe sociale qui serait l'identification de toutes les couches moyennes.

Alors, seconde et dernière étape : la fusion de ces nouvelles couches moyennes et des classes moyennes traditionnelles, la fusion du centre gauche et du centre droit, en une classe unique, nouvelle classe moyenne qui n'aurait même plus besoin de l'alternance.

8

Les lois de l'initiation mondaine à la civilisation capitaliste

Tout un système d'objets — fabriqués — et de produits — vendus — a autorisé la systématique de l'initiation mondaine à la société capitaliste. Ce système d'objets est à la production économique ce que l'institutionnel est à la production idéologique : la révélation objective des rapports de classes.

C'est dire à quel point il est essentiel. Car constitutif, généalogique. (Toute la pensée contemporaine l'ignore : elle est idéaliste. Elle peut ainsi, à la manière des freudo-marxistes et des idéologues de l'émancipation inverser l'ordre des choses).

Les modes d'emploi, les usages de ces objets sont des figures phénoménologiques. Celles-ci expriment le sens — idéologique — en fonction de l'usage de l'objet.

Le tableau de ces usages permet de proposer la systématique initiatique, selon une progressive intégration à la nouvelle société, l'actuelle social-démocratie libertaire.

1er niveau : flipper, juke-box, poster, etc.

2e niveau : jeans, (cheveux longs), treillis, guitare, etc.

3e niveau : sono, synthétiseur, stroboscope, fender, etc. (les objets de l'animation sonore et machinale de groupe).

4e niveau : drogue et (un certain usage de la) pilule.

5e niveau : moto (un certain usage), chaîne hi-fi, guitare électrique, nikon, etc.

Ce tableau des figures initiatiques — des modes d'emploi idéologiques d'objets et de produits spécifiques de la production néo-capitaliste — est l'initiation à la « société de consommation ». À la vraie société de consommation. Celle que les idéologues de la société de consommation ont mission de cacher. La consommation est mondaine : libidinale, ludique, marginale.

Cet apprentissage est celui d'une société « historique ». Les objets initiatiques sont ceux de la production industrielle. Et les figures phénoménologiques de l'intégration celles de la modernité.

Cette historicité a été située dans la totalité anthropologique[35]. Nous avons voulu montrer comment la vie peut être modelée par l'histoire. Comment les *âges de la vie* peuvent s'identifier aux âges d'une culture. Comment l'enfant, l'adolescent, l'adulte deviennent les trois âges de la culture capitaliste.

Nous aurons un autre tableau, qui indique les trois âges de cette culture. Cette identification situera dans un même champ de réalisation les données historiques et les données anthropologiques. Nous aurons ainsi la relation continuiste du

35. Au sens très précis maintenant, de science de l'homme. Et non plus selon la réduction de l'anthropologie à l'ethnologie.

principe de plaisir à la consommation social-démocrate, de la pulsion à l'objet, de l'inconscient à l'infrastructure. Nous pourrons établir les lois de la continuité généalogique. Lois dialectiques des passages. Le parcours de l'intention à sa réalisation, de la puissance à l'acte.

1er âge: de l'animisme magique de l'enfance à l'usage ludique et marginal de la machine, de la technologie (1er niveau initiatique).

2e âge: l'acquisition des usages mondains spécifiques de la nouvelle société. La culture libidinale, ludique, marginale en tant que telle.

Cette culture prévoit trois niveaux initiatiques. Trois relais, trois articulations d'une progression. Autre loi de l'initiation mondaine.

1°. D'abord, l'initiation sémiologique. L'intégration par petites touches, au détail (1er et 2e niveau initiatique). C'est un apprentissage pointilliste, expérimental, de petits bouts. De signe en signe, de reconnaissance en reconnaissance.

2°. Ensuite, la participation à un vecteur sociologique, à une dynamique de groupe structurée, finalisée, hiérarchisée, para-institutionnelle: la bande. Et l'homogénéisation de toutes ces bandes par l'animation sonore (3e niveau initiatique).

3°. Enfin, à partir de cet axe sociologique et grâce aussi à la sémiologie apprise, l'accession aux conduites psychologiques. Conduites très personnalisées, très « différentes », très sélectives (4e niveau).

De la sémiologie à la dynamique de groupe, de celle-ci aux conduites individualisantes. Il faut une base, sur laquelle s'appuie un vecteur, pour se projeter vers le sommet. Pour qu'il y ait enfin une consommation libidinale, ludique, marginale autonome. Pour « libérer » le jeune et la femme des tabous et des interdits. Tels sont les déterminismes sociaux de « la liberté » libidinale.

3e âge: l'âge d'homme. L'investissement de cette culture dans la structure même de la social-démocratie, dans la société adulte (5e niveau). C'est la totale récupération — par l'usage libidinal, ludique, marginal — de la production industrielle. Ce processus s'objective en industrie du plaisir et du loisir. Une ressource essentielle de l'état social-démocrate. Et la fin et les moyens de l'idéologie libidinale, ludique, marginale devenue adulte.

De l'enfance à l'adolescence, de celle-ci à l'âge adulte[36].

L'enfant doit être un pseudo-adulte. L'adolescent infantile. Et l'adulte un éternel adolescent. Tel est le processus de l'infantilisation d'une société: faire de l'immaturé un adulte irresponsable. Par la médiation de l'adolescence, d'une contestation qui n'est que voie d'accès à la consommation mondaine. Pour cela, produire un enfant à la coule, un usager averti et difficile. Écarter de l'éducation les conduites d'apprentissage du procès de production. Ainsi que toutes les valeurs qui s'y rattachent. Ne proposer que les conduites de consommation ludique et marginale, libidinale.

Pour que l'adolescent reconduise cet univers ludique dans la société adulte. En tant qu'immaturation devenue irresponsabilité civique. Mais, nous l'avons vu, irresponsabilité prise en charge par le système: irresponsabilité programmée du consommateur, lequel ne fait qu'accomplir le plan du néo-capitalisme qui conquiert ainsi un immense et nouveau marché[37].

En reprenant tout le processus historique et anthropolo-

36. Un nouvel âge: « le troisième âge », nouvelle clientèle de l'industrie du loisir, est en train de compléter ce tableau.
37. Cf. la préface de *Le Frivole et le Sérieux*.

gique on peut alors, pour conclure cette première partie, proposer les trois lois de l'initiation mondaine à la société capitaliste. Lois dont l'universalité contient les trois séries de lois déjà établies (le tableau des usages, celui des âges de la vie, les trois articulations de la culture libidinale en tant que telle).

1re loi: La vraie société de consommation commence dès la plus tendre enfance: le jouet machinal. L'infrastructure industrielle est constitutive de la ludicité enfantine.

Dès le principe, l'enfant récupère le fonctionnel, le technologique. Son animisme magique deviendra le pragmatisme ludique du parfait consommateur.

2e loi: Le principe de plaisir n'a pas une existence spécifique qui pourrait être extérieure (et contestataire) au principe de réalité. Dès le principe, l'investissement libidinal n'est possible que par l'infrastructure, la technologie, le fonctionnel.

3e loi: Société de consommation et principe de plaisir s'engendrent réciproquement. Il faut la collaboration, la réciprocité de l'infrastructure économique et de la pulsion libidinale pour faire une société de consommation: la « civilisation » capitaliste.

Corollaire: Il n'y a pas d'innocence ontologique du jeune et de la femme. Mais une fausse innocence que la mauvaise foi des idéologues a rendue « naturelle ». Production capitaliste et contestation d'ordre freudo-marxiste ne sont pas une réelle contradiction, mais, au contraire, une complémentarité stratégique. Le principe de plaisir n'est jamais qu'un *usage* (autrement, il est pure mythologie, métaphysique). Il est un corollaire du principe de réalité. Car sa récupération. La consommation d'une part de la plus-value. Et forme objective d'un pouvoir de classe.

Les niveaux de l'initiation mondaine révèlent que c'est à

partir de l'appareil infrastructurel que la libido se développe. C'est *dans* et *par* cette infrastructure, à la fois économique et sociale, que les figures phénoménologiques de la consommation mondaine peuvent naître, se développer, acquérir leur autonomie. Autonomie qui se soumet à la société globale, à l'infrastructure du mode de production. C'est *dans* l'industrie du loisir et du plaisir que la libido fera sa carrière adulte.

Nous avons proposé un anti freudo-marxisme radical. Ce n'est pas la société capitaliste qui a récupéré la libido. Mais la société capitaliste qui a « inventé » la libido. Celle-ci n'est pas une essence, un a priori, un antéprédicatif. Elle ne peut être qu'une forme de classe qui alors prend un contenu idéologique. L'appareil infrastructurel est au commencement et à la fin de la carrière libidinale, ludique, marginale. Sa récupération est le principe et le but de la culture mondaine.

Tel est le double support de l'initiation, de l'intégration au système : intérieur et extérieur, infrastructurel et inconscient, économique et libidinal. C'est à la fois l'apprentissage du rêve américain (à partir du plan Marshall) et l'initiation au parasitisme social de la bourgeoisie (grâce à l'extorsion de la plus-value). L'idéologie social-démocrate, à partir du plan Marshall, est devenue l'idéologie de l'émancipation libidinale, ludique, marginale. Le fonctionnel — acquis par le travail des autres — devient ludique en même temps que la France se soumet au modèle américain.

* *

La systématique des usages de l'initiation mondaine nous a permis d'établir la phénoménologie du mondain. Le second livre va consister à définir la *Logique du mondain*.

Phénoménologie et logique constituent le concept de mondain. Ou les modalités — cachées par toute la culture régnante, celle qui a produit l'idéologie du néo-capitalisme — du potlatch d'une part de la plus-value.

Deuxième partie

La logique du mondain

1

L'irrésistible expansion mondaine

A. — DE LA PHÉNOMÉNOLOGIE A LA LOGIQUE

1. De l'autonomie fonctionnelle des usages mondains à leur système de signifiants — Le symbolisme immanent et le signifiant mondain

À plusieurs reprises, nous avons montré la qualité expansionniste d'un certain genre d'objets. Ceux de l'animation machinale. Ils veulent des gestes. Gestes d'usages qui à leur tour veulent des mots, des phrases, des discours. Pour constituer des actes privilégiés.

Ces usages passent progressivement d'une initiation élitiste à une pratique de masse. Alors les actes et discours sélectifs se systématisent en conduites psycho-sociologiques. Celles qui relèvent des mesures de la sociologie et de la psychologie universitaire. En fin de parcours, tout un champ de conduites fonctionnelles devient autonome. C'est un saut de la quantité à la qualité, une accumulation de matériaux telle qu'ils peuvent être organisés indépendamment de leur détermination originelle. Un univers — celui de la consommation mondaine — a atteint une telle expansion qu'il se clôt sur lui-même, de par sa suffisance fonctionnelle. Et qu'il se gère lui-même.

Deux caractéristiques de cet ensemble :

1. Une conduite peut se condenser, se contracter en une marque tellement signifiante qu'elle peut se substituer à la conduite : le signe.

2. On peut circuler d'une conduite à l'autre en échangeant les signes qui les expriment.

Parce que l'allusion à la conduite est devenue évidente pour tous. Parce que toutes les conduites expriment les mêmes valeurs. Alors, cette autonomie fonctionnelle peut devenir un système de signifiants. Une causalité structurale codifie la multitude des conduites (pourtant très différenciées, très sophistiquées) selon un référent unique.

L'autonomie fonctionnelle est acquise : un langage nouveau s'est constitué, qui peut se couper de ses origines et fonctionner par le propre jeu de ses allusions. C'est un autre usage : l'incitation n'est plus dans l'animation machinale mais dans le pouvoir sémiologique. Proposer le signe sera disposer de la fonction sans avoir à s'y soumettre, à la reproduire. C'est pouvoir la consommer mais aussi pouvoir glisser à l'usage d'autres fonctions. Tout est devenu interchangeable. Et disponible.

Alors la donation de sens ne se fait plus à partir des choses vers la conscience. Mais à partir des mots, du discours. Pour revenir aux choses, les désigner. Et les réanimer par l'idéologie mondaine. En leur insufflant des significations qu'elles n'avaient pas originellement.

L'animation machinale a proposé une systématique d'usages. Celle-ci est devenue un système de signifiants. Et celui-ci s'est fait opératoire.

Alors l'élan vital n'a plus besoin de ses supports mécanistes. C'est l'intention subjective qui décide et conditionne. Pour revenir sur la réalité sociale et l'investir de ses décisions. Pour proposer une autre dynamique, une autre expansion. Alors l'animation idéologique tient les deux bouts.

Telle est la généalogie du nominalisme moderne. Généalogie définie en sa réalité économique, politique, culturelle. Néo-nominalisme de toute l'actuelle culture bourgeoise. C'est le substrat idéologique du discours des vedettes du discours (Lacan, Foucault, Barthes, et même Althusser).

Ce nominalisme est une double opération. D'abord le passage des objets aux conduites, de celles-ci aux signes. C'est le passage du signifié au seul signifiant. L'éloignement définitif de la réalité par le signe, le mondain, le pouvoir culturel de la nouvelle bourgeoisie.

Rupture-négation : le procès de consommation se coupe d'abord du procès de production. Il accède à son propre fonctionnalisme (celui de l'animation machinale). Pour accéder ensuite à un système logique de signifiants. Et celui-ci peut même se faire autonome et « oublier » son fonctionnel d'origine.

Telle est la première rampe de lancement de l'idéalisme : double oubli, double amnésie, des moments antérieurs, ceux de la phénoménologie, ceux de la réalité originelle.

Mais il ne s'agit là que de la première opération de la stratégie nominaliste de l'idéologie. Car le système des signifiants revient sur la réalité. Pour, grâce au pouvoir idéologique, l'investir des significations du mondain. Et ainsi, attribuer aux choses, selon la systématique d'usages que nous avons définie, les déterminations idéologiques de la consommation mondaine.

Ce second moment est essentiel : après avoir acquis son autonomie fonctionnelle et accédé au système logique de ses pratiques, le mondain, par le signifiant, tend à se faire hégémonique, terroriste, impérialiste. Il revient dans le réel, chargé du pouvoir idéologique. Pour l'occulter, le subvertir, le nier.

Telles sont les modalités de l'affrontement des deux systèmes, du procès de consommation et du procès de production. L'économie humaine, celle du néo-capitalisme, est cette relation des objets et des signes. Celle des biens produits, manufacturés, et celle des signes qui autorisent leurs usages. Relation du travail et de sa consommation : le passage de la valeur d'usage brut à la valeur mondaine. Deux univers.

Il est essentiel de comprendre que par définition, l'univers du travail ne peut pas s'opposer à cet investissement : l'objet, une fois produit, lui échappe. De par les lois du capitalisme. De plus, en son « essence », le procès de production ne dispose pas d'une sémiologie spécifique. De par la bonne et simple raison que son discours, c'est la production des biens matériels ! Son dire est son faire : l'objet manufacturé. L'ordre du travail n'a rien à dire. Car il est. Son intention est réalisée par sa production. Immanence de la puissance et de l'acte, de l'intention et de la réalisation. (Dieu doit partager ce privilège ontologique avec le principe de réalité, le procès de production, le prolétariat.)

Cet univers ne dispose pas d'un système d'expression

autonome. Pas de signifiants autres que le référent. Cette réalité ne se dédouble pas. Elle n'a pas à produire un langage autre que la production.

Immanence du relationnel et du fonctionnel. La relation avec l'autre est dans la production. Le système relationnel et le procès de production s'identifient et s'expriment l'un par l'autre. Toute symbolique alors ne peut être qu'immanente au réel. La symbolique de l'échange est dans l'objectivité de la production. Il n'y a pas de distance essentielle, de rupture entre les deux ordres.

La symbolique immanente dit cette interpénétration. Elle est un acte, un vécu dans le réel, sans médiation. Alors que le signifiant mondain est pur artifice, convention. Il n'a de validité que par le pouvoir idéologique. Cette symbolique immanente établit la participation, alors que le signifiant mondain n'est qu'une représentation autoritaire et conventionnelle.

Le réalisme socialiste, en tant qu'épistémologie et esthétique, prétend reconstituer cet univers. Et s'identifier ainsi à la grande poésie, celle d'Hölderlin, de la quête du « Nationnel », qui est l'immanence de l'existentiel et du géopolitique, l'identification du procès du travail, de l'humanisation de la nature, de l'appareil sensible du corps[38]. Ne plus représenter mais participer. Hölderlin et Lénine ont eu le même projet : accéder à la réalité, participer à son être. Et pour cela dénoncer et écarter la culture idéaliste, bourgeoise, celle des signifiants, de l'artifice, du pouvoir mondain.

Mais c'est justement cette trop grande richesse humaine du symbolisme immanent qui permet au signifiant mondain de s'imposer. Car l'économie capitaliste ne reconnaît que les

38. Cf. *L'Être et le Code.*

signes de son pouvoir. Dans le face à face des deux systèmes : celui du procès de production et du procès de consommation, du principe de réalité et du principe de plaisir, du travail et du mondain, de l'échange du symbolisme immanent et de l'échange du signifiant mondain, c'est le pouvoir idéologique qui l'emporte.

Sur le champ de bataille, de l'esprit et du mondain s'affrontent le signe — de la représentation — et le symbole — de l'immanence. Le signe renvoie à un autre signe, le symbole renvoie au réel. Et c'est l'artifice qui gagne. Car ces deux systèmes se disposent contradictoirement : le signifiant mondain établit une relation horizontale et le symbolisme immanent une relation verticale. Dans le système capitaliste, ce dernier relationnel, renvoyant à une praxis refusée, niée, perd toute valeur, toute signification. Le circuit est déconnecté. Le courant ne passe plus. Le symbole immanent devient un signe banal, commun. Une platitude dont le signifiant mondain se gausse. Car ce n'était pas sa richesse formelle qui lui donnait son sens, mais seulement son contenu qui maintenant est évacué par les signifiants mondains.

Par contre, la communication horizontale par les signifiants se diffuse sans aucun problème. Le signe renvoie à un autre signe, comme l'artifice renvoie à l'artifice, le même au même. Le lien est établi : l'échange mondain : la consommation parasitaire.

Alors, le signifiant mondain, par l'échange de ses signes, devient la réalité même. Et le symbolisme immanent, déconnecté, apparaît comme irréel, signe vide, « dépassé », lieu commun. Radical renversement du sens des choses et de la signification des signes. Insidieux pouvoir des signes sur les choses et les personnes.

2. Les stratégies du néo-nominalisme : occuper le champ politique et le champ culturel

Toute la culture moderne s'est attachée à donner un statut épistémologique au signe. Pour justifier, par la connaissance scientifique, l'opération fondamentalement idéologique qu'est le néo-nominalisme. La remise en ordre, que nous avons entreprise, permet de dévoiler la stratégie culturelle et politique du néo-capitalisme.

La logique des signifiants est devenue opératoire. Tout d'abord en se réinvestissant dans tout le système relationnel du vécu de la modernité. Pour le baliser de signifiants essentiellement idéologiques qui véhiculent les valeurs de la nouvelle classe dominante. L'inter-subjectivité sera soumise à une sémiologie de l'échange qui écarte a priori tout le procès de production.

Mais ce qui caractérise la culture de l'après-guerre, c'est l'investissement de cette logique des signifiants dans deux systèmes, deux domaines qui jusqu'alors savaient résister au mondain : le politique et le culturel. C'est une étape essentielle de l'édification terroriste du néo-nominalisme : la conquête de catégories qui ont pourtant comme justification et mission de proposer les valeurs universelles, normatives du sérieux. Alors le mondain peut non seulement opérer en un domaine jusqu'alors étranger et hostile, mais encore se servir de ces catégories politiques et culturelles pour véhiculer ses propres valeurs. Ce sera l'ère des sophistes : le politique et le culturel soumis aux nouvelles idéologies du système.

Aussi, faut-il prendre l'honnête homme par la main (celle qui n'aura pas été prise dans le sac) pour le guider à travers ces dédales stratégiques de l'idéologie. Il faudra lui montrer d'abord comment l'arrivisme mondain est aussi la promotion politique. Cette synthèse, de l'inspiration mondaine et de ses moyens politiques, autorise une inquiétante occultation et dénaturation des valeurs de gauche, socialistes, révolutionnaires. Ce sera le parcours politico-mondain du freudo-marxisme à l'actuel pouvoir socialiste : de Rocard à Rocard, du PSU au PS. Ce sera l'objet du deuxième livre de l'initiation à la civilisation capitaliste : « *l'initiation politique* ».

Et pour compléter son édification, nous guiderons l'honnête homme à travers un autre et savant dédale. Celui de la culture. Pour lui révéler les ruses de l'autre « entrisme », l'occupation de l'espace culturel par le signifiant. Ce sera l'objet d'un troisième livre : « *L'initiation culturelle à la civilisation capitaliste.* »

Il nous faudra établir le processus de monopolisation du savoir par la nouvelle bourgeoisie. Montrer que son discours est profondément homogène alors qu'il semble très diversifié et même disparate. Culture terroriste qui doit interdire le référent historique. Et qui occulte même le signifié : les rapports de production. Le discours des vedettes de l'idéologie : Lévi-Strauss, Lacan, Foucault, Barthes, Althusser, etc., nous permettra de reconstituer la spécificité du consensus culturel de l'après-guerre à la crise. De par justement les procédés employés pour cacher le contenu historique, politique, culturel de la social-démocratie.

3. Le dédoublement stratégique du modèle et les deux domaines de la nouvelle sensibilité

Mais avant de déployer ces stratégies de l'idéologie, revenons sur nos acquisitions épistémologiques. Car si l'initiation mondaine est achevée, en tant que dressage corporel par l'animation machinale, le parcours spécifique de la catégorie — le mondain — lui, est loin d'être accompli.

La dynamique mondaine dispose, en fin de parcours de l'initiation, d'un arsenal opératoire complet et parfait. Appareil mondain qui va autoriser une nouvelle expansion.

La catégorie a d'abord été modèle culturel. Pour devenir fonction sociale. Puis structure des rapports de classe. Alors système logique autonome et opératoire. En fin de parcours, le mondain peut utiliser toutes ces données diachroniques comme outils, moyens. L'accumulation est telle qu'elle opère un saut qualitatif. Toutes les acquisitions de la généalogie sont synthétisées en un seul acte.

On est passé de la phénoménologie à la logique : le mondain est une catégorie et une pratique qui opèrent en fonction d'une finalité globale. Et celle-ci s'accomplit selon des moyens articulés en un ensemble hiérarchisé. Maintenant, à n'importe quel moment de la généalogie, le sujet mondain peut opérer selon cette logique. Il dispose de la fin et des moyens.

C'est l'acquisition d'un autre pouvoir. Celui de la logique. La phénoménologie permettait le pouvoir sur le moment, sur une figure, sur un objet. Pouvoir du nouveau, de la mode, de la « création ». Pouvoir des leaders, des locomotives, des prescripteurs, des annonceurs. La logique invente, elle, deux techniques essentielles de la mondanité : le syncrétisme et l'alternance... Les deux faces de l'opportunisme. Les deux opérations possibles sur la phénoménologie : l'utilisation de sa totalité ou d'une partie, techniques de gestion de la consommation.

L'expansion du mondain est maintenant celle de cette

logique. Selon un arsenal opératoire très différent de celui de la phénoménologie. Mais qui se dispose comme une deuxième rampe de lancement.

On a déjà indiqué à propos de la phénoménologie, sans insister sur ses modalités, le principe de cette dynamique : tout modèle sélectif se dédouble en conduites encore plus élitistes et en usages de masse. C'est une loi sociologique. Le modèle succombe à la pesanteur sociologique, à l'utilitaire... Ce qui libère son aspect formel, sémiologique, morphologique. Ce qui autorise alors tout un travail de formalisation, d'esthétisation.

L'expansion mondaine se réalise selon ces deux dynamiques : en extension et en compréhension, en quantité et en qualité. Pour que le mondain accède à sa totale plénitude, il faut ce dédoublement, qui permet d'occuper deux domaines très différents, considérés comme opposés et même irréductibles : les masses et les élites, le philistin et l'intelligentsia, les usages communs et les archétypes, la banalité sociologique et l'inconscient collectif.

Ce dédoublement révèle la stratégie essentielle du système. Car ce stratagème mondain lui permet de monopoliser la sensibilité de l'époque. Selon deux opérations, deux manipulations idéologiques.

Tout d'abord, réduire la sensibilité aux seules modalités du mondain. Il n'y aura d'expression corporelle et même subjective que par les figures phénoménologiques déjà décrites. Puis, tout relationnel libidinal, ludique, marginal devra s'exprimer selon les deux modalités de la logique. Selon le dédoublement du modèle.

Alors ces deux dérives seront proposées comme antagonistes. Leurs conflits vont enclore, circonscrire le champ d'expression possible de la sensibilité. Il n'y aura de sensibilité que dans et par les rapports des usages communs et des archétypes, du bon bourgeois et de l'intelligentsia, de la coutume normative et du signe électif, de l'institution et de la transgression. Chaque terme va se poser en s'opposant à l'autre. Pour ainsi se développer jusqu'à sa perfection.

L'idéologie tient bien les deux bouts, les deux entrées du système. Cette sensibilité est le lieu de la dispute mondaine. Pour ou contre. Mais dispute des deux modalités du même. Pour proposer le choix entre deux variantes et ainsi consacrer les mêmes valeurs. Celles de la consommation mondaine d'un mode de production.

Alors, se révèle la deuxième opération idéologique, celle qui permet la totale monopolisation de la sensibilité. Car cette procédure d'inclusion des termes de la pseudo-contradiction est aussi procédure d'exclusion de la vraie contradiction. Les sensibilités antérieures sont totalement ignorées, réduites à l'insignifiance. L'époque sera coupée de toute tradition, de tout modèle historique. Ce sera une totale amnésie du cœur et même des sens. Tout commencera par les signes et les formes de la mondanité néo-capitaliste. Extraordinaire fausse innocence qui prétend être un commencement alors qu'elle n'est qu'un accomplissement. Et la procédure d'exclusion des autres sensibilités s'achèvera par une opération particulièrement machiavélique de cette fausse innocence : la mode rétro.

La nouvelle sensibilité sera à la fois la banalité sociologique et les archétypes de l'inconscient collectif. Sensibilité radicalement mondanisée. Terrorisme mondain, terrorisme du libéralisme.

Ce dédoublement du modèle n'est pas le dernier moment stratégique de la mondanité. Nous verrons aussi que le mondain, après s'être ironiquement contredit, pour mieux brouiller les pistes idéologiques et pour mieux prospérer, saura retrouver l'unité organique du modèle originel. Ce sera la forme dernière de la social-démocratie libertaire.

B. — LES MÉTALANGUES DU MONDAIN — L'IDÉAL

1. L'esthétisation des arts — L'accès au fantasme

Le système logique — celui des signifiants mondains — va surenchérir sur sa propre formalisation, stylisation, esthétisation. Ce sera une axiomatisation de l'axiomatique (de l'axiomatique qu'est déjà le système des signifiants). C'est la production d'une métalangue. Celle du mondain.

Il s'agit d'un saut dialectique. Celui du passage de la quantité à la qualité. Cette opération est réalisable lorsque le premier système de signifiants est saturé, redondant. Un choix est alors possible : écarter les éléments qui sont de moins en moins signifiants et conserver ceux qui le sont de plus en plus. Alors, plusieurs étapes du travail de suraxiomatisation. On proposera tout d'abord la démarche qui caractérise la modernité : la nouvelle esthétique. Ou l'esthétisation des arts. Les nouveaux *beaux-arts*[39]. Il faudrait dire, plus précisément : « jolis arts ».

On définira très brièvement cette essence culturelle. Car nous la traiterons ultérieurement (dans le livre consacré à l'initiation culturelle) d'une manière systématique. En déterminant

39. Cf. *Le Frivole et le Sérieux*.

l'infrastructure qui la produit. Il nous suffira ici d'indiquer le processus de cette super-formalisation.

L'art sera soumis aux signifiants mondains. Les signes du mondain, déjà extraordinairement élaborés, seront sélectionnés, condensés, stylisés. Et organisés en systèmes d'expression corporelle spécifiques. Ce sera l'art des signifiants. Ceux de l'expression mondaine du corps.

Alors, de nouvelles castes vont manipuler une mondanité culturelle très sélective. Et accomplir un énorme travail de formalisation. Le gestuel, la sémiologie, la morphologie du mondain sont réduits à leurs éléments constitutifs. Quelques axiomes de base. Et ceux-ci s'organisent ensuite en un discours spécifique : les combinaisons possibles de ces axiomes. Et les dérives (expressives) de cette grammaire du corps.

Tous les arts traditionnels seront alors revus et corrigés. Et soumis à cette esthétisation. Le théâtre, la musique, la danse, le cinéma seront « rénovés » en fonction de ces exigences. Une extraordinaire dynamique de groupe diffusera tous azimuts la nouvelle expression corporelle. Le nouveau corps de l'esthétisation de l'art.

Tous, ayant voulu le même modèle sélectif, se retrouveront dans la même culture de masse. Celle-ci, fondamentalement snob, se dira populaire. La sophistication extrême du gestuel sera proposée au peuple. Comme gestuel de sa libération. Ce paradoxe est constitutif de « l'art » moderne. Les avant-gardes sont descendues dans la rue. Elles cherchent à vulgariser une sémiologie mondaine devenue bouillon et brouillon de culture. L'animation culturelle propose la « spontanéité » du corps. Et plus l'alibi politique se radicalise, comme message révolutionnaire, et plus le gestuel et le signe sont sophistiqués, raffinés, ésotériques, elliptiques.

Alors se constitue un super code de séduction, un système d'allusions sémiologiques qui de sélection en sélection, de media en media, de subvention en impresario s'imposera dans un certain public. Celui des populations juvéniles et féminines déjà conditionnées par les signifiants de la phénoménologie, de l'initiation mondaine, par les usages naïfs, au premier degré, de la mondanité. Une nouvelle dynamique de groupe apparaît. Elle autorise une ultime sélection mondaine. Celle des producteurs de cette nouvelle esthétique. Et celle des premiers usagers de cette production. La mode culturelle permet la constitution d'une nouvelle élite mondaine qui monopolise les signes de la séduction. Les nouveaux prescripteurs du mondain. Mais culturel.

À la limite, cette esthétique accédera à la production du fantasme. Et de toute une fantasmagorie esthétique. C'est que le signe, de formalisation en formalisation, est devenu un extraordinaire condensé. Le signe des signes. Celui qui accomplit, en une ponctualité explosive, la totalité d'un parcours. Et ce parcours, rappelons-le, est celui de la transgression, révolte, contestation.

Le fantasme est ce moment, des beaux-arts, de l'esthétisation subversive: la sophistication extrême d'une expression corporelle comme point de non-retour de la révolte, de la négation. Moment paroxystique. Un signe parfait est apparu. Comme récompense d'une quête, d'une ascèse. Signe suprême. Le vivre et l'exprimer, par l'expression corporelle, est alors la singularité même. L'acte suprême de la subjectivité. Le geste irrécupérable. Celui du maudit. Le signe qui fait autre. L'artiste.

Nous avons déjà proposé tout un parcours de cette fantasmagorie idéaliste à la bourgeoisie. Celui de l'esthétisation de la subjectivité par les nouveaux beaux-arts. C'est en définitive, presque toute la culture moderne. L'exploitation maximale du formalisme (du signifiant mondain).

Il s'agit là de la forme paroxystique des nouveaux beaux-arts. La mondanité culturelle se satisfera (et ainsi se définira) d'un compromis entre cet ésotérisme fantasmatique et la première formalisation des signifiants mondains. Synthèse harmonieuse qui permettra de circuler d'un domaine à l'autre, du fantasme au mondain, de la recherche d'avant-garde à la consommation libidinale, sans trop se compromettre dans l'un ou l'autre. Ne pas être trop mondain (Cocteau). Ne pas être trop fou (Artaud). Mais être un peu fou, un peu mondain. Proposer à la fois l'art pur et l'art populaire. Disposer à la fois du peuple et du geste le plus sophistiqué. Quelle séduction ! Quel artiste, quel créateur !

Cette stylisation exquise permet à l'intelligentsia de jouer sur les deux tableaux, du fantasme et du mondain. Consommation du fantasme et consommation mondaine. L'une par l'autre. C'est le fantasme qui sert à séduire car le fantasme est l'essence du mondain.

De grands noms illustrent cette esthétisation de l'art, vedettes des jolis-arts : Godard (le cinéma) ; Chéreau (l'opéra) ; Béjart (la danse) ; le Living, Planchon (le théâtre). L'expression corporelle de la mondanité bourgeoise. L'avant-garde des avant-gardes. La fantasmagorie prescrite, les modèles d'usage de la mondanité culturelle.

Nous venons de reconstituer le parcours du beau de la modernité. Ou comment la sensibilité a été investie par le mondain : l'esthétique est devenue l'esthétisation, celle-ci une sémiologie qui s'achève en fantasmagorie. Ce formalisme radical est un idéalisme parfait. L'irréalité du référent et du signifié autorise la réalité de cet univers. Cet idéalisme est une pratique culturelle. Et il règne en maître. Toute œuvre esthétique qui voudra exprimer le référent et le signifié sera considérée comme art pompier, démodée, pauvreté esthétique.

Nous avons aussi établi une continuité : celle de la connaissance — du libéralisme, de la social-démocratie — et celle de l'esthétique — du libéralisme, de la social-démocratie. Par leur lieu commun : le signe, lieu commun de l'idéalisme. L'idéologie du signifiant permet la double opération de l'idéalisme. D'abord, la dénégation du référent et du signifié. Et même l'inversion de sens par la superposition des significations — du signifiant — sur le sens des choses et du travail des hommes. Le néo-nominalisme qui préside à l'épistémologie de la modernité se continue et s'accomplit dans le néo-formalisme qui engendre l'art moderne.

Tel est le parcours de la culture de la modernité. Nous tenons les deux bouts de l'idéalisme, de la syntaxe de la mondanité. Entendement et sensibilité se développent dans le même ensemble idéologique. Car les deux systèmes se soumettent au même pouvoir sémiologique de la mondanité. Celle-ci engendre une connaissance idéaliste qui ne peut qu'engendrer, à son tour, une esthétique mondaine. L'esthétique du formalisme n'est qu'une dérive du nominalisme. Car le savoir de l'idéologie ne peut que pourrir en un esthétisme. N'était-il pas, dans le principe, le pourrissement de l'entendement ?

La culture de la modernité est profondément homogène. Alors qu'elle affirme le contraire. Cet art et cette épistémologie ont la même fonction idéologique : produire le monde réel de l'imaginaire, le monde voulu par l'idéologie. La réalité est doublement camouflée : par le travestissement fantasmatique des beaux-arts et par le travestissement que l'idéologie du signe impose aux sciences humaines.

2. La production des archétypes du mondain. Mythologies

a) L'existence idéologique

Aussi importante et révélatrice que soit cette métalangue du mondain — l'art moderne — elle est incluse dans un processus encore plus général, essentiel : la production des mythologies d'une civilisation. Nous avons d'abord reconstitué le processus de formalisation, d'axiomatisation, en un domaine qui proposait certains repères à l'honnête homme (l'art moderne). Pour acquérir un modèle qui nous guidera en un domaine où tout est à faire. Celui des mythologies, des archétypes de l'inconscient collectif de notre modernité. Il ne s'agit plus de décrire des mœurs comme au niveau de la phénoménologie. Mais de reconstituer leurs lois. Il ne s'agit plus de montrer la vie, mais à travers la vie, la logique qui préside à ces mœurs.

La mythologisation commence de la même manière que l'esthétisation des arts. Elle utilise les mêmes éléments : ceux de la formalisation logique, qui propose la perfection des formes et des contenus. Cette formalisation recouvre d'esthétique tout son appareil opératoire. Une extraordinaire richesse des matériaux (gestes, signes, conduites, actes) est disponible, matériaux déjà transmutés.

Alors pourront apparaître les allégories, les mythes de la modernité du néo-capitalisme : des actes exemplaires accomplis par des personnages exemplaires en des spatio-temporalités exemplaires. Ces mythes sont au résultat d'un long processus de la logique mondaine.

Toute figure de la phénoménologie du mondain est constituée de trois éléments : un acte (ou une conduite, ou un geste) ; un personnage (ou plusieurs) ; une spatio-temporalité. Au niveau empirique, concret, ces matériaux se disposent d'une manière plus ou moins arbitraire. Les circonstances et les événements peuvent faire que tel élément — au moment du surgissement de la figure — est privilégié ou négligé. Les figures phénoménologiques apparaissent dans le désordre, en fonction des nécessités historiques. Et leurs composantes se disposent aussi selon ces événements, selon la conjoncture.

Tout autre est le processus logique de la mythologisation. Progressivement se constituent trois systèmes de déterminations de l'acte, du personnage, du spatio-temporel. Chaque composante de la dynamique mondaine s'élabore en sa spécificité. Indépendamment de l'ordre phénoménologique. Acte, personnage, spatio-temporalité s'épurent de plus en plus de leurs contingences événementielles. Certains signes sont abandonnés. D'autres, au contraire, privilégiés.

Il y a accumulation, condensation de sens. Et allégement, stylisation de la forme. Plus on accède au contenu pur et plus cette forme se dégage des matériaux de la contingence.

Ces accomplissements (de la logique) seront le moment parfait où les trois systèmes de déterminations, après avoir réalisé leur perfection spécifique, vont converger pour atteindre une parfaite unité. C'est le mythe : un acte exemplaire accompli par un personnage exemplaire en une spatio-temporalité exemplaire. Un acte idéologique est devenu archétype. Et comme c'est beau ! Exemple : le hippie.

C'est un moment parfait ; celui de l'incarnation idéologique. Toutes les conditions étaient réunies pour que la perfection de l'essence entraîne l'existence. À un moment, la pression et le conditionnement idéologiques sont tels qu'ils créent l'événement : le hippie, le casseur, le Mai 68 estudiantin, Woodstock, etc.

Surgit l'acte idéal, la figure logique qui synthétise les multiples conditions de son existence. Et moment parfait, d'existence phénoménologique, laps de temps où cet acte s'impose comme une évidence, une nécessité.

Ces archétypes ne sont ni imaginaires, ni réels. Mais mythologiques : mi-réels, mi-imaginaires. Ils sont la réalité de l'imaginaire social. Leur existence de fait est certes une fulgurance. Existence d'éphémères, quasi irréelle. Mais leur avant et leur après témoignent bien de la réalité. Celle de l'idéologie. Avant : ils sont des projets, des désirs. Après : ils sont des regrets, des nostalgies. Les deux ancrages dans l'inconscient collectif. L'existence de l'imaginaire, c'est la perfection de la formalisation qui l'impose. L'archétype est comme un archange : si beau qu'on le désire et qu'on le regrette. S'il n'a pas d'existence réelle, il est l'existence du désir et du regret.

Ce qui est bien réel, c'est ce double mouvement de la logique : la production des contenus idéologiques selon une esthétisation progressive. Une pratique devenue très extensive et un modèle devenu forme parfaite.

Les archétypes sont des fictions si belles qu'elles appellent l'existence. Celle-ci n'est autre que la convergence d'un extraordinaire concours de circonstances. Une vie naît du hasard — des circonstances — et de la nécessité — de l'idéologie. Pour aussitôt se défaire et proposer les motivations du vécu, du mondain. Double existence du mythe.

b) La généalogie de l'inconscient collectif: la mode — démode. Le refus du néo-nominalisme et de l'antéprédicatif

Quel est le processus concret de cette production de l'imaginaire social? Par quelle réalité historique, sociologique, la forme et le contenu se rencontrent en leur perfection? Quel est le lieu, l'espace social qui permet à la réalité de se faire fiction, à la fiction de se faire réelle? Comment circule-t-on du réel à l'imaginaire, de l'imaginaire au réel? Comment les mythologies? Comment le mondain produit ses archétypes? Répondre à ces questions, c'est reconstituer la généalogie de l'inconscient collectif. Non pas proposer, comme le fait la psychanalyse, l'interprétation des rêves et des fantasmes de l'individu, mais le procès de production des archétypes *dans* les rapports de production. Production inconsciente en ce sens: elle ne semble pas s'exprimer par ces rapports de production. Mais à côté. Et même sans. Et, à la limite, contre. L'inconscient semble une entité *autre* que les rapports de production.

C'est que les modalités de sa production sont ignorées, occultées. Elles sont non dites et même non sues. C'est ce qui fait le mystère de l'inconscient. Alors qu'il est une pratique, un vécu sociologique, selon des relais objectifs de la sociabilité. Mais sociabilité cachée. Et qui n'est autre que le cheminement de l'idéologie dans l'existentiel.

Toute la culture actuelle s'efforce de cacher cet inconscient collectif. « Oubli » combien révélateur. Volonté de ne pas savoir et de ne pas dire qui est, en définitive, le projet et l'essence de la psychanalyse. C'est l'inconscient de l'inconscient de la psychanalyse qu'il faut révéler. Cette démarche montrera le processus idéologique de l'occultation. C'est-à-dire le refus de dire et même de connaître la catégorie mondaine, la procédure de sa mise en scène et en âme. Refus d'établir la manipulation du procès de consommation par l'idéologie du néo-capitalisme, selon des figures du libidinal, du ludique, du marginal qui sont les a priori objectifs de toute expression subjective.

Aussi, montrer comment, dans la réalité sociologique, *ça* se fait, se cache, s'oublie et comment *cela* se rappelle, se re-actualise, c'est montrer à la fois le processus idéologique que la psychanalyse permet d'occulter (et l'idéologie de la psychanalyse) et la production des archétypes du mondain.

Projet énorme. Ambition qui peut paraître, évidemment, prétentieuse et démesurée. Lorsque nous aborderons la dimension spécifiquement culturelle du néo-capitalisme, nous exposerons la synthèse de nos contributions. Nous proposerons l'histoire de la sensibilité occidentale selon la logique de la production, celle des modes de production. Pour définir le système entropique de cette sensibilité. Quatre « continents » la constituent : le mythe féodal, le romanesque sentimental de la bourgeoisie, la libido de la psychanalyse, le sexualisme de l'actuelle social-démocratie libertaire. Il s'agit là des modalités concrètes des rapports de production, des lois de l'intersubjectivité. Celles de l'infrastructure du relationnel de l'homme et de la femme. (Lois qui doivent être situées dans les déterminations du relationnel déjà proposées, au quatrième niveau initiatique.)

L'inconscient collectif est alors défini comme une lecture au premier degré de l'histoire. Il ne s'agit pas de révéler ce qui est caché derrière. Mais d'établir la réalité immédiate du non dit et du non su. Ce qui est l'idéologie et que l'idéologie rend « inconscient ».

Dans notre actuelle perspective, il nous suffira de localiser un premier cheminement de l'inconscient collectif dans et par les rapports de production. Pour définir le schéma de ce processus. Ou comment les archétypes se constituent.

Les rapports de la mode et de la démode vont nous permettre cette localisation. Mode et démode seront la partie visible de l'iceberg dont la partie invisible est le mondain.

Les idéologies dominantes ne retiennent que l'aspect visible, superficiel, banal du phénomène. Le signifiant seul importe. La consommation mondaine est ainsi réduite a priori aux mondanités et aux modes. Que ce soit pour le duc de Lévis-Mirepoix ou pour l'idéologue social-démocrate (Barthes) la mode est réduite au signe de la mode. L'énorme partie cachée de l'iceberg — la consommation mondaine en tant que pouvoir de l'idéologie — étant ignorée n'existe pas. On ne retient que le signifiant du mondain. Le gros du signifiant : la mode.

Le meilleur exemple de cette réduction superficielle d'un phénomène qui pourtant est le révélateur des rapports de classe, est bien la mode selon Barthes. Son outrecuidance néo-nominaliste lui permet d'escamoter, comme un prestidigitateur, le contenu philosophique, économique, politique de la consommation mondaine : le potlatch d'une part de la plus-value. Alors que la mode est la rencontre du procès de production et du procès de consommation, le lieu privilégié de leurs rapports. Phénomène global, structural, fait social total.

Mais la soumission idéologique au système est telle que le signifiant de la mode permet de l'ignorer. Que ce soit au niveau de la consommation mondaine naïve ou au niveau de l'étude « scientifique ». Ce terrorisme culturel de la frivolité, de l'étude frivole du frivole veut interdire l'explication par la consommation mondaine, consommation idéologique du néo-capitalisme, aspect majeur de « l'aliénation humaine » et de la nouvelle exploitation de l'homme par l'homme. La mode est par l'extorsion de la plus-value et par la consommation parasitaire d'une part de ce « surplus ».

Mode et démode ainsi redéfinies vont nous permettre de situer *sociologiquement*, par une lecture au premier degré, le cheminement de l'inconscient collectif et la production de ses archétypes.

La démode est aussi révélatrice que la mode, sinon plus. Elle est le moment essentiel de cet inconscient. La mode n'est que la fixation, l'objectivation libidinale. Et tout le travail de *l'oubli* — de l'inconscient — est dans le processus de la démode.

Mode et démode présentent cet avantage inestimable, pour le théoricien du mondain, d'être des phénomènes naïfs, au premier degré, type de phénomènes qui épuisent en leur développement phénoménologique[40] tout leur contenu, toute leur signification. Apparaissent alors, en toute naïveté sociologique, psychologique les processus de la fixation et de l'oubli. Au niveau méthodologique, c'est une chance : pouvoir mesurer — par le superficiel, l'évidence banale, l'événement, le fait — le processus de l'inconscient. Les mystères du nocturne s'exposent alors au plein soleil des mesures anthropologiques.

Mais la production des archétypes du mondain ne peut être réduite à ces manifestations phénoménologiques (la mode et la démode). Celles-ci n'indiqueront que des processus, des lieux de circulation. Ce ne sont que des repères. L'inconscient

40. Répétons-le pour écarter toute ambiguïté : le signifiant n'est qu'un aspect de cette phénoménologie.

collectif ne doit pas être pensé comme une substance. Il n'est pas le support des archétypes. Il est le procès de production des archétypes.

Il faut écarter tout être référentiel, tout a priori, toute substantialité. L'inconscient collectif est un lieu sans mystère : celui d'une *circulation* très particulière de l'information et de la communication.

Il faut donc éliminer l'antéprédicatif husserlien qui préside à toute l'idéologie actuelle. Idéologie d'un commencement pré-discursif, antérieur à l'histoire, innocence antérieure aux rapports de production. Et idéologie de la donation de sens par cet antéprédicatif, sens qui se superpose, pour le nier, au sens de l'histoire. Ce substantialisme naïf caractérise, en particulier, la psychanalyse moderniste. (Celle de Lacan : le stade du miroir « avant » le processus de sociabilisation.)

L'antéprédicatif va autoriser l'idéologie des pulsions en même temps que le mépris du progrès. Il est le principe réactionnaire de l'idéologie social-démocrate. Tous les penseurs en vogue, dans la mesure où ils ont développé ce principe épistémologique (chacun en son domaine : spécialisation du travail idéologique) et sans s'en douter le plus souvent, sont des idéologues du système[41].

41. L'antéprédicatif et le néo-nominalisme sont les deux fondements de l'actuelle idéologie. Celle que véhiculent les sciences humaines de la modernité, pour proposer un néo-positivisme. C'est la philosophie-idéologie des adversaires, avoués ou pas, du matérialisme historique. L'essentiel n'est pas dans et par le procès de production. Mais avant ou au-dessus. Avant l'histoire et dans le signe. Aussi mettrons-nous dans le même sac Husserl, Heidegger, Lévi-Strauss, Lacan, les freudo-marxistes, Foucault, Barthes, etc. Et même Althusser, surtout Althusser (Cf. la préface de *L'Être et le Code*). Dans le troisième livre de ce traité de la social-démocratie nous ferons la synthèse de nos critiques.

Il faut écarter toute nostalgie théologique et toutes ses dérives épistémologiques. Notre destin n'a pas été perdu. Il n'a jamais eu lieu. Il n'y a pas eu de destin. Le sens n'a pas été, quelque part, donné, fixé. Puis oublié. En tous les cas perverti par l'histoire. Il faut récuser toute quête et restauration d'une substance perdue. Dans le domaine de la connaissance comme dans celui de la politique. La nostalgie de la substance fonde toute idéologie réactionnaire. Il n'y a pas de marque indélébile, plaie secrète de l'Éternel Graal, irrécusable témoignage d'une pureté ou innocence perdue.

Notre destin est à faire. Tout commence, tout a commencé, par les rapports de production. L'inconscient commence dans et par ces rapports. Il n'exprime pas autre chose. Il n'est qu'une modalité de l'échange, du relationnel. Une figure spécifique de l'information et de la communication.

Et la circulation du message est très visible, immédiate, au premier degré, étalement phénoménologique sans mystère. Le contenu du message est aussi évident, aussi naïvement sociologique. Aussi, le libidinal, le ludique, le marginal sont immédiatement définissables. Leur surgissement, leur fixation, leur statut, leur usage, leur disparition ou croissance et excroissance peuvent être situés dans l'ensemble d'un parcours connu. Celui des pratiques, des usages, des coutumes de la vie quotidienne.

Il ne faut donc chercher ni derrière, ni avant. Ni en dessous, ni en dessus. Ni à côté. Mais dans. Dans les rapports de production. Le sens n'est pas enfoui ou caché. Il s'étale au grand jour, naïf, immédiat, au premier degré. Celui d'un réseau spécifique de la circulation de l'information et de la communication. L'étude de la mode-démode permettra de le révéler, en termes sociologiques. Montrer cette réalité est aussi faire apparaître comment elle a été cachée, dénaturée.

C'est établir comment l'inconscient est ce que cache la psychanalyse.

c) Les trois moments sociologiques de l'inconscient collectif. La circulation idéologique de la libido

La mode-démode, circulant en ce lieu concret : l'inconscient collectif, va permettre de produire cette extraordinaire arme de guerre idéologique : les archétypes. D'abord, des redondances d'évidences, des inflations de signes. Puis l'oubli soudain, total. Pourquoi ?

« L'inconscient » travaille vraiment en profondeur : il plonge dans les ténèbres ce qui triomphait sous les sunlights. Mais pour un terrible travail de la vieille taupe, taupe idéologique qui chemine souterrainement pour construire tout un domaine : le mondain et ses archétypes.

D'abord, la fixation : la mode. L'émergence de « la pulsion ». Brutale, soudaine, imprévisible. Spontanée. Surgissement d'un geste, d'un signe, d'un groupe. Une belle forme est née. Un style, un genre. C'est la forme — belle — d'une symbolique de l'échange ; l'expression et la communication d'un groupe très sélectif. Alors la diffusion est immédiate, fulgurante.

La mode est une dynamique de groupe. Mais très particulière. Son implantation est ce moment où l'échange du groupe est l'acquisition d'une nouvelle forme esthétique. Laquelle forme s'use très vite, se démode, car elle n'est que la forme d'un moment. Celle de la *promotion de vente* d'un objet, d'un signe, d'un produit qui tombe ensuite dans la consommation courante[42].

42. De la boutique aux grands magasins et aux grandes surfaces.

La mode est devenue nécessaire à l'économie de marché. Et cela est valable pour tous les produits de l'échange. En particulier pour ceux du libidinal, du ludique, du marginal. Et pour les produits culturels (nous le verrons plus longuement lorsqu'il s'agira d'établir la signification ontologique de l'échange dans l'économie de marché).

Donc, la mode : l'identification de la pulsion, de la fixation, du transfert. Si pulsions selon la psychanalyse il y avait, elles se fixeraient et se transféreraient immédiatement en cette première formalisation de la consommation libidinale, ludique, marginale. Dès le principe, elles prendraient la forme et le contenu de cette figure sociologique de la consommation mondaine.

La phénoménologie du mondain, celle que nous avons proposée, montre bien qu'il ne peut y avoir de forme et de sens de la libido que par des figures d'incitation idéologique. Et que le ludique, le marginal, le libidinal — en leur contenu — ne deviennent que ce que cette phénoménologie devient. L'efficience, l'actualisation, la réalisation de la libido ne sont possibles que par le mondain. Et à mesure que cette libido se développe, se conquiert le pouvoir du mondain. (Pouvoir tel qu'il soumettra même le politique et le culturel.)

Constatons que la psychanalyse s'avère incapable de situer la libido dans la phénoménologie et la logique du mondain. (Que peut valoir une analyse qui ignore ce fonctionnement fondamental de la société libérale ? Ses mécanismes, ses fins, ses moyens ? Sa stratégie ?) Alors qu'une théorie du mondain permet de rendre compte de tous les termes de la psychanalyse, démystifiés et situés dans les rapports de production[43].

43. Répétons-le, il n'y a pas d'antéprédicatif. Les « pulsions », du propre aveu de leur père spirituel, sont mythologiques (au sens de fictions idéa-

Le deuxième moment de la généalogie de l'inconscient : la démode. C'est l'oubli. La fixation s'efface de la scène du monde, mais pour s'ancrer ailleurs dans le plus intime du sujet.

Établir le cheminement de la démode est encore plus révélateur que de constater comment la mode s'impose. Comment un signe peut supplanter un autre signe ? Pourquoi, à un moment, les cheveux longs permettent, sans long débat, de supplanter un rival ? Et pourquoi, à un autre moment, ce même signe est devenu anodin, anonyme ? Comment les jeans ont pu être un signe de non conformisme, anti-institutionnel, contestataire même, et devenir le signe même de la banalité ?

Quel est le rôle de l'oubli ? Et son cheminement sociologique ? En fait, la mode en exil de sa gloire, en dehors de son moment, n'a fait que déplacer son centre de gravité et s'installer en d'autres territoires. Si elle a disparu de la scène mondaine, si le groupe qui l'a implantée s'efface et se dissout, c'est que son message a pu gagner une plus grande audience. Selon l'extension quantitative d'un autre groupe (banalisation

listes). Les pulsions, c'est le champ du désir ouvert par la société civile, les incitations désordonnées et machinales proposées par l'idéologie de l'économie de marché. Pulsions qui deviennent fantasmes par la culture sélective du mondain.
Au niveau anthropologique, nous avons essayé de montrer que le corps « commence » par le rythme. C'est la donnée première, qui contient la pulsion comme un élément, une donnée constitutive. C'est lorsque le rythme se défait que la pulsion se fait anarchiste, désordonnée. Non pas de par ses propres qualités, mais de par une exaspération et une cassure du rythme social. Cette temporalité originelle — le rythme — est la substance, le premier lien du biologique et du culturel. Ce que le corps veut reproduire, répéter. Temporalité qui accueille et porte les incitations culturelles à la consommation libidinale, ludique, marginale. Licites ou illicites.

et vulgarisation du modèle) et selon l'extension qualitative de la formalisation (esthétisation des beaux-arts).

C'est une nouvelle application de la loi plusieurs fois vérifiée : le modèle sélectif, originel, se dédouble en usages de masse et en formalisation esthétisante. Pour deux nouvelles clientèles. C'est aussi le cheminement de la démode. Alors que pour les observateurs superficiels (le discours de l'intelligentsia sur la mode) la démode est une fin, pour le théoricien du mondain elle sera, au contraire, le commencement d'une dynamique de conquête d'autres espaces, d'autres populations : l'esthétique d'avant-garde et les usages de masse.

Mais elle n'est pas reconnue. Elle chemine masquée, en s'étalant au grand jour. La mode se camoufle sous la démode. Ainsi renforcée, dilatée, cette double expansion, extension, est une double stratégie du camouflage idéologique. Cheminement souterrain — de l'inconscient — et en surface — les groupes sociologiques — de la consommation mondaine.

Forme et fond, groupe et message, dans une relation d'implication mutuelle et de totale réciprocité au moment de la mode, se dédoublent maintenant en deux dynamiques d'expansion, de conquête. L'échange mondain investit d'autres territoires, d'autres espaces socio-culturels.

Et sous des formes, en effet, qui ne semblent plus être celles de la mode originelle. Ce sont des dérives bien lointaines de l'événement étymologique qui s'expriment dans la formalisation et la massification. On reconnaît difficilement le modèle originel, historique, dans les raffinements sophistiqués de l'avant-garde. Et la consommation de masse semble trahir le message d'origine.

Mais ainsi, la mode s'est étendue jusqu'à obtenir les conditions, objectives et subjectives, de la nouvelle mode. Une autre formalisation — plus esthétique — et un autre réceptacle — plus large, plus sociologique. Pour cela, il faudra deux nouveaux consentements. Des gens venus des deux groupes opposés devront se rencontrer, selon les conditions de l'expansion économique et idéologique très précises, pour constituer un nouveau groupe dont l'homogénéité sera la nouvelle mode[44].

Alors s'opère une nouvelle sélection. Apparaissent de nouveaux groupements. D'abord hétéroclites, puis de plus en plus homogènes. Bloc syncrétique plutôt que synthétique. Un collage. Et surgit la nouvelle mode : la figure phénoménologique qui fait la synthèse d'un nouveau contenu sociologique et d'une nouvelle forme esthétisante, stylisante. Le même est devenu l'Autre ; avec du vieux on a fait du neuf. Une mode. Une nouvelle séduction.

C'est le troisième moment sociologique de la généalogie de l'inconscient collectif : la re-actualisation. Après la fixation, après l'oubli, une nouvelle actualisation.

La fixation a été la mode. Son oubli, la démode. Et la nouvelle figure, qui réveille, sollicite, relance la fixation originelle est la nouvelle mode. Et sans qu'il soit reconnu, dans la nouvelle figure, l'ancienne fixation. C'est ce qui caractérise cet inconscient collectif : à chaque coup c'est du neuf. De la création. De la spontanéité.

44. Dans *Le Frivole et le Sérieux* nous avons essayé d'établir les lois de ces rencontres : la dérive de l'accumulation en est le lieu, en tant que système de parenté qui rend compte aussi de la croissance économique. Plusieurs lois tendancielles convergent pour que se fassent ces frivoles rencontres, nécessaires à la croissance économique et culturelle de la bourgeoisie. Le frivole n'est qu'un mode du sérieux capitaliste.

La libido — et le ludique et le marginal — a d'abord été fixée et diffusée par la mode. Refoulée par la démode, elle s'est étalée et approfondie. Pour réapparaître selon une plus grande extension et une meilleure stylisation. Autre.

L'inconscient collectif chemine bien selon des relais sociologiques. La banalisation et la formalisation de la libido se font toujours selon des groupes sociaux. L'inconscient collectif est une dynamique de groupe. Mais faite de discontinuités : celle des modes. Discontinuités qui révèlent la profonde continuité de la mode, la profonde continuité de la dynamique de groupe. La mode a cheminé par la démode pour devenir la nouvelle mode. Tel est le processus radicalement continuiste et finaliste de la mode. Les discontinuités des modes constituent l'homogénéité de la mode.

Il faut donc écarter les banalités d'usage, celles des idéologues : la mode « Éternel Retour » ou la mode caprice, des discontinuités accidentelles. La mode n'est ni cycle ni contingence. Il faut aussi renvoyer à sa fonction idéologique le discours de Barthes pour lequel la mode ne signifie qu'elle-même. C'est ainsi effectivement, qu'elle apparaît au consommateur de la mode. La pseudo-scientificité de la logique des signifiants ne fait que dire la naïve idéologie du consommateur.

La logique de la mode est dans le référent et dans le signifié : dans les rapports de production. Elle est, dans le principe, incitation à la consommation mondaine, laquelle est fondamentalement conditionnée par l'idéologie, laquelle propose les conditions de la consommation des privilégiés du système.

La mode est une accumulation des modes. Vers une finalité : la production de ses archétypes. L'accumulation des modes doit permettre la production de la mode en son essence. D'usage en usage, de signe en signe, la mode doit produire les modèles parfaits de la consommation mondaine. De mode en mode, d'oubli en oubli, le mondain doit atteindre les synthèses définitives (les archétypes).

Alors le mondain a trouvé ses plus larges assises, son extension maximale dans les groupements sociaux. En même temps, la formalisation esthétisante a écarté tous les éléments contingents. Elle a effacé les singularités d'époque pour exaspérer les constantes. La geste mondaine s'accomplit alors en allégories, mythologies. Actes parfaits de la consommation mondaine. Ceux d'un mode de production. Et qui répondent — en inversant les sens — aux actes parfaits du procès de production. Pour proposer l'autre face, cachée, de l'exploitation de l'homme par l'homme : l'esthétique de la consommation. Celle du capitalisme monopoliste d'État. Le système a produit la beauté du capitalisme. La marque profonde du pouvoir mondain dans l'inconscient collectif d'un mode de production libéral. La « sensibilité » accède à son plus pur message. À un idéal vécu. L'incarnation de l'idéologie.

L'honnête homme va sans doute juger cette démonstration trop théorique et abstraite. Mais la conceptualisation doit savoir se priver des appuis sensibles de l'intuition, puisqu'elle prétend établir des lois universelles et dénoncer les abus idéologiques du sensible. Néanmoins, pour aider l'honnête homme à se défaire de ses préjugés mondains, nous lui montrerons quelques-unes des belles images qui peuplent le nocturne de l'Occident. Icônes qui veillent sur le rêve mondain et qui hantent l'inconscient collectif.

Flash, fulgurance, éclair en notre nuit : dans le crépuscule bleuâtre, le hippie chemine, guitare au dos. Solitude et mépris. Au-delà de l'oubli, celui qui a osé le rêve impossible. Et sa musique.

Autre archétype du rêve libertaire de la social-démocratie : sur les barricades, en jeans, baskets, treillis, cheveux longs ruisselants, estampe estompée par la fumée des grenades (défensives), flou artistique, le sable sous le pavé, le pavé à la main, l'étudiant brave les CRS.

Autre icône du système, figée, décomposée, hiératisée en ses fragments psychédéliques : l'adolescent(e) s'éclate dans les fulgurances du rock. Corps cambré, rythmé, décomplexé. En transe. Pulsions et désirs d'une jeunesse qui « refuse le système ».

« Planètes des jeunes. » Le capitalisme est devenu le grand imagier. L'usine du prêt-à-rêver. Utopies garanties increvables. L'honnête homme, qui s'appelle nuance, cet art du libéralisme et de la restriction mentale, qui permet de tout accorder, en gros, et de tout reprendre, en détail, va sans doute objecter qu'une radicalisation outrancière gâte la part de vérité contenue dans notre analyse. Nous maintenons : le champ de la sensibilité est totalement recouvert par l'idéologie. Parce qu'il est devenu le champ de la consommation mondaine. La libido, le ludique, le marginal sont devenus les véhicules de cette idéologie. L'ordre de la consommation est totalement occupé par l'idéologie de la social-démocratie libertaire.

L'honnête homme dira encore : « Le hippie, les jeans, les cheveux longs, toute la panoplie sémiologique d'une certaine contestation venue de Mai 68... C'est démodé ! La crise a remis toutes ces choses à leur place. » Nous le remercierons de l'argument qui renforce notre démonstration et lui apporte même sa conclusion.

Car la grande démodeuse des modes et même du mondain, c'est bien la crise. C'est elle qui a balayé les clameurs idéologiques et mondaines d'un certain Mai 68, que le Mai-Juin des travailleurs avait déjà remis à sa place. Mais cette brutale intrusion du principe de réalité entraîne le grand refoulé. Elle permet de reconstituer ailleurs, dans l'inconscient collectif, la parfaite esthétique de l'idéologie. Car toutes ces images deviennent alors parfaites : archétypes. La consommation mondaine accède au Panthéon des mythologies. Si la mode se démode, c'est pour que ces archétypes règnent dans l'inconscient collectif. Un peu comme ces grands artistes, pas tout à fait reconnus de leur vivant, qui, une fois morts, tombent en « enfer », que l'on oublie même, et que l'on retrouve soudain à la une, sur huit colonnes, nouvelles idoles des jeunes, leur tombe devenant alors un lieu de pèlerinage culturel tandis que leurs œuvres s'étalent dans les musées nationaux. La crise permet l'ultime démode. Celle qui consacre la mode.

Modèle de consommation, imagerie de l'avant-garde, usage de masse ont cheminé dans l'inconscient collectif pour être consacrés en fin de service, mythes de la modernité. Quelle promotion mondaine ! Que l'imagination prenne le pouvoir ? Hélas, cela est fait depuis longtemps. Triste réalité.

La perception de ces archétypes témoigne de l'apogée du capitalisme. C'est l'ultime rêve de la statue de Pompidou (celle qui nous a permis de reconstituer la sensibilité de l'animation sonore et machinale). C'est le grand potlatch d'une part de la plus-value. C'est l'accès aux modèles de consommation (autorisés par la surproduction et le gaspillage) de la grande illusion. Celle d'un capitalisme à la croissance sans problème. Beaucoup ont cru que la Fête ne faisait que commencer. Alors que c'était déjà une fin, de partie. Certes, dès que ces archétypes ont atteint leur perfection et alors leur existence (puisque la perfection contient l'existence) ils ont été refoulés par la crise. Mais cet échec leur confère la gloire du nocturne : ils vivent dans l'inconscient collectif. Et ils attendent le grand retour du refoulé. Ils sont devenus les grandes allégories de la liberté du libéralisme. Ils sont une promesse. Ils témoignent de ce qui a pu être. Ce à quoi on a dû renoncer. Partiellement. Provisoirement. C'est aussi ce que l'on pourra refaire, en mieux. Si la social-démocratie gère bien la crise.

d) La mode rétro, ultime enclos du Panthéon des archétypes

Le système se clôt sur et par ce Panthéon des archétypes. Et il s'enclôt par la mode rétro. Dès qu'il atteint la perfection de ses mythes, il tire le pont-levis sur les sensibilités des époques antérieures. Il ne doit pas y avoir d'autre mémoire que celle du système.

Ce moment nous semble avoir été celui du disco. Le pouvoir mondain s'est étendu, étalé jusqu'à recouvrir le monde. Le disco, radicale vulgarisation du rythme capitaliste, d'un rythme réduit à n'être plus qu'une scansion binaire mécanique, a eu une audience universelle. Ce fut un phénomène extraordinaire : la première mondialisation d'un modèle esthétique, d'un canevas musical. À New York, Paris. Mais aussi à Moscou, Tokyo, Abidjan. Partout. Dans le moindre bled. Son implantation a été fulgurante, en quelques semaines. Le néo-capitalisme a ainsi prouvé qu'il peut maintenant imposer — par les media — immédiatement, totalement la forme culturelle qui exprime le plus parfaitement le conditionnement nécessaire à la consommation mondaine des masses. La sensibilité est devenue un mode d'emploi. Et cela au niveau planétaire. Phénomène d'une portée incalculable.

Mais cet impérialisme totalitaire du néo-libéralisme rencontre encore des îlots de résistance : les autres modes, venues des modes de production antérieurs. Car elles sont toujours là, ces modes démodées par la mode du capitalisme monopoliste d'État. Le chiffre de vente du musette, de l'accordéon, de Tino Rossi est loin d'avoir baissé. Même au moment de l'apogée du rock. On refusait du monde au Châtelet. L'opérette a toujours une immense audience. Le tango fait toujours des ravages.

Autant de preuves de la permanence de sensibilités autres. Différentes (mais alors réellement différentes). Et autant de menaces pour le monopole musical du néo-capitalisme. Car non seulement ces formes de sensibilité témoignent de l'opposition farouche des vieilles générations, mais aussi de la résistance de certains éléments des nouvelles générations qui renâclent, hésitent encore à se soumettre au rythme de la machination sonore. Et qui cherchent d'autres formes d'expression. La mode rétro permettra de colmater ces fissures et de juguler définitivement ces témoignages des traditions populaires. Elle exprimera le signifiant mondain dans des formes culturelles pourtant radicalement différentes, d'une autre époque. Formes qui semblaient s'avérer irréductibles. Et qui pourtant seront marquées du sceau du pouvoir. Celui de la nouvelle « colonisation » culturelle. Ces modes, n'ayant pu être liquidées, seront conservées et même « rénovées ». Pour être soumises à un autre code culturel. Entreprise d'une très subtile perversion. Il suffira d'un très léger infléchissement, d'un glissement, d'une contraction, d'un oubli. Alors un seul signifiant mondain, allusif même, permettra une radicale inversion de sens. Phénomène classique, banal, celui de la récupération.

Le rétro va donc désigner la mode ennemie. Et feindre de

l'adopter. Pour se distancier malicieusement. Pour se démarquer en affectant d'imiter. Une nuance, ce rien qui fait autre, différence seulement perceptible des initiés, raffinement sélectif, permet, dans la sémiologie même de l'adversaire, d'ironiser sur le gestuel d'une autre époque.

La moquerie ne semble s'adresser qu'à certains signes, dont on met en exergue la naïveté, la platitude ou la redondance. Mais ainsi est dénoncé tout le vécu que ces signes révèlent. Celui d'avant la modernité, d'époques sans usages sélectifs, raffinés, sans modèles sophistiqués. Sans véritable consommation mondaine. Sans l'extraordinaire pouvoir autorisé par le modèle de consommation du néo-capitalisme.

Des modes d'antan, ce qui suscite la haine — cachée — de la mode rétro, c'est leur sérieux. Celui-ci est insupportable à la frivolité de la nouvelle consommation mondaine. Ces modes témoignent d'une libido, ludicité, marginalité non marchandes. Ces choses-là n'étaient pas encore devenues des produits de consommation, la promotion de vente d'un mode de production.

Ces modes d'antan expriment des traditions populaires qui sont des formes de résistance aux incitations de l'industrie du plaisir. C'est l'univers du jazz et de l'accordéon. Et nous avons vu que, en son principe, la mondanité du néo-capitalisme était leur perversion, leur récupération. La mode rétro ne fait que clore la boucle.

La facticité mondaine s'insurge d'une telle crédulité. Elle dénonce ce sérieux. Cette bonne foi. Aussi, sous prétexte de retrouver cet univers perdu, on le recouvre de signes sophistiqués qui dénoncent sa naïveté, sa lourdeur besogneuse. L'extraordinaire système des signifiants mondains du néo-capitalisme va proposer des deuxième, troisième, quatrième niveaux de lecture et d'usage du texte originel. Nouveau code d'une consommation mondaine raffinée, cérébrale, agressive, terroriste. Consommation amusée et dédaigneuse d'un mode de production aux sentiments et gestes révolus, d'une bonne foi de péquenots.

Il est essentiel de comprendre que ce mépris est objectif. Il est dans les formes, les signes. C'est une structure culturelle. L'objectivation d'un processus. Une résultante. L'usage de cette forme culturelle est un usage « objectif » du mépris amusé. Il ne s'explicite pas en sentiments. Cela va tellement de soi. Ce serait inutile. C'est une époque qui s'adresse à une autre époque. Les individus ne font que vivre cette différence radicale, objective. Ils consomment du mépris indifférent, si l'on peut dire. Car la différence est tellement radicale que l'on peut s'en amuser sans même se rendre compte de ce qu'elle signifie.

La plus extraordinaire réussite du système, son achèvement sera cette mauvaise foi : l'ignorance subjective de l'intention objective. Elle va autoriser un néo-paternalisme rétro. Celui qui se scandalise du paternalisme au premier degré, raciste et colonialiste, de papa. La rhétorique et la casuistique mondaines vont proposer un extraordinaire renouveau de l'idéologie du « bon sauvage » qui a été l'idéologie quasi officielle du paternalisme colonialiste. Et la belle âme mondaine surenchérit même sur cette idéologie. Alors que papa voulait faire du « bien » à l'indigène, prétendait lui apporter le progrès, le fils contestataire voudra, lui, conserver intacte cette « bonne nature » qui serait la situation anthropologique, ethnologique, de la substance, du rythme, de l'harmonie préétablie. Ce que la vilenie colonialiste et le progrès polluant n'auraient pu entamer.

Cette idéologie du bon sauvage est l'idéologie du retour aux sources qui au-delà du rétro, enrobe la consommation mondaine de l'ineffable bonne volonté de l'idéalisme moral. Idéologie de l'archaïsme qui fonde l'esthétique de la modernité. Que l'indigène reste aussi merveilleusement simple et pur ! Qu'il ne soit pas, lui aussi, une victime du progrès. Nous verrons, au niveau politique et culturel, les modalités de ce néo-colonialisme écologisant.

C.— LE PROSAÏQUE DU MONDAIN : LES NOUVELLES COUTUMES DE MASSE ET LA CASCADE DES SNOBISMES

1. Le droit à la différence : la nouvelle hiérarchie sociale. — La singularité : le signe d'un genre

Après l'idéal, le prosaïque. Passons à l'ordinaire de la consommation libidinale, ludique, marginale. Celle qui se détache du modèle sélectif originel pour se banaliser, se vulgariser en consommation de masse.

Comment définir la systématique des usages mondains ? Quel est le processus de l'implantation dans les masses ? Quel critère proposer pour une classification ? Le droit à la différence — ce fameux droit à la différence revendiqué avec tant de passion par les doctrinaires du libéralisme — va permettre de situer les nouvelles hiérarchies sociales. Celles du potlatch de la consommation mondaine. Différences qui ont fonction idéologique de « dépasser » les hiérarchies du procès de production : les classes sociales. Droit à la différence qui prétend rendre subsidiaire le critère de classification selon ces classes sociales. Des stratifications d'une autre époque, révolue, nous dira-t-on.

Nous avons déjà constaté que les différences définies par le procès de consommation n'étaient que des corporatismes de consommateurs. Le droit à la différence se révèle n'être qu'une stratégie de diversion, de séduction, d'intégration.

Et comment ne pas ironiser sur ce droit à la différence, puisqu'il se ramène, en définitive, au droit d'imiter ? Il n'a de réalité que dans la mesure où l'individu s'intègre à un groupement. Ce sont des différences corporatives. Des ressemblances, alors.

Certes, ces différences se modulent selon tout un système de variantes. Du libéralisme traditionnel à la nouvelle société. De celle-ci au libéralisme avancé, à la radicalisation de la société permissive. Du libéralisme avancé au triomphe politique de la social-démocratie de Mitterrand. L'histoire récente propose un extraordinaire clavier de différences, la stratification de trois régimes.

La redistribution du modèle selon ces différences s'est alors tellement affinée, perfectionnée, personnalisée qu'il semblerait que l'on ne peut plus le reconnaître dans ses usages. La différence, vraiment ? Une originalité telle que l'individu pourrait être radicalement autre ?

Il n'en est rien. C'est toujours le même standard. Le même signe, le même groupe, le même modèle. Aussi différent que soit l'usage, il n'est possible que dans une dynamique de groupe, en référence à un ensemble.

Nous avons atteint le paradoxe même de la mondanité. Sa différence est l'imitation. On est un individu dans la mesure où l'on représente un genre. On est singulier lorsque l'on est le signe d'un genre. Le mondain est ce processus de valorisation de l'individu par le genre. Il autorise cette usurpation narcissique : dire n'être que soi-même alors que l'on n'est qu'une résultante de la dynamique de groupe, une copie conforme.

Ce qui est l'essence du mondain est aussi la différence en social-démocratie libertaire. Le standard est vécu comme l'originalité. L'individu se singularise dans la mesure où il s'intègre à un genre. La proclamation subjective n'est que la ratification d'un groupe sociologique. Et plus on est le sous-genre d'un genre, plus on se croit soi-même.

Tel est le jeu de la différence : le plus grand écart avec le modèle est la suprême ratification du standard. Chacun proclame une singularité qui se reconnaît et s'affirme par les signes d'un genre. Le néo-capitalisme a privatisé à outrance : la différence. Pour produire ce modèle standard : l'individu de la social-démocratie libertaire. Un genre unique. Celui de tout individu. L'individu est un genre comme le genre est un individu.

Ce système de différences — rappelons-le — doit aboutir à la classe unique. C'est une stratégie. Le droit à la différence débouche sur la ressemblance de tous les différents. La classe unique sera la fédération de tous les corporatismes de consommateurs. Homogénéisation d'abord des couches moyennes. Puis de la société globale. Le procès de consommation imposerait ses valeurs au procès de production.

La singularité en tant que genre ! L'animation de la statue débouche sur une intimité intérieure qui n'est que le pur reflet des mécanismes sociaux. Extraordinaire pouvoir de l'idéologie : imposer une subjectivité machinale, aussi.

Cet égalitarisme de la différence autorise un autre système de hiérarchies. Alors qu'il prétend dépasser les hiérarchies de classes il les renforce par les hiérarchies mondaines. À chaque moment, un signe signifie barrière et niveau. Cascade des différences, cascade des mépris, cascade des snobismes. Et dans la hiérarchie « horizontale » du système mondain. Chacun snobe l'autre dans la mesure où l'autre peut le snober. Le pouvoir de snober est consenti à ceux qui consentent à se faire snober. Ainsi est-on différent.

Cette guerre des signes mondains, aussi féroce qu'elle soit, se joue dans le même consentement au mondain. C'est une guerre froide idéologique dans le contexte d'une coexistence pacifique. Chacun vit sa vie. C'est un snobisme de masse[45]. Et avec quelle suffisance métaphysique ce conformisme sociologique sera revendiqué : l'individu contre le système. La libéralisation du libéralisme doit être vécue comme la conquête de la liberté. L'idéologie néo-capitaliste aura atteint son but. La révolution du libéralisme sera la Révolution. Celle qui a mis en place la social-démocratie libertaire.

2. Les trois piliers de la civilisation capitaliste : la boîte, la bande, l'animateur

Les trois piliers du système : la boîte, la bande, l'animateur. L'âme du capitalisme. On peut imaginer un ethnologue de l'an 100000, en quête de civilisations disparues, qui reconstituerait la société capitaliste à partir de ces trois fonctions. Celles qui permettent de reconstituer tout le procès de la consommation mondaine. Et les valeurs de l'âme mondaine.

Mais quel moraliste de notre époque s'en soucie ? Les sciences humaines ne les évoquent jamais. La psychologie

45. Il suffit de verser 1,20 euro à Serge July pour snober la classe ouvrière.

des profondeurs ne semble même pas soupçonner ces bouches d'ombres du non-dit.

Alors que la boîte, la bande, l'animateur sont les clés de la civilisation capitaliste. Les pivots de la sensibilité d'une époque. Leurs usages sont la trame même de la libido dans les rapports de production. Ils modèlent un relationnel caché qui deviendra une nouvelle civilité. Quel extraordinaire parcours ! Quelle généalogie : du modèle marginal à la norme institutionnelle ! Mais quel chercheur semble soupçonner ces évidences, l'extraordinaire richesse de ces matériaux de la connaissance ?

Voyez l'animateur. Il est parti de rien. De la surboum. D'un rien, qui sera tout : l'ambiance. Une boîte qui marche, c'est une boîte où « il y a de l'ambiance ». Ce petit leader d'une bande a fait une grande carrière. Sa fonction a connu un fabuleux déploiement. C'est lui qui préside aux destinées mondaines (animateur de club). C'est lui qui va maîtriser les media. C'est lui qui deviendra le nouvel éducateur. C'est lui qui dirige le marketing et même le service de vente du néo-capitalisme. Il fait aussi les révolutions, à l'occasion (Cohn-Bendit). Les partis politiques ne peuvent plus s'en passer.

C'est que la bande est arrivée. Elle s'est élargie jusqu'à occuper les rapports de production. Et dans les postes de direction du système de production et du système de consommation. Tout est lobby, mainmise de groupes, groupes de pression et rapports de forces de groupements. Par la bande, tout un arrivisme social occupe les postes de leaders, de managers, de responsables.

L'arrivisme de la bande (cf. le 3e niveau de l'initiation mondaine) complète l'arrivisme par le système de parenté (cf. *Le Frivole et le Sérieux*). La dynamique du libéralisme est au confluent de ces deux dynamiques de groupes. Toute une nouvelle bourgeoisie encadre la modernité. Pour d'abord rénover les entreprises traditionnelles. Selon de nouvelles méthodes de gestion (*public-relations*, etc.). Et pour ensuite modeler toutes les nouvelles entreprises du tertiaire, du quaternaire même. Selon les nouveaux besoins de l'industrie du loisir et du plaisir.

L'animateur est le médiateur entre le système qui extorque la plus-value et le système qui la consomme (partiellement). On le retrouve à toutes les charnières : celles de la production, celles de la consommation, celles du passage de la production à la consommation. C'est lui qui met l'idéologie en acte. En acte de commercialisation. Il est le métier de l'idéologie et l'idéologie de ce métier.

Il est ainsi le grand révélateur. La dynamique de son métier révèle la dynamique de l'idéologie. Et en dernière analyse la finalité de cette idéologie. À quoi sert-il ? À quoi sert, en dernière instance, le capitalisme ? Pourquoi cette immense complicité organisationnelle et redistributive ? Ça sert à la consommation libidinale, ludique, marginale. Aux valeurs de la social-démocratie libertaire. Comment ? Par la bande, par la boîte, par l'animateur. Les lieux, les moyens, les fins de la mondanité. Lieux initiatiques et usages quotidiens.

Rendons à ces hauts lieux de la civilisation capitaliste l'hommage qu'ils méritent. Puisque ceux qui se sont donné mission de débusquer le caché les ignorent. Et qu'ils nous proposent les « pulsions » comme étant à l'origine du parcours libidinal ! Des entités abstraites, imaginaires, mythologiques à la place du formidable appareil d'incitations esthétiques, économiques, politiques du néo-capitalisme.

La psychanalyse est bien le couronnement idéologique du

système. Elle parachève l'entreprise d'occultation de la réalité. Alors que « l'inconscient » s'étale au grand jour de la banalité quotidienne. Réalité que l'on ne doit pas dire, qu'il faut feindre d'ignorer et qui devient ainsi « l'inconscient » de la psychanalyse, inconscient de l'inconscient.

Comment peut-on ignorer ces évidences économiques, culturelles, morales révélées par la catégorie du mondain ? Surtout lorsque l'on se propose de soigner une névrose combien objective, surdéterminée par la surconsommation mondaine. La psychologie des profondeurs devrait avoir la profondeur de remonter à la surface. Là où *ça* se passe. Au grand jour (celui des lumières tamisées). Mais comme la psychanalyse a convaincu tout le monde que la vérité de la chair est cachée et inconsciente, il suffit à la libido capitaliste — et à ses moyens d'expression et de diffusion — de s'étaler au grand jour pour être ignorée.

3. Les niveaux de la consommation mondaine

a) Régine et Castel

Une classification des usages mondains sera possible grâce aux déterminations apportées par « les différences » et les « piliers » de la civilisation capitaliste. La nouvelle hiérarchie sociale — celle du mondain, celle de la consommation — peut se reconstituer selon les spécificités de la boîte, de la bande, de l'animateur. Les signes des différences indiqueront les particularités d'usages de groupes homogènes.

Nous proposerons trois types d'usages de l'usage standard : trois sous-ensembles de cet ensemble qu'est le mondain. (Sous-ensembles qui contiennent des sous-divisions à l'infini, de par le droit à la différence.) Trois ports de signes. Trois prêts-à-porter de la libéralisation des mœurs. Trois « continents » de la sensibilité néo-capitaliste. Trois types d'usage du libidinal, du ludique, du marginal.

Le sommet, la base, l'entre-deux. Castel et Régine ; la fièvre du samedi soir (ou vendredi soir) ; le Club Méditerranée et Ibiza.

La nouvelle gentry, aristocratie bourgeoise, d'abord. La noblesse peut y être admise. Sur dérogation, patronage, piston. Les clubs où l'on peut même snober reines et princesses. Nouvelle étiquette, celle de l'arrivisme mondain. C'est le gratin. Un pouvoir nonchalant de matous repus et avides. Des animateurs qui ont fait et défait les mœurs de deux générations. Les grands modélistes. Et qui se retrouvent, élite suprême, locomotives un peu fatiguées mais consacrées.

La boîte est devenue club. On ne reçoit plus des clients, mais des amis. Et les amis des amis. Amicale, association, corporation de la réussite mondaine. Des gens qui ont réussi dans le spectacle, les arts du mondain (la chanson, le cinéma, etc.). L'Olympe du mondain, vassaux et commensaux. Lobby de la consommation mondaine. Fabuleuse accumulation des consécrations mondaines, des prestiges de vedettes.

Avec un noyau dur d'intimes, qui régentent le club. Pouvoir dans le pouvoir, quasi occulte. Ceux qui ont fait la bande, devenue boîte, devenue club. Trois moments de leur arrivisme, trois moments d'un terrible combat. Aussi sont-ils comme de vieux briscards, vieux complices qui en ont vu de vertes et de pas mûres, mais qui, maintenant, monopolisent le pouvoir mondain.

Quelle est la sous-boîte de l'autre ? Car là aussi, et surtout là, la « différence » est énorme. Castel snobe-t-il vraiment

Régine? De quel droit? L'établir serait faire progresser la connaissance « des secrets du grand monde », ce caché révélateur des pouvoirs du prince de ce monde.

Clubs de l'olympe mondain. Les invités? Les grands de ce monde : la Jeunesse, la Beauté, la Jet-society… et la Vedette.

Fabuleuse sélection. Extraordinaire concentration des pouvoirs. Quatre élites — Jeunesse, Beauté, Vedette, Argent — se sont données rendez-vous pour refaire l'Olympe. Celui du capitalisme.

En ces lieux, en ces clubs, règne un pouvoir implacable. Ce pouvoir est même un terrorisme, celui de la désacralisation. Car ce sont les lieux mêmes combien méconnus de la fin des tabous. Tous les interdits mythiques ont été balayés. Là, on a osé. On a pu aller jusqu'au bout. C'est le temps et le lieu du pourrissement des valeurs occidentales. En ces lieux, le capitalisme atteint la perfection mondaine.

Jusqu'alors le mondain — le pouvoir du monde — se heurtait à la grande allégorie spiritualiste, morale, éthique, de l'Occident : Richesse ne peut acheter Amour. Telles étaient les limites du mondain, une opposition insurmontable : Jeunesse-Beauté, lieu de résistance, de pureté, face à la séduction de l'argent et du pouvoir. L'amour ne s'achète pas. Et « qui se consacre à l'or doit renoncer à l'Amour ».

Mais avec la fabuleuse promotion de la *Vedette*, une médiation dialectique surgit qui permettra la réconciliation des inconciliables. La Vedette comble les aspirations mondaines. Celles dont nous avons vu la généalogie, et qui sont devenues « inconscientes ». C'est-à-dire les plus intimes, les plus profondes. La Vedette est un autre archétype du mondain. Des usages mondains. Il est la réussite même, la perfection des aspirations libidinales, ludiques, marginales. Il est la sélection des sélections. On ne peut pas trouver mieux. Il est l'essence même du mondain. Son statut est objectif. Il n'est plus une revendication narcissique. Il est constamment consacré par le plébiscite des media. La Vedette ne cherche plus la reconnaissance. Elle est poursuivie, traquée par ses admirateurs, par les fans. La gloire l'importune, trouble sa vie privée.

Les grands clubs autorisent la rencontre, la reconnaissance et les amours de Jeunesse-Beauté et de la Vedette. La séduction du monde séduit même les incorruptibles, corrompt les mythes, bafoue les allégories, dénature les contes. Amour lui-même, qui avait pour mission de résister au pouvoir mondain, qui devait témoigner de l'authenticité d'une volonté amoureuse indifférente aux prestiges du pouvoir, succombe devant la réussite sociale. Les nouvelles mythologies bourgeoises l'emportent ; les media ont plus de poids que l'éternelle allégorie. Celle que l'Occident avait inventée comme modèle culturel absolu. Prescription éthique : le cœur doit mépriser le monde. L'amour est cette liberté qui peut dire non au prince. Et choisir le berger. Berger qui est maintenant le travailleur étranger ! L'OS ne fait pas le poids devant la Vedette.

Les civilisations de l'Occident s'étaient transmises ce message. À partir des conflits mythiques de l'Olympe que la civilisation grecque avait proposés pour instaurer et maintenir la hiérarchie de ses valeurs. Mythes repris par le Moyen Âge chrétien : les allégories de la civilisation chevaleresque. L'éthique devenue esthétique. Le mythe féodal s'était prolongé dans le romanesque de la bourgeoisie : l'amour ascèse, le long et douloureux travail de la reconnaissance des âmes dans le monde. Enfin ces catégories — éternelles — s'étaient axiomatisées en un scientisme petit-bourgeois : le Je, le Ça, le Surmoi. Ultime stade d'une entropie. Tels sont les quatre moments du parcours gréco-judéo-chrétien : quatre moments de la culture de l'âme et du cœur face aux séductions du monde.

La culture néo-capitaliste a balayé cette éthique-esthétique. À la place, l'Olympe des vedettes : les gloires des sunlights, des media, du show-business, de la publicité. Par la médiation de la Vedette, les élans du cœur et les pouvoirs du monde opèrent une monstrueuse synthèse. La corruption mondaine altère l'inaltérable. Amour et Argent aiment la Vedette. Et celle-ci aime Amour et Argent. Il n'y a plus de contradictoire. Par le truchement de la Vedette, tout le monde — de cet Olympe — copine. Les termes allégoriques sont devenus des partenaires. Ils se partagent le pouvoir mondain du capitalisme. Le grand tabou est mort. L'Olympe est devenu un club. Ce que le capitalisme peut offrir de plus privé.

Ces noces monstrueuses des narcissismes du capitalisme sont donc la fin des valeurs occidentales. Celles qui avaient inventé la Psyché, la Jeune Fille, les Fiançailles, tout ce dont se gausse le libéralisme libertaire. Valeurs — faut-il encore le répéter — incluses dans la logique de la production, dans l'histoire des modes de production (de la fin du mode de production esclavagiste au mode de production capitaliste, en passant par la nécessaire médiation du mode de production féodal). Valeurs, certes, des classes dominantes. En ce sens que le statut de la Femme et celui de l'Amour ont pu être extraordinairement privilégiés... de par l'exploitation du serf et de l'ouvrier. Énorme paradoxe, celui de l'Occident, culture du négatif. La noblesse et la bourgeoisie avaient fait de l'amour une praxis de classe : le système de parenté qui garantit la reproduction des rapports de production. Mais alors l'Amour et la Femme, promus par la culture de classe, sont aussi soumis, aliénés par cette culture : il n'y aura pas d'amour heureux[46]. Le mythe de Tristan et Iseult s'accomplit avec La Nouvelle Héloïse de Rousseau, structure de classe de la Psyché.

Le capitalisme — en son hégémonie — liquide, à sa manière, ce système de reconnaissance, la psyché occidentale. Les grands clubs — Régine et Castel — ont promu une esthétique prostitutionnelle. Car la Vedette est bien la grande pute du système. Le pur produit de la promotion de vente de l'industrie, du loisir et du plaisir. Elle s'est vendue au succès, au show-business. Aux valeurs culturelles des media. C'est elle qui conditionne les masses.

En ces lieux, chacun se prostitue au succès. L'argent aussi. D'abord l'argent : le producteur est à la remorque du réinvestissement. Il fait la cour au succès qu'il ne faut pas manquer sous peine de faillite. Vedette et producteur se font mutuellement la cour. Quant à Jeunesse et Beauté, elles ne savent plus à qui se prostituer. À la vedette, au producteur, au metteur en scène, au journaliste, à l'animateur ? Il n'y aura de Beauté que reconnue, statutaire, codifiée par tous ces entremetteurs du succès. Peut-il y avoir une Beauté si elle n'est pas mise sur la scène du monde, si elle n'accède pas au pouvoir mondain, si elle n'a pas le rôle de la Beauté : mannequin, artiste de cinéma, cover-girl, etc. ? Que de Cendrillons attendent que leur beauté soit reconnue par ces princes charmants.

Commune dimension prostitutionnelle. Mais mondaine. Elle est un échange. Et non un achat. Elle n'a pas la brutalité

46. Cf. *L'Être et le Code.*

de la corruption naïve (celle du marchand). Elle témoigne d'une brutalité encore plus terrible, car civilisée, mondanisée. Elle a valeur d'échange symbolique : elle est la trame du relationnel, Ce n'est pas un acte isolé. Mais le modèle d'usage. La corruption est telle qu'elle est devenue le signe même de la reconnaissance.

En ces lieux, l'argent n'est plus un problème, ne doit plus être un problème. Il ne saurait être une finalité. Il est un moyen parmi d'autres. Reconnu et accepté par tous. Cet univers mondain fait même de l'argent un moyen très relatif. On peut accéder à son pouvoir par bien d'autres moyens. Plus prestigieux. Plus valorisants.

L'argent est là comme par surcroît. Il n'est que le corollaire des mérites mondains. Un signe, une preuve. Mais il n'est pas le but. Total renversement d'une idéologie de l'argent venue du capitalisme de papa : l'argent qui achète tout, l'argent du luxe, du noceur.

Le fric n'est plus qu'un des moyens du mondain. Le potlatch s'est substitué à la thésaurisation. Le luxe suprême n'est pas d'acheter le luxe. Car le luxe est devenu ce potlatch : le mondain. Et l'argent n'est qu'un de ses éléments, qui doit composer avec Vedette, Jeunesse, Beauté.

On méprise l'avoir de l'argent car on exige son usage. Et cet usage est purement mondain. Il doit signifier, aussi, le mépris des usages, par la mode. L'avoir en tant que tel ne doit jamais signifier. Ce serait une balourdise. Une faute de goût. Très grave. Le signifiant, c'est le mépris de l'argent. Par la dépense, le gaspillage, le caprice frivole et coûteux. Le geste surprenant, improvisé, spontané. L'originalité d'une fastueuse mise en scène libidinale ou ludique. Ou l'irruption en des lieux inhabituels, populaires. Pour d'ironiques et amusantes provocations. Quête du bizarre, du saugrenu, du cocasse. À tout prix[47].

L'argent ne compte pas pour les Dieux. Ils le méprisent. Mais ils en ont besoin pour le dépenser (Le sapeur Camembert dit l'ironie des Dieux et la prétention du nouveau bourgeois). En ces mondes, tous savent qu'il faut de l'argent. On leur en a donné, ils savent en donner. L'argent est fait pour circuler. Comme les belles femmes. Et ce n'est pas l'argent qui fait la différence. Car toute une multitude peut et veut donner de l'argent pour « sortir » les jolies filles. Mais ces gens-là ne sont pas admis chez Castel ou chez Régine ou ne font pas partie de l'aréopage. Pas de statut, pas de prestige, pas de signe. Aucune signification mondaine. Jeunesse et Beauté choisissent ceux que la gloire a choisis. Elles font partie du Club.

Que l'honnête homme comprenne que le mondain ce n'est ni le pouvoir de l'argent, ni celui du sexe, ni celui de la jeunesse, ni celui de la beauté. Mais le meilleur système de leurs rapports. Leur promotion réciproque. Chaque terme, sans les autres, n'est rien. La Vedette est le signifiant suprême de cet ensemble. Par lequel chaque terme s'accomplit. À la gloire du capitalisme.

De même que les archétypes — le hippie — ont pu atteindre une perfection esthétique et idéaliste, ces clubs réalisent une autre perfection mondaine. Mais alors que les archétypes sont une sublimation évanescente les clubs témoignent d'une pesanteur matérielle qui s'abaisse jusqu'à la prostitution (mondaine).

47. Fellini est le grand imagier de ce potlatch social-démocrate. Visconti, au contraire, témoigne de l'héroïsme qu'est la résistance progressiste au mondain.

Tels sont les deux bouts du rêve capitaliste. Ses deux structures d'accueil et ses deux systèmes promotionnels. L'encerclement par le haut et par le bas, par l'argent et par l'idéal, par le hippie et par la Vedette, par la contestation et par le succès. Les chemins du rêve partent en sens contraire, apparemment, mais convergent vers l'Olympe du mondain. Deux terribles escalades. Mais ceux qui arriveront seront comme des Dieux. Les idoles des jeunes. Idoles d'une nouvelle civilisation.

Ces deux modèles de l'arrivisme mondain encerclent toutes les valeurs de l'opposition au système. Le rêve capitaliste, son imaginaire, sa sensibilité réduisent le principe de réalité à n'être plus qu'un fantasme. Une menace lointaine. Celle de l'ennui, de la répression, du communisme stalinien.

Tel est le pouvoir mondain selon les deux promotions de la libido, du ludique, du marginal, selon deux styles de vie qui peuvent même prétendre se faire la guerre. Pour mieux réaliser leur encerclement stratégique. Deux modèles de l'émancipation, de la libéralisation des mœurs, du vivre sa vie. Deux locomotives du rêve capitaliste. Voilà le *pourquoi* du rêve. Alors que la psychanalyse ne fait que répondre au de *quoi* et de *qui* l'on rêve. La psychanalyse n'est qu'une clé des songes. Nous proposons la clé de leur réalité. Ce ne sont pas les mécanismes de l'usage individuel qui nous intéressent, mais la production de l'imaginaire social. Et sa distribution mondaine selon des usages qui permettent de contrôler les deux entrées du champ social : par l'archétype et par le Club, par l'opposition à la réussite et par la soumission à la réussite. Cet imaginaire est bien plus que le rêve et que l'imagination. C'est la réalité même de l'idéologie. La social-démocratie libertaire, en son essence.

b) Le Club Méditerranée et Ibiza.

Après la grande prêtrise mondaine, venons-en au mondain à l'usage des couches moyennes. Il se consomme au Club Méditerranée et à Ibiza. Pourrait-on dire que le Club Méditerranée est à Ibiza ce que Castel est à Régine ? Mais la « différence » n'est pas que de tonalité. Le Club Méditerranée consacre l'arrivisme des couches moyennes. Alors qu'Ibiza représente la consommation de masse (de ces couches moyennes) : un modèle d'usage qui dérive dans toutes les stations de l'industrie du loisir, à la mer ou à la neige. « C'est snob sans l'être » ; c'est sélectif, mais tout le monde peut y aller !

Ce qui rend le Club Méditerranée inimitable, c'est d'avoir proposé le rituel initiatique à la consommation ludique, marginale, libidinale selon un sens exquis de la sensibilité de ces couches moyennes. Celles qui ont été promues par la dynamique de la croissance, des nouveaux secteurs et services. Ainsi qu'une fraction des classes moyennes traditionnelles, reconverties au moment de l'ascendance du CME.

Ces gens-là étaient en quête d'un modèle promotionnel du loisir, d'un style, d'un genre. Le Club Méditerranée leur propose alors le modèle parfait, celui « des gens biens qui savent s'amuser ». La permission ludique, libidinale, marginale sera proposée par la hiérarchie sociale. Elle ne sera pas une conquête d'intention transgressive. Mais un modèle de divertissement proposé par l'élite bourgeoise. Celui de la classe sociale — ou de la strate de classe — située immédiatement au-dessus.

La clientèle du début sera la frange inférieure de la grande bourgeoisie immédiatement mêlée aux franges supérieures des couches moyennes : professions libérales, cadres supérieurs, chefs d'entreprise... Un lieu culturel commun permet de rencontrer et même de fréquenter — comme Gentils membres — des gens enviés et admirés, de loin.

Cette promiscuité mondaine est le modèle qui va autoriser la progressive démocratisation du loisir sélectif. À un deuxième moment, la clientèle sera faite des cadres moyens, des fonctionnaires (enseignants), des « moyens » des professions libérales. Puis dernière étape, ce sera l'ouverture du Club aux petits employés, midinettes même, étudiants. Tout le monde peut envisager un séjour au Club Méditerranée.

En presque tous les cas l'argent du séjour provient du métier et non de la propriété. Les nouvelles mœurs de la consommation moderne seront celles de la jouissance de nouveaux revenus. Il s'agit alors d'un radical changement du genre de vie.

Trigano a su exploiter cette situation. La jouissance ne doit plus dériver de l'avoir mais du revenu. Et il faut apprendre à user de cette jouissance. Plus de thésaurisation, source de privation et d'austérité. Mais crédits de vacances. Usage de l'objet prêté. Louer l'usage. Usage de passage. Jouissance sans s'embarrasser de l'avoir, de la possession. À la limite, l'avoir est inutile. De trop.

D'où la liberté sexuelle du Club Méditerranée, le modèle structural de la circulation des objets est aussi celui de la circulation des femmes : en user sans s'embarrasser de la possession. Partage démocratique de la jouissance. Parts de jouissance. Dans le Club. Entre membres. Car cet égalitarisme libertaire de l'usage est dans une propriété privée (micro-reproduction de la structure de la social-démocratie libertaire).

Cette idéologie ne fait qu'élargir, systématiser les conduites définies au dernier niveau de l'initiation mondaine (l'usage ludique des objets de la technologie avancée). Le Club Méditerranée reprend ce moment en une industrie du loisir qui est aussi une idéologie du plaisir. Ce qui était un exercice initiatique est devenu une pratique, à la fois banale et sélective, coutume de masse des couches moyennes.

Dans *Le Frivole et le Sérieux* nous nous sommes demandé lequel récupérait l'autre: Trigano ou Foucault? Ce dernier assure-t-il le service de promotion de la nouvelle industrie du loisir? Ou Trigano est-il le disciple des philosophes de la libéralisation libertaire des mœurs? Vain débat, avons-nous conclu, car les deux compères ont coopéré, chacun en son domaine, à la mise en place du nouvel ordre intérieur: celui de la phase d'ascendance du CME. Il faut à la fois préparer les mentalités et proposer les infrastructures. Apporter une idéologie et le modèle de son usage.

Trois caractéristiques du Club Méditerranée — l'élargissement « démocratique » de la clientèle; le libéralisme permissif du libidinal, ludique, marginal; la cherté encore sélective du séjour — préfigurent la « classe unique » — classe moyenne — qui est le projet essentiel du libéralisme. Ces trois déterminations de la civilisation du loisir tendent à une massification du libéralisme et à une libéralisation des masses (bourgeoises). L'émancipation libératrice doit homogénéiser toutes les couches moyennes selon le même modèle promotionnel de l'industrie du loisir.

Le Club Méditerranée témoigne d'un saut qualitatif de cette idéologie. Il est la mesure parfaite du chemin parcouru par la bande, le leader-animateur, la boite. Au commencement des procédures d'initiation à la consommation (libidinale, ludique, marginale) l'aspect provocateur, transgressif, subversif est essentiel. Maintenant l'intégration est acquise. La symbolique de rupture, symbolique initiatique du passage de la bourgeoisie traditionaliste, vertueuse, économe, thésaurisante à la bourgeoisie émancipée, libérée, dépensière est, certes, encore maintenue. Mais selon des modalités d'usage de la bande, de l'animateur, de la boîte qui témoignent d'une autre « mentalité », d'un arrivisme tranquille, sans aucune fébrilité, sans mauvaise conscience. C'est la vitesse de croisière de la consommation mondaine.

La subversion a cédé le pas à un aimable copinage libidinal, ludique, marginal. L'acte d'achat des services a garanti ces usages. Et justifie la consommation. Elle est due. On est là pour « récupérer » et « se relaxer ».

Aussi l'animateur — le leader de la dynamique de groupe — se détache du groupe pour accéder à une autonomie fonctionnelle. Il accède au métier et au statut de ce métier. L'encadrement de l'univers du loisir est celui du paternalisme lorsqu'il vire au copinage. La dynamique libertaire du groupe de consommateurs (mondains) rencontre la dynamique libérale du système organisationnel de l'industrie du loisir. Les deux se confondent en cette figure de l'encadrement — le Gentil Organisateur (GO) — qui chevauche les deux intentionnalités et qui les concilie.

L'animateur — GO — doit réaliser la synthèse des demandes de la consommation mondaine. D'une consommation paisible, arrivée. Le problème n'est plus comment y accéder. Mais comment la gérer. Ce n'est plus qu'un problème d'emploi du temps.

Car il s'avère que la jouissance ne va pas de soi : son usage révèle des contradictions, des incompatibilités. Les doctrines épicuriennes en témoignent. La jouissance doit être une économie libidinale, une gestion, une programmation, un dosage.

Le GO doit proposer un équilibre savant de ludicité, de copinage, de libidinalité et... de culture. Quatre entrées dans le système de la jouissance, finalité de la social-démocratie libertaire. Quatre options, mais aussi quatre tentations du modèle.

Il est essentiel que l'équilibre soit maintenu. Car ces composantes se justifient réciproquement. Libidinalité oui, car il faut se défouler. C'est la culture qui le dit. Ludicité, mais entre gens qui savent aussi s'apprécier et sympathiser.

La bonne conscience du groupe, sa santé morale relèvent d'un dosage savant des activités du Club. La consommation mondaine doit enfin devenir totalement innocente. Sans aucune culpabilité ni agressivité. Modèle parfait d'une société permissive et « responsable ». Voie royale de l'autogestion du libidinal, du ludique, du marginal dans la social-démocratie.

Après le Club, voici la libre cité de cette consommation mondaine : Ibiza. C'est un pas de plus vers l'émancipation des masses bourgeoises. Celles-ci débordent enfin les deux modèles qui, en même temps, les subjuguaient et les brimaient. Deux interdits, deux blocages. Mais aussi deux incitations.

Saint-Tropez et le Club Méditerranée ont longtemps été un niveau et une barrière. Un exemple, mais impossible à suivre. Un interdit, de par la cherté commune au Club et à Saint-Tropez. Un blocage devant le terrible snobisme venu de l'après-guerre, des profiteurs de la Libération (marché noir, BOF[48], etc.), des vedettes du show-business, des locomotives mythologiques (B.B.). Blocage aussi devant le culturel et l'esprit de Club.

48. Beurre, œufs, fromage.

Ces inhibitions ont pu être levées de par un saut qualitatif et quantitatif des couches moyennes. Expansion qui a été celle d'un moment de la croissance (phase d'ascendance du CME). Un nouveau potentiel économique a autorisé une autre gestion du budget de vacances. L'industrie du loisir a su prévoir cette mutation. En particulier en Espagne qui n'est pas chère (proche et sous-développée) qui est dépaysante (car sous-développée) et gorgée de soleil (garanti).

Un nouveau style de consommation mondaine est apparu. Sans locomotive (de boîte) et sans animateur (de Club). Double banalisation de l'esthétisme des modèles de la consommation mondaine. Ceux-ci se dégradent en quelques signes ponctuels. Cette consommation de masse ignore les belles manières sélectives. Plus de tabous mondains. La consommation se veut sans médiations, sans alibis, sans détours. Elle est brutale et massive. Pas de temps à perdre.

Cette nouvelle bringue n'a pourtant rien de commun avec la bringue de papa, celle du fêtard, du noceur en smoking des années folles. Car aussi dégradé que soit le modèle originel, aussi « libéré » que soit le consommateur mondain (libéré même des usages sélectifs) la jouissance est toujours soumise à l'organisationnel de l'industrie du loisir. On doit prévoir, là aussi, un emploi du temps. Du temps permissif, certes, mais régi par des prévisions de rentabilité. On ne peut échapper aux coutumes et usages qui régissent une civilisation.

La nouvelle bringue s'organise selon des régulations nécessaires. Comme au Club Méditerranée, il faut plus ou moins équilibrer les quatre fonctions du loisir moderne : libidinalité, culture, copinage, ludicité. Selon des formes certes dégradées, mais cependant génératrices d'un certain équilibre, d'une certaine mesure qui témoignent, en définitive, d'une maîtrise certaine de la consommation.

Bringuer, oui, mais en copains. S'éclater, mais sans se détruire (les drogués sont de plus en plus mal vus, pis, ignorés). On partage les frais. Pourquoi ne pas se partager les femmes. On se les passe, même, comme on se prête la voiture. C'est les vacances. Ça ne dure qu'un moment. Il faut en profiter. Il y a un impératif permissif de l'industrie du loisir.

Vacances mi-sportives, mi-bringueuses ; mi-libidinales, mi-copineuses. On ne se couche pas trop tard en prévision d'une partie de chasse sous-marine. Trop fumer empêche de bien plonger.

Parfois, quelques regrets, en partant « Si ma femme (ou ma maîtresse) n'avait pas été là ». L'année prochaine, on s'organisera mieux. Mais déjà, aux sports d'hiver…

c) La fièvre du samedi soir

Castel et Régine, c'est permanent. Ibiza ne dure qu'une saison. Un mois même. Après, « ce n'est plus ça ». « La fièvre du samedi soir » (ou du vendredi soir) ne durera que quelques heures. Aussi le bal organisé par une association sportive ou professionnelle, ou la boite qui draine la jeunesse plusieurs lieues à la ronde devront proposer, à l'usage du vulgaire, un condensé explosif... Pour une consommation ultra-rapide, immédiate, brutale. Il faut en prendre pour la semaine. Une bonne et grosse soupe pour les rustauds du mondain. Dressage sommaire : boum-boum et pam-pam. Le rythme et la « violence ». Et allez vous coucher.

Les deux animations essentielles de la mondanité capitaliste, la bande et le rythme, sont réduites à leur plus simple expression. Leur commune finalité — la subversion — n'est plus que « violence » gratuite. En ces lieux, l'appauvrissement des signifiants mondains est radical.

C'est qu'on n'a plus besoin de raffiner, on ne s'adresse plus à des gens cultivés, à des groupes sélectifs. Mais au tout-venant, aux incultes du mondain. Il faut proposer de bons gros signes, pour permettre au « plus demeuré » d'adhérer à la symbolique de la consommation capitaliste. Il faut enrégimenter la populace, les troupiers du mondain, ses bidasses. On doit les amener à une consommation de signes vides de tout contenu, à un gestuel si élémentaire qu'à côté le salut militaire peut paraître un raffinement.

Car le contenu libidinal, ludique, marginal est quasi nul, si on le compare au qualitatif et quantitatif de Castel, Régine, du Club Méditerranée, d'Ibiza. Ce ne sont que des restes. Ceux du festin de la consommation mondaine offerte par le néo-capitalisme. Mais ces signes semblent « accrocher » d'autant plus qu'ils sont rudimentaires, frustres.

Cette consommation mondaine, la part du vulgaire, doit permettre trois opérations idéologiques. D'abord fixer les sensibilités aux symboles de la consommation mondaine du capitalisme. Et selon les figures les plus pauvres. Pour empêcher ces jeunes d'accéder à une conscience politique. Pour fabriquer des abrutis. Verrouiller les âmes et les cœurs. La sono et les coups.

Ensuite créer le besoin du libidinal, du ludique, du marginal. Sans le satisfaire réellement. Exaspérer l'envie et ne pas laisser accéder au festin. Rendre impur sans laisser consommer. Exciter la concupiscence et ne céder que des miettes. Ainsi, conditionner une énorme clientèle au marché du désir. Et préparer une certaine intégration des masses à la social-démocratie libertaire du loisir et du plaisir. Inciter à une consommation idéologique, sémiologique, symbolique.

Peut-on se satisfaire de l'explication par la « violence » de cette situation ? C'est une notion qui semble bien ambiguë (peut-on mettre dans le même sac une baffe à la récré et une bombe atomique sur Hiroshima ?)

Il est vrai que l'insécurité s'est généralisée. Elle mine et même remet en question, maintenant, les deux piliers de la société : la famille et l'école. Sans oublier... les transports en commun — le métro —, passage devenu nécessaire du privé au public. Cette insécurité s'est faite la trame du vécu.

La vie quotidienne accède alors à sa dramatisation maximale. Un jeu de rôle va constituer les a priori de cette vie sociale. Il reprend le jeu éternel de la dualité de l'humain, du bien et du mal, du gendarme et du voleur. Sous sa forme moderniste, ce sera l'affrontement du « fais-moi peur » et de l' « attrape-moi si tu peux ».

La lutte contre l'insécurité s'est faite le prétexte du délit de faciès, de la suspicion généralisée, de l'État policier. L'engendrement réciproque du permissif et du répressif rend la vie quotidienne pathétique, tragique. Le bien et le mal se disputent la banquette de métro[49].

Le sentiment d'insécurité va prendre une dimension cosmique et la vie quotidienne va devenir encore plus dramatique avec le fameux trou (dans la couche d'ozone). Le catastrophisme de l'an mille, de la fin du monde, resurgit en termes pseudo-scientifiques en couleur sur le petit écran. La pollution des éléments s'ajoute à celle de la cité. L'insécurité est

49. Celle-ci est prévue pour une place et demi ; c'est trop pour un individu, ce n'est pas assez pour deux personnes.

totale, la fin de l'histoire est aussi la fin du monde. Comme la lute des classes parait alors négligeable ! Le catastrophisme s'est fait le train-train quotidien.

2

Une nouvelle civilisation

A. — SES PÉCHÉS CAPITAUX

1. Le mondain : la genèse de son innocence et sa valeur épistémologique

Nous avons voulu définir une dimension essentielle des rapports sociaux. Le mondain. Ce terme permet de circonscrire les modalités du procès de consommation qui expriment au mieux la spécificité du néo-capitalisme. Le mondain est le lieu même de l'expression idéologique. Il est l'essence du système. Et l'essence de la social-démocratie.

Nous avons progressivement exhaussé une intuition en une catégorie de la connaissance. Le terme — mondain — est devenu un concept.

Il a d'abord été défini comme une phénoménologie. Nous avons montré les procédures de l'initiation mondaine, proposé la systématique de ces initiations, établi la généalogie des nouvelles mœurs. Ainsi s'est révélée la stratégie mondaine qui permet de supplanter les coutumes de la tradition.

Nous avons ensuite proposé la logique du mondain. Le fonctionnement de la catégorie lorsqu'elle devient autonome. C'est un autre système. La catégorie a valeur opératoire lorsque la phénoménologie s'est accomplie. Lorsque les nouvelles mœurs sont devenues celles du libéralisme avancé jusqu'à la social-démocratie.

La catégorie a pu être définie comme une phénoménologie et comme une logique. Deux systèmes de déterminations — complémentaires, unitaires — des modalités de la consommation mondaine autorisée par la société civile. C'est dire la fécondité de ce concept opératoire. La catégorie — le mondain — a permis à une intuition d'acquérir l'appareil démonstratif que nous venons de proposer à l'honnête homme.

Phénoménologie et logique concourent pour définir la sensibilité elle-même. Le pouvoir de la catégorie est tel que le mondain est devenu la sensibilité de l'époque, le vécu au niveau existentiel, subjectif, intentionnel. L'élan du cœur et l'état d'âme.

Après la perfection phénoménologique, puis celle de la logique, la catégorie s'accomplit en cette ultime perfection. Elle est devenue la sensibilité d'un mode de production. Bien au-delà d'une conjoncture, d'une époque, d'un pays. En tant que commune référence des figures ludiques, marginales, libidinales, apparemment les plus contradictoires. Sensibilité en profondeur et en surface : archétypes de l'inconscient collectif et usages de masse.

La sensibilité de l'homme, ce qu'il a de plus intime et de plus spontané, est devenue la sensibilité imposée par le néo-capitalisme. De l'homme mondain, celui qui est soumis aux puissances trompeuses. Celles de l'idéologie : un imaginaire qui est devenu une pratique, un vécu, une existence, l'ordre signifiant.

Le capitalisme a inventé l'innocence. Plus de culpabilité, de péché, d'interdit, de tabou ! Mais le droit à la jouissance. Tout et tout de suite. L'usage naïf, spontané, péremptoire. Usage devenu d'évidence, vérité d'évidence qui n'a plus à se justifier ou à se proclamer.

C'est cette fausse innocence qui est l'essence même du système. L'essence du mondain. Elle fonde la « civilisation » capitaliste. Elle est le « civilisé » de la nouvelle civilisation. L'idéal et la pratique du système. Son alibi, son projet, sa vocation. Le néo-capitalisme a fabriqué, machiné, importé et exporté cette nouvelle civilisation. Et la social-démocratie est la meilleure gestion de ce système.

La catégorie du mondain — elle seule — permet de révéler l'imposture, la mauvaise foi, le mensonge de cette civilisation. Elle apporte l'appareil épistémologique qui révèle la stratégie du néo-capitalisme. Elle autorise l'homogénéisation des multiples modalités de réalisation de l'idéologie (corporelle, culturelle, politique). Le mondain est à la fois un lieu synthétique et un moyen de réalisation. Il propose l'acte de l'idéologie. Il révèle sa finalité et le moyen de son accomplissement.

L'ultime dénonciation du mondain — et de la fausse innocence qui le couronne — va consister à montrer les trois péchés capitaux de cette civilisation (ainsi nous ferons la synthèse de toutes nos critiques antérieures).

Trois thèses sur la civilisation capitaliste :

1. Civilisation de la fausse innocence : première civilisation sensuelle.

2. Potlatch d'une part de la plus-value.

3. Civilisation machinale.

Les trois thèses s'ordonnent dialectiquement selon une relation causale et continuiste. En une ellipse, résumons l'ensemble : première civilisation sensuelle, civilisation machinale. Autrement dit, il n'est de réelle sensualité que par le machinisme. Cette ellipse a le mérite de bien montrer la relation cachée entre la libido et la machine. Alors que les idéologies du consensus prétendent à une hétérogénéité radicale et même à une contradiction absolue.

Mais ce raccourci peut aussi induire en erreur. Car il manque la médiation essentielle qui propose l'explication globale. Il faut bien insister : c'est par le deuxièmement que l'ellipse révèle son sens. C'est par le potlatch d'une part de la plus-value que s'instaure le système généralisé d'un nouveau parasitisme social.

Cette « civilisation » ne peut revendiquer aucune tradition, aucune référence historique. Elle est radicalement autre. Elle ne peut être justifiée ni par le paganisme ni par le Sauvage.

C'est que l'échange mondain est un potlatch de la plus-value. La consommation mondaine est une symbolique et une pratique des rapports de classe. Elle exprime la totalité de l'exploitation de l'homme par l'homme. Elle révèle les lois du capital en tant que modèle d'échange.

C'est que cette civilisation est structuralement la récupération de la production industrielle. Elle est un détournement de fonction de la machine, détournement d'usage de l'objet fabriqué. Toute la consommation mondaine relève de l'animation machinale, d'un modèle standard, d'un usage robot. Elle est le pur reflet vitaliste de la fonction de la machine. Elle est machination idéologique : récupération de la machine, du fonctionnel pour le profit ludique, marginal, libidinal. Et cet asservissement prétend dénoncer le machinisme, la société industrielle, la production de série ! La robotisation socialiste ! Depuis Huxley jusqu'à l'écologisme, c'est toujours la même chanson. Quelle imposture ! Quel culot !

2. La première civilisation sensuelle

Le nouveau statut du corps est la mesure de cette première civilisation sensuelle de l'histoire. Le corps a été effectivement « libéré ». Il vient d'accéder à un statut politico-anthropologique d'une radicale originalité.

Ce corps a acquis une autonomie quasi totale. (Nous disons bien le corps. Et non l'homme, le citoyen, la personne.) Il s'autogestionne. Il est devenu cet atome social qui fonctionne sans aucune transcendance. Sans aucune référence à la transcendance verticale (Dieu, les Dieux...) ou à la transcendance horizontale (le devoir, l'état, la société). Le corps est à lui-même ses propres fins et moyens.

Le paganisme, objectera l'honnête homme, n'est-ce pas déjà une civilisation sensuelle ? Et ce que nous avons dénoncé comme consommation transgressive ou forme mondaine, n'est-ce pas une préfiguration d'un retour aux sources ? Les premiers moments d'une libération radicale des contraintes artificielles de la civilisation judéo-chrétienne ?

Certes, le paganisme, dans la mesure où il était un mode de production esclavagiste, a pu être une civilisation sensuelle. Le corps — force productive — libérait le corps — moyen de jouissance. Le travail des uns autorisait déjà la libido des autres. Et notre mode de production, dans la mesure où il autorise l'exploitation de l'homme par l'homme, propose aussi une culture du plaisir. On pourrait presque dire que le travailleur étranger est à l'industrie du loisir et du plaisir ce que l'esclave était à l'épicurisme. (Il semble que plus le procès de production est répressif et plus la consommation libidinale, ludique, marginale est permissive.)

Différence essentielle des deux modes de production : le paganisme était aussi, ce qui semble un paradoxe, une civilisation du sacré. Alors que la civilisation capitaliste se définit, au contraire, comme une désacralisation radicale. La fin des tabous et des interdits.

Le sacré du paganisme interdisait le libéralisme permissif, la dimension libertaire de l'actuelle social-démocratie occidentale. Au même titre, en définitive, que le christianisme. Polythéisme et monothéisme ont en commun le respect, la vénération de Dieu ou des Dieux, qu'importe. Si les âmes appartiennent à Dieu, les corps appartenaient aux Dieux. Dans les deux cas, la vie civique doit se soumettre, impérativement, aux tables et lois des révélations divines. Aussi, dans le paganisme, la fête des sens est la fête des Dieux. La sensualité ne fait qu'honorer les Dieux. On leur rend ce qu'ils ont donné.

Mais selon un rituel sacré qui doit gérer l'économie du corps selon les lois de la cité. Honorer les Dieux, c'est honorer la cité. C'est défendre l'ordre social, le ritualiser, le structurer. C'est interdire toute consommation-transgressive. Ce qui serait un double crime : à l'égard des Dieux, à l'égard des autres. Crime civique et sacrilège religieux.

C'est seulement au moment de la décadence que la sensualité déborde les Dieux, au nom des Dieux. La désacralisation — les Dieux devenus symboles ornementaux de la culture sceptique — autorise alors la première consommation libidinale, ludique, marginale. À la Cour, chez l'empereur, le prince. À la ville, chez le riche ou le métèque parvenu.

C'est ce moment qui deviendra, pour la culture libérale de la bourgeoisie, le paganisme. Réduction qui permet de proposer un modèle permissif exemplaire au nom d'un athéisme conséquent. Ou au nom d'une « authentique » émancipation.

Ce sera aussi le premier « malaise de la civilisation ». Le scepticisme ronge la cité ; les idéologues de l'époque cherchent désespérément à retrouver l'ordre perdu. Stoïciens et Épicuriens s'efforcent de redéfinir la « ligne juste » de la consommation. Le fléau de la balance oscille entre le trop ou le pas assez. Toute logique des besoins est impossible lorsqu'elle « oublie » le producteur.

Et le Sauvage ? N'est-il pas un autre exemple de l'innocence de la consommation libidinale, ludique, marginale ? Bien au contraire. En ces modes de production primitive, l'ordre social régit une économie de la rareté. Aussi, c'est une société de l'étatisation radicale[50]. Et sans que le travail social soit diversifié : sans appareil d'État. État alors totalement intériorisé, tellement est forte la pression des totems et des tabous qui garantissent le mode de production. Il faut survivre. Aucune marge de sécurité. Le besoin ne pourra être maîtrisé, presque maîtrisé, que par une mécanisation totale du fonctionnement du groupe, de la tribu (système de parenté, en particulier).

Mais le potlatch ? N'est-il pas justement la preuve du surplus ? La fête ? Le gaspillage ? La destruction somptuaire des richesses ?

Certes, oui, et c'est pour cela justement que nous utilisons

50. Cf. *Néo-fascisme et Idéologie du désir*.

le terme de potlatch pour caractériser un certain ordre de dépense de la civilisation capitaliste. Trois analogies : consommation de surplus ; dépense ostentatoire, somptuaire, illimitée ; pour instaurer une hiérarchie sociale qui ne relève pas du procès de production mais du procès de consommation. Mais analogies formelles qui expriment des significations politiques et culturelles très différentes.

Le potlatch du Sauvage instaure un système de contraintes sociales, au-delà des biens de subsistance, par ce qui s'avère un système collectif de redistribution, de circulation des richesses. C'est un échange collectif très contraignant, coercitif et répressif, en définitive, qui interdit toute consommation de type libertaire. Alors que le capitalisme propose les moyens, les extraordinaires moyens de la réalisation libidinale, ludique, marginale de l'atome social. De l'individu en tant qu'individu.

Et dans son principe, cette consommation est transgressive. Contre l'État, le père, les institutions, la société, etc. Car le capitalisme a instauré un espace social qui n'existe pas chez le primitif : celui de la société civile. Sphère sociale des besoins issus de la production capitaliste : lieu d'expression a priori des valeurs libérales, d'un désir qui ne fait que réaliser la concupiscence d'une économie de marché qui s'est totalement substituée à l'économie étatique originelle. Alors ce désir est subversif, par essence. Puisqu'il exprime le libéralisme économique qui, pour se développer, a dû liquider les blocages sociaux originels.

La fête et le potlatch — du Sauvage — consacrent l'ordre étatique. Celui d'un collectif tellement structuré que toute dépense ne peut que ratifier la volonté générale. Alors qu'au contraire la consommation individualiste ratifie le désordre établi par les incitations libidinales de la société civile. Une certaine ethnologie a voulu faire du potlatch la preuve du mépris de la possession. Il témoignerait d'un échange symbolique pur, du dédain de l'avoir. Pour faire honte à l'occidental, aliéné dans l'échange de l'économie de marché.

Mais ce potlatch n'est-il pas celui de l'ethnologue plutôt que celui du Sauvage ? L'ethnologue — occidental — n'a-t-il pas transféré dans une nature idéale son idéologie idéaliste ? N'a-t-il pas inventé un lieu d'innocence antéprédicative, prédiscursive ? L'Éden d'avant l'histoire. Et le rêve d'une consommation libidinale, ludique, marginale n'a-t-il pas été légitimé par cette innocence inventée du potlatch ?

N'y aurait-il pas potlatch et potlatch ? Sous ses dehors somptuaires, un certain potlatch serait-il vraiment tellement différent de l'économie de marché ? Il est d'abord l'accession à une pacification, l'ennemi tribal devenant partenaire, puis promotion d'un échange qui correspond à une conquête de marché. Derrière le rêve ethnologique se cache toute une stratégie insoupçonnée. Elle est inconsciente car pré-économie politique. Cadeau, pot-de-vin, frime, troc, alliance : l'économie politique n'a pas encore élaboré ses catégories spécifiques.

Le potlatch : première pub ? Et pub totale. Pub des pubs. Phénomène social total qui engage toute la structure sociale. Il faudrait renverser alors la relation établie par l'idéalisme de l'ethnologue. Le lieu de l'antéprédicatif, loin d'être celui de l'innocence, le merveilleux exemple de l'échange symbolique pur, non mercantile, serait au contraire un merveilleux exemple pour l'économie capitaliste. Celui d'une pub intégrale, structurale, modèle économique qui modèle tout le relationnel. Le Sauvage montrerait le procédé le plus efficace de l'économie de marché : la pub doit gérer l'intimité même des relations humaines ; pub étatisée, modèle d'échange devenu structure du relationnel.

Quelles que soient les analogies apparentes ou réelles, en aucune civilisation, en aucun mode de production il n'y a eu l'équivalent de l'actuelle consommation mondaine. Celle qui est autorisée par la société civile, sphère de besoins spécifiques du mode de production capitaliste. Mode de consommation issu de l'extorsion de la plus-value.

Le potlatch du Sauvage — en tous les cas — s'avère l'ordre étatique (d'un collectivisme). Il a fonction d'interdire la marginalisation par la consommation. Au contraire, la consommation mondaine est celle d'un atome social. C'est une consommation — transgressive, libertaire, anti-sociale.

La décadence du paganisme est celle d'un mode de production. Au contraire, la consommation mondaine que nous avons définie est celle de l'ascendance de ce mode de production ultime du capitalisme. Elle témoigne de la toute-puissance de l'impérialisme économique sur les âmes et les cœurs : l'aliénation mondaine.

L'idéologie du désir — idéologie de la société civile — a permis la récupération de toutes les oppositions traditionnelles, celles de l'humanisme libéral. C'est un phénomène d'une énorme importance : le système a récupéré son opposition de gauche. Et il l'a même intégrée dans son idéologie, comme promotion de vente des produits libidinaux, ludiques, marginaux qui sont la promotion de vente des autres produits fabriqués (Foucault, pub de Trigano ; Trigano, pub de l'industrie du loisir et du plaisir ; celle-ci pub de la société industrielle capitaliste). Il n'y a plus d'opposition culturelle, de l'intellectuel en tant qu'intellectuel, de l'intelligentsia. Le consensus idéologique est acquis.

Il faut souligner que l'idéologie freudo-marxiste — essentielle composante de l'idéologie social-démocrate — a connu sa croissance et son expansion dans la période d'ascendance du capitalisme monopoliste d'État. Pour culminer et connaître son apothéose en Mai 68 (estudiantin). C'est l'idéologie de la consommation libidinale, ludique, marginale autorisée par la totale expansion de la société civile. Ce n'est pas une idéologie de décadence mais d'ascendance. La « démoralisation de l'Occident » témoigne de la toute puissance du capitalisme et de la foudroyante progression de la social-démocratie libertaire. Le capitalisme a intégré dans le système toutes les oppositions extérieures à la classe ouvrière et au procès du travail. Aussi ne peut-on considérer comme décadentes une idéologie et des mœurs qui garantissent un tel pouvoir. Réaliser une telle intégration et récupération est le signe même de la vitalité, de la pugnacité du néo-capitalisme.

Oui, mais : la crise ? Crise incluse dans la croissance. Crise du capitalisme et non extérieure au système. Car c'est la croissance elle-même qui révèle les contradictions internes du capitalisme. L'impossibilité de tenir les promesses du rêve américain, du freudo-marxisme, du libéralisme avancé jusqu'à la social-démocratie libertaire.

3. *Le potlatch d'une part de la plus-value*

a) La consommation du manque de l'autre et l'exploitation mondaine de la hiérarchie sociale

La genèse de l'innocence est l'accession à la consommation mondaine. Monstrueuse innocence : potlatch d'une part de la plus-value. Parasitisme social d'une extraordinaire « richesse » idéologique, aux multiples formes et masques.

Une part de la plus-value, donc, après extorsion, n'est ni réinvestie, ni capitalisée. Mais dépensée. Cette dépense va déterminer la double composante économico-politique de la consommation mondaine.

Alors le mondain s'affirme bien comme le lieu privilégié du système capitaliste. Lieu de réalisation et de synthèse. Cette catégorie est l'articulation de l'idéologie de la consommation et de l'économie du marché. Le mondain révèle le fonctionnement de la société civile.

Ce qui est dépensé est aussi une part, une quantité de travail (cf. *Le Capital*). Mais alors que le Sauvage, par le potlatch dépense (et gaspille) sa propre production, il s'agit — au niveau de l'économie capitaliste — de la dépense, de la consommation, du gaspillage de la production de l'Autre : la classe ouvrière.

En sa nature, donc, la consommation du surplus — la part de la plus-value — correspond au manque de consommation du producteur. Tel est le principe des correspondances entre le procès de production et le procès de consommation. Loi sommaire, brutale. (Et que l'honnête homme ne nous reproche pas un mécanicisme qui n'est autre que celui du capitalisme. Nous ne faisons que reconstituer simplement le fonctionnement de ses lois élémentaires, sommaires, brutales.)

En son fondement économique, la consommation mondaine du surplus est aussi la consommation, si l'on peut dire, du manque de l'Autre. Par la dépense, se confondent et s'exaltent réciproquement la consommation du surplus et la privation du nécessaire. Nous avons là les deux données constitutives du mondain (du nouvel échange instauré par le néo-capitalisme).

En son fondement anthropologique, la consommation mondaine — la symbolique de l'échange du néo-capitalisme — sera aussi cette monstrueuse synthèse : le surplus — de l'un — est le manque — de l'autre. Et l'usage mondain n'est autre que la *consommation* de cette situation économique. Situation objective des rapports du procès de travail et du procès de consommation vécue sous une forme esthétique.

Nous disons bien : le mondain, en son essence, est cette *jouissance* des rapports de production. Par le mondain, deux principes économiques font une synthèse anthropologique. Surgit une existence spécifique : de par le manque de l'un, le surplus de l'autre. Chaque terme n'a d'existence que par l'autre.

Tout banalement dit : la jouissance mondaine est la jouissance de l'exploitation de l'homme par l'homme. Ce qui fait le charme de la consommation du surplus, c'est bien sûr la consommation, mais parce qu'elle est l'exploitation de l'homme par l'homme. C'est parce que l'autre n'a pas le nécessaire.

Il s'agit là d'une situation objective : celle des rapports de production. Et il s'agit du lieu objectif de l'inconscient. Celui que la psychanalyse doit cacher. Le mondain est l'expression structurale des rapports de classe. Il est, de l'inter-subjectivité, ce qui n'a pas besoin de se savoir pour être.

La jouissance mondaine, en son essence de classe, est le reflet de ces rapports. Elle est essentiellement, pour employer un mot en vogue, sadique. Mais d'un sadisme objectif, enfoui dans les rapports de classe. Ce n'est pas une intentionnalité maligne. Mais une situation objective, tellement réelle qu'elle n'a pas besoin de s'éprouver subjectivement. Et elle ne doit pas s'expliciter. Elle doit rester un rapport impersonnel, anonyme. Ce sadisme ne s'adresse pas aux personnes. Mais à une classe sociale. L'intersubjectivité n'a pas à le reconnaître.

Ce n'est que dans les périodes de crise, de situation paroxystique, de bouleversement social que certaines personnes vivront subjectivement, explicitement cette situation : Sade. Alors la reconnaissance amoureuse — du mondain — devient sadomasochiste. La crise est telle que les rapports de classes sont éprouvés — subjectivement — en leur essence. L'autre devra être victime et bourreau.

Cette essence de la consommation mondaine — jouissance du surplus en tant que privation de l'autre — est évidente pour le luxe. Par exemple la haute couture. C'est le travail de la cousette qui fait l'éclat d'une toilette. La peine de l'une est la joie de l'autre. Le luxe est le reflet inversé de la misère. Cela était évident, aussi, pour la morale traditionnelle. Celle d'avant le freudo-marxisme. L'économie familiale contraignait l'enfant à ne rien gaspiller. Exemple : les habits du dimanche, ou ne pas laisser de restes, à table.

La consommation mondaine est bien essentiellement une dégustation de classe. Un acte de participation à l'ordre social objectif. Acte « inconscient » de ratification. Non su comme tel. Ce qui est une autre source de jouissance : celle de la mauvaise foi, celle du jeu bourgeois qui cache son jeu. Mauvaise foi de la fausse innocence qui ainsi garantit son impunité. Alors qu'il s'agit d'une provocation objective, fondamentale, de classe.

Deuxième fonction idéologique de ce potlatch : marquer la *différence*. Non plus maintenant entre les classes sociales (bourgeoisie — classe ouvrière), entre les genres, mais entre les individus du même genre, dans la bourgeoisie.

La richesse est le moyen traditionnel de cette valorisation.

Les dépenses ostentatoires du riche, du parvenu proposent barrière et niveau. Les sociologues ont particulièrement bien étudié la dimension standing de la nouvelle sociabilité. Le genre de vie et les signes extérieurs de richesse sont devenus un repère fiscal (c'est dire leur importance).

Mais si le fric est un moyen de la différence, celle-ci ne peut se réduire à son usage. Le potlatch permet d'exprimer cette différence sans le fric. Et de snober. De snober même le riche et le fric. C'est le potlatch suprême : obtenir sans l'argent ce que les autres se disputent à prix d'or ! Potlatch d'une aristocratie. Modalités hyper-sélectives de l'échange mondain.

Obtenir un échange sans rien donner en échange ? Sans donner de l'argent ou une marchandise ? C'est apporter un au-delà de ces valeurs. Des signes très promotionnels et très hiérarchisants, ceux du vedettariat.

Ce pouvoir n'est possible qu'à un certain niveau de l'échange symbolique. Il faut proposer des conduites, des signes, des gestes si chargés de signification idéologique qu'ils sont directement opératoires. Des « Sésame ouvre-toi ». Pour autoriser une quasi-appropriation a priori du meilleur du libidinal, du ludique, du marginal. Des signes en or qui permettent comme un droit de cuissage idéologique. L'absolue appropriation totémique.

C'est par exemple et évidemment le pouvoir idéologique de la mode. Pouvoir de ses prescripteurs et diffuseurs. Ils bénéficient de tous les prestiges d'une séduction fonctionnelle. C'est surtout le pouvoir de la mode idéologique. Ce pouvoir doit être situé à trois niveaux : le prescripteur, le diffuseur, le consommateur. De Foucault à Jean Daniel, de celui-ci à la vulgate de la consommation transgressive, le gaucho de cafétéria, par exemple. (Nous avons déjà proposé le concept opératoire qui permet d'articuler tous les moments de ce pouvoir : la dérive de l'accumulation. Elle est le lieu de production et de circulation de l'idéologie mondaine de la social-démocratie libertaire.)

Ce pouvoir culturel permet de proposer au-delà des usages prestigieux des nouveaux objets, au-delà de leurs sémiologies d'usages, la quintessence de l'usage mondain. Alors l'idéologie saisit le vif, elle devient l'intentionnalité même du sujet. Elle est en lui plus lui-même que lui. Elle produit le nec plus ultra du mondain, les modèles existentiels, les œuvres esthétiques. Elle s'incarne même, son pouvoir étant tel que l'essence produit l'existence. Dans l'éternité, celle des archétypes : le hippie, le casseur, la vedette, l'animateur... le maître à penser.

Alors cette fétichisation du sujet devient le suprême totem. Ce sujet (l'individu qui s'est identifié à l'idéologie mondaine la plus avancée) peut se proposer lui-même comme objet d'échange du suprême potlatch. Nous sommes là au cœur de la séduction. Nous dévoilons son fonctionnement le plus intime. C'est-à-dire le plein pouvoir de l'idéologie.

L'économie politique de cet échange mondain est celle du donnant, donnant. L'un apporte la culture, l'autre sa jeunesse et sa beauté. L'un, les modèles, les signes, les styles ; l'autre, son corps. L'un apporte les sens de l'usage. L'autre permet l'usage des sens. L'un initie au genre, propose les manières, apporte les moyens (la drogue par exemple). L'autre accorde ses faveurs. Tel est l'échange du couple idéal de la social-démocratie libertaire. Tel est le principe — au sommet — de la libéralisation du libéralisme, le modèle de l'échange symbolique entre hommes et femmes qui se soumettent au système idéologique.

Par cet échange amoureux, le jeune et la femme accèdent à la culture. Au pouvoir — caché — de la culture social-démocrate. L'intellectuel de gauche, l'honnête homme (ce qu'il en reste) lui, accède au pouvoir sur le sexe, la jeunesse, la femme.

Double arrivisme. La séduction n'est qu'une stratégie politique : la procédure d'unification des couches moyennes pilotées par ces modèles existentiels. Elle est la soumission au système, la manière de s'échanger sur le marché mondain pour accéder au pouvoir. Celui-ci a une double face : le pouvoir politique et le pouvoir du sexe. La social-démocratie libertaire permet leur synthèse, le pouvoir suprême.

Par cette modalité de l'échange symbolique — stratégie de la séduction — nous avons établi une modalité du *don* qui snobe même le fric. Ce suprême potlatch est l'accès à la plus belle différence. Il permet la sélection et la hiérarchie mondaine par la *dépense* provocante des signifiants mondains et de la libido. On accède à ce que l'on ne peut pas avoir par le fric, mais par la culture.

Ce à quoi et à qui le fric fera la cour. Pour apporter — discrètement, selon de savants détours — un support financier à ce suprême potlatch mondain. Les idéologues de la social-démocratie qualifieront cette ultime phase de récupération. Alors qu'il s'agit d'un moment privilégié du passage du modèle sélectif à l'usage de masse. Moment qui marque une continuité et non une différence.

Telles sont les deux caractéristiques du potlatch de la plus-value. Double racine du snobisme « objectif » : le mépris du travailleur-producteur et la hiérarchisation de la consommation mondaine. Ce sont deux qualités a priori qui modèlent tout usage mondain. Et toute autre signification affective ne sera que qualité seconde (en particulier les intentions de la belle âme gauchisante).

b) Le service de promotion de vente d'une civilisation. De la mode au mondain : de la valeur d'usage à la valeur d'échange

Ce potlatch est bien plus que la valorisation mondaine de la bourgeoisie. Il a aussi, et peut-être avant tout, une fonction économique. Il est le service promotionnel du capitalisme.

La part de la plus-value, qu'est le potlatch, est certes dépensée. Non réinvestie. Mais dépense qui, en définitive, s'avère rentable. Et qui est même le moteur de l'économie de marché. Le service promotionnel de la société civile.

Nous sommes maintenant au lieu même de l'articulation de l'idéologie et de l'économie de marché. C'est le pourquoi et le comment de l'idéologie du marché et de l'économie de l'idéologie. Les deux termes sont en une telle réciprocité que leurs attributions s'échangent. Marché et idéologie ne peuvent se comprendre que par cette complémentarité. Sans idéologie pas de marché. Sans marché pas d'idéologie.

C'est le lieu d'explication privilégié des rapports de l'infrastructure et de la superstructure. L'idéologie n'est pas que superstructurale. Le marché n'est pas qu'une pratique économique.

Les attributs mondains vont permettre la promotion de la marchandise : la mode. Nous en venons à sa toute dernière détermination. La mode est, étymologiquement, promotion de vente. En fin de parcours, elle est pure esthétique (les jolis arts, ceux de l'esthétisation de l'art). C'est ce parcours qui révèle l'essence de la mode, l'essence du mondain. L'origine économique du phénomène (de la mode) explique l'esthétisme de son expression dernière. La compromission mercantile de l'origine est la raison de l'achèvement esthétisant. De l'une à l'autre, il y a, en définitive, rapports d'expression. Le mercantile produit de l'esthétisme comme celui-ci du mercantile. Esthètes et technocrates sont la double face du système[51].

Le modèle d'usage est la façon de signifier l'idéologie dans et par l'utilisation de l'objet. La mode est le processus d'intégration qualitative du nouvel objet dans l'univers des objets et de ses usages. Et c'est par et dans l'ensemble que tel objet et tel usage prennent leur signification idéologique.

La mode est la promotion du système des objets. À deux niveaux. C'est d'abord le système des objets de l'initiation mondaine. Nous l'avons défini par la phénoménologie des usages mondains (de la première partie). C'est ensuite la fonction symbolique de l'usage, l'a priori idéologique qui préside à tout usage. Toute fonction de l'objet sera récupérée par la signification idéologique de son usage.

Au premier niveau, celui du dressage mondain par l'usage mondain, le capitalisme impose une consommation libidinale, ludique, marginale. Des a priori, des empreintes, des automatismes. Pour qu'ils modèlent ensuite tout usage fonctionnel et même la consommation de subsistance. De telle manière que toute production est obligatoirement estampillée de son usage mondain, promotionnel.

La valorisation idéologique de la marchandise est le rôle capital de la mode. Toute mode est le plus beau des potlatchs de la plus-value. La dépense de prestige qui est la plus belle

51. Un exemple spectaculaire : le design.

marque hiérarchique. Elle est le mode d'emploi de l'idéologie. Comme mode d'emploi de l'objet.

Il n'y a de mode que parce qu'il y a des objets à vendre. La mode est le corollaire de la marchandise. Elle est la première et essentielle conquête du marché. Le meilleur des modèles de consommation de la production des autres.

Mais la caractéristique essentielle du phénomène (de la mode) est de faire oublier cette fonction mercantile, essentielle de l'économie de marché. L'économique doit disparaître sous le signifiant. La fonction esthétique doit cacher la fonction économique.

La mode, d'abord naïve promotion de la production, se déploie selon deux sphères spécifiques du mondain. De mode d'emploi au moment de l'apparition d'un objet nouveau sur le marché, elle devient indifférente à l'objet, s'en détache, pour n'être que manières du relationnel, systématiques d'usages de groupes. La mode est passée du fonctionnel au relationnel. De la mode au mondain.

Nous avons longuement essayé de montrer que le signe s'éloigne de la fonction jusqu'à se faire autonome pour inverser l'ordre des choses : alors le signifiant. Tout un système très sélectif s'instaure : celui du pouvoir mondain de cette sémiologie qui fonctionne non plus sur les objets, mais sur les personnes. Ce système s'organise à partir du système des objets de l'initiation mondaine jusqu'aux archétypes du mondain (le hippie, le casseur). En passant par l'esthétisation des arts de la modernité.

L'autre sphère spécifique du relationnel mondain qui se déploie parallèlement à l'usage sélectif : l'usage prosaïque, celui de la consommation libidinale, ludique, marginale de chez Castel, Régine, du Club Méditerranée, d'Ibiza, des stations de l'industrie du loisir, de la fièvre du samedi soir. L'usage de la mode tend à se banaliser et à se vulgariser à l'extrême. À la limite, le potlatch de la plus-value se consomme en famille (la maison de campagne).

Deux aspects, donc, de la mode : celui du mode d'emploi de l'objet et celui du mode d'emploi de l'autre. Double face du mondain. La mode a porté la valeur idéologique de l'objet dans la valeur relationnelle. Le mode d'emploi, de l'objet, est devenu le mode d'emploi de l'autre. Certes, l'objet étymologique a disparu du champ usuel. Mais sa valeur d'usage est devenue la valeur d'échange.

La mode est bien la réciproque exaltation de l'idéologique et de l'économique, de l'usage et de l'objet, de l'économie libidinale et de la libidinalité de l'économie. Elle est l'échange de la valeur d'usage et de la valeur d'échange. La réification de l'échange et l'idéologisation de l'usage. La promotion de la marchandise et la promotion mondaine s'engendrent réciproquement, symétriquement, harmonieusement. De l'esthétisation de la marchandise à l'esthétisation de la subjectivité, le capitalisme a réalisé le plus extraordinaire assujettissement de l'humain. Par le frivole, la très sérieuse stratégie du potlatch de la plus-value.

Mais ce potlatch n'est que le couronnement d'un édifice. Et il ne faudrait pas que cette description d'une réalité superstructurale fasse oublier l'infrastructure qui la porte. Aussi, faut-il rappeler :

1. Que la nouvelle mondanité — la nouvelle symbolique de l'échange — n'est que le « reflet », combien actif, d'une mutation fantastique de l'économie de marché. Elle marque le passage du capitalisme concurrentiel libéral au capitalisme monopoliste d'État. C'est une totale mutation économique et

une totale mutation des mentalités. En un peu moins d'une génération, un peu plus d'une décade, une extraordinaire contraction économique s'est accomplie. L'irrésistible étalement mondain de l'époque ne fait que rendre compte du saut qualitatif de la croissance économique.

2. Que le mondain lui-même est porté par une infrastructure. Le passage de la bourgeoisie traditionaliste au potlatch de la plus-value se réalise selon une nouvelle distribution des classes sociales. Dans *Le Frivole et le Sérieux* nous avons essayé de définir le moteur du changement. C'est un ensemble très complexe : la dérive de l'accumulation. Il articule : système de parenté, croissance économique, extension des secteurs de la production, statuts culturels. C'est le lieu sociologique de la transmutation de l'économique en culture. Tout un système de parenté se développe pour gérer le mondain. Chasse gardée, immense domaine de la nouvelle exploitation réservée au fils contestataire, énorme réservoir des nouveaux métiers[52].

Si une part de l'extorsion de la plus-value a été réinvestie dans l'économie libidinale, c'est qu'il y a une nouvelle source de profits. Et de nouvelles strates de classes qui en profitent. La dérive de l'accumulation nous a permis d'établir les modalités de l'implantation des couches sociales qui promeuvent le libéralisme avancé jusqu'à la social-démocratie libertaire.

4. Civilisation sensuelle : civilisation machinale

Civilisation mondaine, civilisation sensuelle, de la fausse innocence, du potlatch de la plus-value : civilisation machinale.

52. Cf. Michel Clouscard, *Critique du libéralisme libertaire*, Éditions Delga, 2005.

Nous entendons par machinal la soumission à l'animation machinale. Une machination — une idéologie, une stratégie — récupère le machinisme. Le mal ne vient pas de la société industrielle en tant que telle, de la civilisation de la machine, mais de la perversion idéologique qui produit en série les animaux-machines.

Animation machinale : civilisation capitaliste. Elle témoigne d'un double complot : contre la machine et contre l'âme. Elle est récupération du progrès et corruption spirituelle. Et les deux sont en réciprocité. En une relation d'engendrement réciproque. La récupération du progrès est à l'origine de l'avilissement moral. De même que celui-ci ne peut se développer que par les moyens de la production capitaliste.

L'idéologie tendanciellement dominante — celle du libéralisme avancé qui vire à la social-démocratie libertaire — a évidemment comme essentielle fonction de cacher cette structure de la civilisation capitaliste. Et même de l'inverser.

Résumons sa thématique. C'est celle de l'ultime promotion de la civilisation capitaliste. Et formidable ironie de l'histoire, c'est aussi celle de la prétendue opposition au système !

Le progrès aurait trouvé ses limites : pollutions et nuisances. La machine a engendré la société technicienne. Celle-ci la technocratie (et son corollaire : la bureaucratie étatique). La soumission à cette situation permet l'accession à la société de consommation. Celle-ci est la récupération de la classe ouvrière, qui s'embourgeoise. Le système se clôt sur lui-même, sur le désespoir de l'honnête homme. Mais une opposition se développe, une nouvelle révolution se prépare, une doctrine révolutionnaire est née. C'est la révolte de la sensibilité contre cette rationalité étatisée et répressive. Le degré zéro de croissance, l'écologie, la lutte contre les centrales atomiques en sont les manifestations les plus récentes.

L'origine, de cette philosophie antisystème, est rappelons-le, le freudo-marxisme : la prétendue révolte de l'authenticité libidinale, ludique, marginale — instinctuelle, naturelle — contre la consommation de la production de série du système. Les rejetons — en révolte — des couches moyennes émanciperont les travailleurs. Par l'Éros.

Nous venons de proposer un modèle idéologique qui se module bien sûr selon la conjoncture et la tendance politique, du gauchisme à l'ultra-libéralisme. Mais pour autant que les variantes semblent s'éloigner de ce modèle, celui-ci reste la référence commune de la nouvelle gauche. C'est l'idéologie qui tend à dominer les autres idéologies, en Occident.

Nous avons voulu dénoncer cette imposture. Il faut inverser les thèses qui fondent la civilisation capitaliste (celle de la gestion du libéralisme économique par la social-démocratie). La machine est innocente et la fausse innocence est coupable.

Cette dernière est la résultante de l'animation machinale. Sensualité et sensibilité se sont constituées par un certain *usage* — idéologique — de la machine et des objets qu'elle produit. Cette animation machinale est même devenue le machinal de l'inconscient (les archétypes). Et cette animation préside aux usages de masse.

Le vitalisme (l'aspect sauvage, barbare, instinctuel du mondain) n'est que le reflet du mécanisme. La machine a inscrit son fonctionnement dans la chair. Comme la machine fonctionne, fonctionne l'usage mondain. C'est le même déroulement d'un « programme » commun à la mécanique et à la chair.

C'est le mondain qui témoigne de la robotisation, du radical manque d'imagination de la nouvelle bourgeoisie. Toute la geste subversive et contestataire de l'étatisation technocratique n'est que jeu de machine. La statue dévide une bande, la programmation ludique, machinale, libidinale que le système propose en séries. C'est le grand renfermement du libéralisme monopoliste. Les animaux-machines vivent la vie machinale de l'animation machinale. En un premier moment une machine a produit l'usage. Puis l'usage a produit une autre machine, plus perfectionnée.

Si la machine fait aussi vite et aussi bien une sensibilité et si celle-ci fait aussi vite et aussi bien du machinal, n'est-ce pas la preuve que cette sensibilité est en ses origines et en ses fins, machinale ? Pure répétition d'un programme imposé. Cette soumission autorise la jouissance. Comme récompense.

La machine est innocente, par contre, en son usage fonctionnel. Elle est l'objectivation du progrès. Et d'un progrès au service du collectif. Elle permet une extraordinaire gamme de biens d'équipements. À quatre niveaux : biens d'équipements collectifs (électricité, transports, etc.) ; biens d'équipements mi-collectifs — mi-des ménages (eau courante, etc.) ; biens manufacturés des ménages (cuisine électrique, frigo, machine à laver, etc.), biens spécifiques à la vie de relation de la famille (voiture) et à ses distractions (télévision).

L'idéologie — essentiellement le freudo-marxisme — a cherché à faire croire que ces biens d'équipements étaient assimilables aux biens de consommation. (Pour prétendre que la classe ouvrière — qui en effet accède, relativement, à ce genre de biens — était intégrée dans le système). Mais ces biens ne témoignent, par eux-mêmes, d'aucun investissement libidinal. « Consomme »-t-on le tout à l'égout ou la machine à laver comme les biens de l'usage libidinal, ludique, marginal ? Comme le hasch ?

N'est-il pas d'ailleurs légitime que le travailleur accède à la possession des biens, des machines qu'il a produits ? Ce sont des biens utiles, des instruments qui facilitent le travail, le travail domestique (de la femme en particulier), les tâches ménagères. Ils permettent une vie meilleure, un certain bien-être (combien relatif) de la classe ouvrière. Sans autoriser pourtant une autre vie que la vie de subsistance. Niveau de vie et genre de vie restent radicalement différents de ceux de la consommation mondaine. (Différence de classe sociale).

L'usage de ces biens ne déborde pas leur fonction. Leur vertu progressiste est dans leur fonctionnalité, que la sensibilité mondaine ne peut réellement investir. Bien qu'elle essaie, par la publicité, et l'usage idéologique des media.

Deux types de biens, deux types d'usages : ceux du mondain et ceux du progrès. Il est vrai que les deux systèmes sont des effets du machinisme. Et l'OS, l'homme-outil, l'homme devenu outil de la machine, en est le symbole. Il est la forme extrême de l'aliénation.

Mais il faut bien voir que cette situation n'est pas inhérente à la production industrielle, mais qu'elle est l'effet de l'exploitation capitaliste. La moderne gestion de l'économie capitaliste a imposé un nouvel ordre, structural du temps de travail et du temps libre, de la production et de la consommation. Les deux moments essentiels de cette civilisation machinale, de la machination qui récupère le machinisme.

Premier moment : l'industrialisation a autorisé une énorme libération du temps de travail. Dans *Le Frivole et le Sérieux* nous en avons proposé une mesure spectaculaire : au Moyen Âge, il fallait 28 heures de travail abstrait pour une livre de pain. Maintenant, il suffit d'une demi-heure. L'industrialisation peut libérer l'humanité de la terreur (du manque), garantir la vie de subsistance en libérant tout un temps de travail qui avant ne suffisait même pas à acquérir le nécessaire pour vivre.

Deuxième moment : cette conquête du temps a été récupérée par la nouvelle bourgeoisie, comme temps marginal concret. Comme marginalités, ludicités, libidinalités du mondain. (Le meilleur symbole de cette récupération est le hippie.) Alors que les travailleurs, eux, ont à peine profité de cette libération dont ils sont pourtant la cause.

Aussi peut-on dire que la nouvelle aliénation, par le machinisme, n'est que le corollaire, l'effet des nouvelles marginalités, ludicités, libidinalités, autorisées par le détournement d'usage de la machine. Au potlatch de la plus-value correspond la nouvelle exploitation du travailleur. L'autre face de la consommation mondaine, c'est le productivisme, l'inflation, le chômage. Et c'est la classe ouvrière qui en est l'essentielle victime. L'autre face du hippie, c'est le travailleur étranger. À l'idéologie de la Fête correspond l'austérité sur les travailleurs. Au ministère du Temps libre, le chômage massif.

Oui la machine est libératrice. Et la fausse innocence — qui profite du capitalisme en condamnant toute société industrielle — est responsable, coupable.

D'un côté, la maîtrise de la technologie. En sa production et en son usage. Double maîtrise de la classe ouvrière. Double maîtrise du maître. (Celui que la psychanalyse ignore pour ne spéculer que sur son substitut, sa caricature : le père.) Double modalité du principe de réalité, en tant que réciprocité du procès de production et du procès de consommation.

De l'autre, la soumission à la technocratie : la consommation mondaine, la nouvelle sensibilité, la nouvelle bourgeoisie. Le principe de plaisir en tant que potlatch de la plus-value. Le parasitisme social camouflé sous les figures mondaines de la consommation plus ou moins transgressive.

Le machinisme a deux effets : la rationalité fonctionnelle et la sensibilité mondaine. Le bon usage du progrès. Et l'usage de la récupération du progrès.

Une machination s'oppose à une authentique libération. En inversant les propositions du libéralisme, nous dirons qu'une société technicienne devient technocratique — et bureaucratique — lorsque la machine sert à la consommation libidinale, ludique, marginale. Et par contre, une société technicienne devient socialiste lorsqu'elle permet la maîtrise du travail (par la nationalisation des fonctions productives) et l'autonomie du corps (par la maîtrise de la consommation).

D'un côté, la privatisation et... la récupération du progrès. Les deux vont de pair. C'est même la caractéristique de ce système ; les nationalisations ont été récupérées par l'État à des fins de privatisation, pour servir les intérêts particuliers. Grâce à l'État, l'extraordinaire expansion de l'industrie capitaliste du loisir et du plaisir. Le privatif s'étatise définitivement par le truchement du divertissement social-démocrate. La vie privée devenue vie de loisir est immédiatement gérée par les instances étatiques. La spontanéité libertaire, venue de la consommation-transgressive, du freudo-marxisme, du gauchisme, qui a cheminé des premiers émois, autour du flipper et du juke-box, jusqu'à Woodstock est, en fin de parcours, prise en charge par le ministère du Temps libre. La société assistée devient celle de la libido assistée.

Le sens idéologique de l'étymologie se dévoile sans vergogne en son accomplissement. La geste libertaire s'abandonne à l'État, dans la mesure où celui-ci accomplit ses désirs. Certes, c'est un processus de banalisation. Mais c'est aussi une « conquête de masse ». Le révolté, le transgresseur jette le masque : ce n'est qu'un veau. Le hasch sera en vente libre.

De l'autre côté, l'usage collectif du progrès. Le passage au socialisme. Dans la perspective du dépérissement de l'État. Et aussi du dépérissement du mondain, des modèles idéologiques de l'usage libidinal, ludique, marginal. La fin du terrorisme mondain. De son pouvoir nominaliste et de son formalisme esthétisant. Des idéologies dérivées de la consommation — transgressive. Des archétypes et des usages de masse de la social-démocratie libertaire.

Alors, l'interdit mondain écarté, la vraie vie. Celle d'un corps enfin libre qui ne sera plus soit seulement une force productive, soit seulement un moyen de jouissance. Un corps libéré de la vacuité ludique et de la nécessité économique[53]. Un corps qui ne sera plus outil de travail et qui ne sera plus objet de fantasme. C'est le corps de la civilisation socialiste (le corps anti-social-démocrate). Alors la double aliénation du sensible sera dépassée. Le corps sera réconcilié avec lui-même.

La société de classes a formalisé le sensible selon une terrible contradiction : le plaisir et le « chagrin », c'est-à-dire le travail, la peine (la psychanalyse a voulu camoufler cette réalité — la jouissance de l'un par l'exploitation de l'autre — en un antagonisme symbolique et arbitraire : principe de plaisir et principe de réalité). La société socialiste sera la fin de la contradiction intime, subjective.

53. Cf. *L'Être et le code*.

B. — SON APOGÉE : L'INFORMATISATION DE LA SOCIÉTÉ AU SERVICE DE LA CONVIVIALITÉ

1. La maison de campagne, lieu de toutes les réconciliations

L'informatisation de la société, au service de la convivialité, sera l'idéologie humaniste de la nouvelle société social-démocrate. Cette idéologie est une synthèse. Celle des deux dynamiques, apparemment opposées, constitutives du système. Cette synthèse n'est possible que lorsque chaque composante s'est accomplie en sa perfection. Il a fallu que l'animation en vienne à la convivialité. Et que la technocratie accède à l'informatisation.

La mondanité — le mode d'emploi de la consommation de la nouvelle bourgeoisie — aura connu trois grandes périodes. L'implantation sauvage, d'abord. Celle de la bande, de la subversion. Le règne du provo, du rock, du rythme, du hasch. Il fallait proposer des modèles de rupture, percutants, violents.

Puis l'implantation de masse. Les usages mondains selon les trois niveaux de la nouvelle hiérarchie sociale. À l'usage des élites, des couches moyennes, du populaire. La pesanteur sociologique du mondain.

Enfin, la dernière période : après le surgissement du modèle et la vulgarisation des usages, voici l'informatisation au service de la convivialité.

Alors le système en est à sa vitesse de croisière. « La société de consommation » — celle de la nouvelle bourgeoisie qui exclut la classe ouvrière, mais qui cherche à la séduire et à la manipuler — accède à son idéologie « humaniste ». La convivialité est le meilleur usage de la société de « consommation ». Le mode d'emploi des modes d'emploi, celui qui subsume tous les moments de l'accession à la consommation mondaine.

C'est une loi de la production idéologique: le discours humaniste surgit comme couronnement d'une systématique d'usages. Un discours théorique justifie dans une perspective universelle des intérêts de classe. Cette théorisation philosophique surgit à chaque moment important de la croissance du mode de production.

L'humanisme écologisant sera le véhicule de la bonne volonté (celle qui pave l'enfer), de l'idéologie. Il permet de développer un discours bienveillant, cordial, généreux même. Cet aspect humain s'épanouit d'abord dans le paternalisme.

La modernité humaniste va faire de ce nouveau père un grand frère. Le paternalisme va se donner une dimension protectrice et organisationnelle qui rend encore plus « humain » l'humanisme du capitalisme. La larme à l'œil du radical-socialiste sincère deviendra celle du social-démocrate convaincu, pathos revu et corrigé par les *public-relations* de l'américanisation. L'animation idéologique du pouvoir politique et économique sera la synthèse de ces deux dynamiques, l'une venue de la IIIe République, l'autre inspirée du régime présidentiel.

À un certain moment de la croissance — à son zénith — cette animation idéologique, des grands commis de l'état et des grands managers des multinationales, va rencontrer l'animation idéologique que nous venons de reconstituer (l'animation machinale du mondain). Pour une synthèse au sommet, humaniste. Synthèse de la dynamique contestataire, subversive, écologique et de la dynamique organisationnelle des *public-relations* et des techniques nouvelles de l'informatisation et de la communication.

Le lieu de synthèse ? La maison de campagne. Celle-ci sera le symbole de la rencontre et de la réconciliation des deux grands systèmes d'exploitation et de profits du système. Nous en ferons le symbole de la nouvelle société, du nouvel humanisme. Et le moyen de leur explication.

La France de l'UDR — de la gestion gaulliste — est un merveilleux exemple de l'arrivisme économique, politique, culturel. Elle a mis en place tout un nouveau système de profit et de réinvestissement de ce profit. Une nouvelle forme de classe — avec grande, moyenne, petite-bourgeoisie — est apparue. Nouvelle classe sociale qui est l'essentielle profiteuse du système.

Son parcours est urbanistique : de la spéculation immobilière à la maison de campagne. Des cabanes à lapins de Pompidou à la somptueuse résidence secondaire. Le profit fait sur la ville est réinvesti (partiellement) à la campagne. (Comme la bourgeoisie d'argent l'a toujours fait depuis le Moyen Âge.)

Trois moments « socio-culturels » de cette spéculation. D'abord, la désertification des campagnes : envoyer les paysans et les habitants des petits bourgs travailler dans les grandes villes et dans la banlieue parisienne (et expédier aussi les travailleurs de Paris dans la banlieue). Puis, alors, racheter à vil prix terres et maisons. Enfin, par la loi sur les plus-values, empêcher d'autres parvenus, trop tard parvenus, de faire ces spéculations. (Le hippie se situe, lui aussi, dans cette mouvance. Comme un charognard, il s'installe dans la misère rurale. De la désertification, il fait un décor bucolique. De la restauration archaïque et artisanale — au noir — une source de revenus). Liquidation de la Vieille France, réinvestissement des profits de l'industrie et du commerce, bucolisme écologisant : triple dimension de la résidence secondaire qui entrelace les acquis de la technocratisation et les rêveries champêtres des arrivistes et parvenus.

Autant l'implantation des usages mondains de la civilisation capitaliste témoigne d'un arrivisme sauvage, d'un narcissisme vulgaire, d'une libido arrogante, autant la maîtrise des techniques et des moments de la consommation mondaine témoigne de la convivialité.

C'est le moment de la halte. Du repos. La maison de campagne était nécessaire à la consommation mondaine. On aime se reposer auprès d'un bon feu de bois. Après la promiscuité libidinale des marginalités mondaines, la campagne sauvage. Les autochtones, ça change quand même des têtes du cosmopolitisme de l'industrie du loisir. Et puis, à la maison de campagne, il y a aussi tout ce qu'il faut. On peut, entre intimes, à l'occasion, s'y éclater encore, tranquillement.

Ayant usé et abusé de toutes les animations, prêt à repartir vers de nouveaux rivages, le nouveau bourgeois se repose en sa maison de campagne, relais et pivot de sa prodigieuse migration mondaine (reflet inversé de la migration du travailleur rural qu'il a délogé).

La convivialité dit bien l'humeur cordiale, réjouie, joviale, hilare même, de la nouvelle bourgeoisie qui a réussi. L'idéologie de la participation, à la ville, devient, à la campagne, la convivialité. Moment du potlatch, de l'étalement des richesses et des (petits) cadeaux somptuaires. À la ville, on s'accroche, on fonce, on se bat. À la campagne, on se relaxe. On reçoit les amis. On exhibe sa réussite. On la fête.

Plus de fébrilité. Les jeux sont faits. La bande a triomphé. Elle est devenue caste ou strate de classe même, sélectionnée par le système. Le prolétariat ? C'est une notion périmée, archaïque, qui fait sourire. On peut, entre vieux copains, se rappeler les vieux souvenirs, le temps de la vache enragée. Après s'être partagé les profits. À ce festin, cordial et jovial — et il y a de quoi — on peut même inviter un pauvre. Au bout de la table. Pour le dessert (ça porte bonheur).

Mais l'invité le plus attendu, c'est le fils. Et le plus inattendu. Le plus fêté. Son arrivée surprise, inopinée, sera un grand moment familial. Le couronnement de la convivialité : le père consent à passer l'éponge sur bien des choses. Son humeur champêtre, accueillante, bienveillante, surprend et touche le fils prodigue, un peu penaud et embarrassé. Et le père — le système — va même offrir au fils révolté le décor de ses rêves : une nature sauvage. La réalité même du rêve hippie. Un ailleurs sans l'autre (sans le producteur). Nature sauvage qui n'est autre qu'une nature longtemps travaillée, humanisée puis abandonnée. Nature faussement sauvage : désertifiée. Une certaine campagne a été désencombrée de sa praxis, de l'animation industrieuse d'avant la mainmise de l'UDR sur le territoire rural, d'avant la migration imposée par l'industrialisation capitaliste. Elle est devenue le décor rêvé du fantasme hippie : une nature bucolique, désertique, solitaire, aux villages abandonnés, aux maisons en ruine... Pourquoi le fils repartirait-il chercher en un ailleurs dont il a éprouvé l'inconfort ce qu'il a sous la main ? Et puis, à la maison de campagne, il pourra installer la chaîne hi-fi, tous les gadgets. Et avec sa moto...

Le grand moment de la réconciliation, du père et du fils, ce sera la commune restauration, dont on parle depuis des années, tout en rustique. Le père apporte le fric. Le fils ses visions. Et la main-d'œuvre à bon marché. Celle du travail noir : les copains des Arts déco, les hippies — ex-hippies — reconvertis dans l'artisanat d'art, etc.

On s'était fâché à la ville (après le résultat des examens) ; on se réconcilie à la campagne. La comédie bourgeoise — comédie familiale — en est à l'une de ses dernières scènes. C'est au cœur de la famille que le système réconcilie le profiteur qui a créé le système et celui qui le consomme. On se redécouvre. Le père écologise et le fils bricole : « s'il voulait » dira le père. Et la mère de répondre : « ce qu'il est doué ». Ensemble on va traquer les antiquaires de la région. On accumule, on engrange les objets les plus variés. Des plus archaïques aux plus sophistiqués. Le système des objets atteint sa plénitude. Le père rafistole la vieille bagnole découverte par un coup de veine inouïe, dans une vieille grange. Ou le vieux meuble que le « père Machin » a enfin lâché. Le fils s'affaire entre la tondeuse à gazon, sa moto et sa chaîne hi-fi. La mère astique les chaudrons âprement marchandés chez le brocanteur du village. Et la fille promène ses rêveries bucoliques, du retour aux sources, à bicyclette.

Tout le monde est devenu copain. La convivialité a triomphé des conflits familiaux. (Ceux du frère et de la sœur, du père et du fils, du mari et de la femme). Elle a apporté la solution moderne, pragmatique à des problèmes d'avant la maison de campagne.

On tue le veau d'or. Le père invitera les copains et les copines du fils. Le fils sera copain avec les copains du père et de la sœur (brochettes). Les deux générations vont s'inviter. La convivialité est bien l'idéologie de la réconciliation des deux courants constitutifs du système et jusqu'alors radicalement opposés : celui de la techno-structure et celui de l'émancipation libertaire. Ce qui veut dire que le système a atteint un équilibre décisif, structural. Toutes les formes antérieures ont été dépassées et intégrées dans un ensemble qui n'autorise plus les outrances et exactions qui ont pu être nécessaires pour écarter et effacer la société traditionnelle. Maintenant, il s'agit de gérer un acquis. Comme après toute révolution, lorsque la situation apparaît irréversible. Il faut normaliser, institutionnaliser. La nouvelle consommation mondaine, après avoir jeté sa gourme, usé et abusé du libidinal et du ludique, doit s'apaiser. Elle s'installe à la maison de campagne.

C'est l'étape-repos. Elle est un accomplissement et un commencement. Elle est la fin de l'émancipation-transgressive. Et le commencement du libéralisme avancé jusqu'à la social-démocratie libertaire. La médiation bucolique de la maison de campagne permet de passer du gauchisme au PSU. La maison de campagne est l'articulation entre l'arrivisme et l'arrivé.

La société traditionnelle — de l'avoir sans la jouissance — a été liquidée par la nouvelle société de la jouissance sans l'avoir. Plus de combats d'arrière-garde. Mais au contraire, la paix des braves : la jouissance sans l'avoir se complète de l'avoir de la jouissance. La nouvelle bourgeoisie a intégré la consommation mondaine d'avant-garde dans la tradition bourgeoise. La France est centre-gauche : social-démocratie libertaire.

Et on convivialise en diable. On invite tout le monde, pour un potlatch bon enfant. Les hobereaux ruinés du coin, pour leur montrer ce qu'ils ont perdu. Les amis enrichis pour leur montrer qu'on est plus riche qu'eux. Et si on n'est pas plus riche que l'on a plus de goût, que l'on est artiste. Les amis des enfants, pour s'en faire des amis et contrôler les enfants. Le directeur, pour lui faire la cour.

On sympathise avec le curé du coin (s'il en reste un). Mon curé chez les riches. Vieille structure. Un intégriste, c'est l'idéal : « Ce qu'il est marrant ». Avec l'instituteur, quand il est gauchiste. Mon gauchiste chez les riches. Nouvelle structure : « Au fond, il a raison. » Avec les indigènes, main-d'œuvre à bon marché, si on sait y faire. On s'en sort avec de bonnes paroles et un bon verre. Ce n'est pas du travail au noir. C'est de l'entraide. Pour entretenir la pelouse, tailler les arbres, faire un garage. Les braves gens du coin feront aussi le gardiennage. Ils surveilleront la propriété, en hiver.

2. La social-démocratie libertaire, comme solution des contradictions du libéralisme avancé

Cette convivialité est une structure relationnelle essentielle de la nouvelle société et d'abord modèle de la réconciliation du père et du fils, de la production technostructurale et de la consommation libertaire, de la France du nouvel avoir et de celle de la jouissance, elle va s'élargir en structure de civilisation (du loisir).

La convivialité devient une forme de sociabilité a priori. Celle de la vraie « société de consommation » (ludique, libidinale, marginale). Forme qui modèle la gestion industrielle et mondiale du divertissement social-démocrate. Elle est le contrat tacite entre les consommateurs et entre ces consommateurs accomplis que sont les parfaits touristes. Et elle doit être aussi le mode d'échange entre le touriste et l'indigène. Entre le nouvel exploitant et l'exploité de toujours.

Cette qualité de vie est l'impératif catégorique du néo-colonialisme écologisant. Car l'industrie du tourisme, du loisir, du plaisir — sous ses multiples aspects — n'est autre que cette forme combien sournoise de l'impérialisme économique et culturel. Que ce soit à l'intérieur — à la maison de campagne — ou à l'étranger — au Maroc, à Ibiza, etc. — il faut « être bien » avec l'indigène. Le considérer, le flatter même. Pour bénéficier du meilleur service, de la meilleure qualité de vie, du meilleur usage.

Le contrat d'amabilité, de convivialité engage les deux partis. Le touriste apporte les devises, consent au « service » et accorde même le pourboire. En toute bienveillance, amabilité, sincérité. Il vient consommer de la qualité de la vie. C'est-à-dire les modalités ludiques, libidinales, marginales offertes par ce néo-colonialisme. Il n'a aucune intention agressive. Faisons l'amour, pas la guerre.

Aussi ne veut-il pas être trompé sur la marchandise. Le service de l'indigène doit satisfaire son empathie touristique. La convivialité est une réciprocité : l'indigène doit savoir offrir les services adéquats : artisanat d'art, prostitution, spécialités culinaires, gentillesse, etc. D'une manière pittoresque et spontanée. Ces services font partie de l'environnement. De la qualité de vie. L'animation idéologique est devenue le nouvel humanisme. Les public-relations en sont les véhicules et les métiers. La convivialité est la morale de « la société de consommation ».

Mais l'internationalisation, et même la mondialisation de l'industrie du loisir (et de la société qu'elle modèle) pose d'énormes problèmes d'organisation et de gestion.

Ne serait-ce que pour une gestion immédiate de cette industrie du loisir. Comment concilier les rythmes scolaires, la meilleure rentabilité des stations de neige ou balnéaires ou thermales, la circulation automobile et le budget familial des loisirs ? Et à moyenne échéance, étant donné l'augmentation du prix de l'essence, le nombre de chômeurs et le taux de scolarisation, l'augmentation des salaires et la construction des autoroutes, quelle industrie automobile, quelle voiture de tourisme, quelle chaîne de montage ?

À longue échéance, il faut prévoir l'évolution structurale de la social-démocratie : articuler le procès de production et le procès de consommation. Pour établir l'équilibre entre la quantité de chômeurs possible et la qualité du loisir proposé. Et moduler le tout selon l'âge, le sexe, la profession.

Dans les trois cas, cela doit se faire à la gloire de la social-démocratie libertaire. Il faut donc aussi concilier le profit et l'idéologie, la séduction des masses et leur exploitation. C'est ce que l'informatisation de la société devra réaliser. C'est le fameux rapport Nora. Déjà, Bison Futé était au service du barbecue. Mais ce n'était là qu'une esquisse, un aspect local du problème. L'informatisation sera un super-plan. Elle se mettra au service de la convivialité[54].

Évidemment, cette intrusion de l'ordinateur dans la vie de loisir — qui est devenue la vie privée, comme la vie privée est devenue la vie de loisir — pose des problèmes humanistes à l'idéologie convivialiste, unanimiste, écologiste du loisir. L'ordinateur n'est-il pas réputé être le flic, l'État, la machine, la logique, l'ennemi de toujours de la spontanéité ludique, marginale, libidinale ?

L'idéologie humaniste et libertaire va se trahir et révéler son opportunisme. L'humanisme va apparaître comme le lieu

54. C'est la réconciliation des deux France, régalienne et conviviale.

de réconciliation de la bourgeoisie de gauche et du pouvoir, la manière de concilier les privilèges corporatifs de l'intelligentsia et le projet culturel du pouvoir.

L'intelligentsia, longtemps certes, s'est opposée, d'un bel élan de sa belle âme, à l'intrusion d'une programmation étatique dans la vie privée et l'univers du loisir. C'est l'essentiel de son discours face au pouvoir. C'est le thème même de la littérature et des arts engagés. *Le Meilleur des mondes* d'Aldous Huxley est le livre, le symbole, le mythe même de la contestation du fonctionnel programmé. Et Dieu sait si la belle âme indignée a usé et abusé de ces archétypes pour critiquer les réalisations des pays socialistes. Mai 68 a été l'apothéose de cette prétendue résistance du ludique et du marginal à l'État technocratique.

Et voilà que le nouvel humanisme sera l'informatisation de la société ! Et au service de la convivialité ! Et cette nouvelle doctrine libératrice est proposée par ceux-là mêmes qui se sont fait l'écho de la contestation, de la libéralisation des mœurs, de la convivialité.

C'est *le Monde* lui-même qui a fait la promotion du rapport Nora. *Le Monde*, cet *Officiel* d'un libéralisme humaniste réfléchi et responsable, tellement attaché aux libertés et aux droits de l'homme. Pierre Viansson-Ponté, lui-même, qui fut l'un des plus grands journalistes du *Monde* et peut-être le plus prestigieux diffuseur et prescripteur d'opinions (de celles qui font les majorités sociologiques) a fait le marketing de cette nouvelle doctrine en deux articles « retentissants »[55].

Et, apparemment, cette prise de position n'a pas fait problème pour les lecteurs du *Monde*, ni pour les humanistes bon

55. Cf. *Le Monde* du 28 juin et du 29 juin 1978.

teint de l'intelligentsia. Pas de fracassante levée de boucliers ni d'abondant courrier des lecteurs.

Pourtant, le phénomène journalistique et idéologique est énorme. C'est une extraordinaire volte-face. De l'humanisme au nom de l'humanisme. Le discours libéral, subversif même, en tous les cas contestataire, s'identifie, maintenant, à la pire des programmations, celle de l'informatique ! C'est l'opposition libérale, elle-même, celle qui glorifie la vie libre, spontanée, sans artifice, celle de l'individu libéré des carcans idéologiques, étatiques, technocratiques, qui non seulement se réconcilie avec la programmation bureaucratique — si ardemment dénoncée en Mai 68 — mais qui lui demande de réaliser son propre projet d'émancipation, en surenchérissant même sur une programmation qui devra être informatisée ! Au nom de la convivialité, de la société libérale avancée. On croit rêver ! Que cela soit proposé par le libérateur libéral ! Et apparemment agréé par l'intelligentsia contestataire !

Ce néo-humanisme technocratique et convivialiste est, en définitive, parfaitement logique. Il vérifie, d'une manière parfaite, notre définition de la civilisation capitaliste : civilisation ludique et sensuelle = civilisation machinale. Alors que l'idéologie dominante a prétendu le contraire. C'est la structure même du capitalisme. Mais jamais dite, jamais avouée (sauf par le lapsus). Car c'est le lieu même de l'inconscient : l'interférence du procès de production et du procès de consommation (ce que la psychanalyse doit cacher).

Ce néo-humanisme est un accomplissement stratégique. Il doit permettre de réaliser le projet du néo-capitalisme : le réformisme social radicalisé, comme la solution des contradictions du libéralisme économique.

En fin de parcours, le capitalisme est ce monstrueux paradoxe : le libéralisme économique est étatique et l'appareil d'État est social-démocrate. Le capitalisme a viré à gauche — au niveau politico-culturel — et a viré à droite — au niveau économico-social. Sa dialectique a inversé ses composantes originelles : libéralisme économique et conservatisme politique. Quelle ruse !

Avec *Néo-fascisme et Idéologie du désir* et *Le Frivole et le Sérieux*, nous avons déjà essayé d'établir les modalités culturelles et politiques de cette stratégie. De montrer pourquoi la technostructure étatique et la consommation — transgressive étaient en complémentarité. Et comment l'organisation de la production (par la nouvelle droite) et l'organisation de la consommation (par la nouvelle gauche) constituaient un ensemble homogène : la social-démocratie libertaire.

Nous résumerons cette stratégie en quelques propositions. Il s'agit, pour les deux camps, de casser la société traditionnelle selon une division du travail stratégique. Selon un système d'échanges. Chaque partie offre à l'autre des services et reçoit sa récompense. C'est une nouvelle économie humaine. Elle révèle les fondements « spirituels » de la civilisation capitaliste.

La nouvelle gauche — celle de la modernité — a offert :

1. Le discours contestataire du pouvoir traditionnel.

2. Le nouveau modèle d'usage des objets.

En échange, elle a reçu :

1. L'institutionnalisation de la libéralisation des mœurs, jusqu'à la société permissive.

2. Les pleins pouvoirs administratifs.

La nouvelle droite a offert :

1. L'appareil infrastructural de production technocratique et étatique.

2. Les objets fabriqués de la consommation mondaine et de la société des loisirs.

En échange, elle a reçu :

1. La gestion de la crise par la nouvelle gauche : reconduction de l'austérité imposée aux travailleurs (productiviste, inflation, chômage).

2. Le détournement de la révolution technologique et scientifique par ceux-là mêmes qui avaient mission d'en faire profiter les travailleurs.

Le meilleur des mondes possible — l'informatisation de la société au service de la convivialité — l'apothéose de la civilisation capitaliste, sera cette synthèse, au sommet, des deux courants constitutifs de la social-démocratie libertaire ; la réconciliation du centre-droit (qui récupère de plus en plus les droites traditionnelles) et du centre-gauche (qui a mission de rééquilibrer la gauche en isolant le PC), celle aussi du technocrate et du libéral, de l'État et de la contestation. C'est la meilleure adaptation du réformisme social radicalisé au « libéralisme » économique, la meilleure gestion de la production par la consommation (production du travailleur collectif et consommation de la nouvelle bourgeoisie).

La crise va révéler la nature profonde de ce système : l'austérité (la répression économique sur les travailleurs, essentiellement la classe ouvrière) a comme corollaire non seulement le maintien mais l'expansion de la consommation social-démocrate. C'est en pleine période de crise qu'est née l'idéologie de l'informatisation de la société au service de la convivialité. À mesure que l'austérité s'aggrave, le chiffre d'affaires de l'industrie du loisir, du tourisme, du plaisir augmente. Les deux semblent être en raison inverse. La jouissance social-démocrate a comme condition le productivisme, l'inflation, le chômage, etc.

Cette jouissance n'est possible que par la récupération de la révolution scientifique et technologique au nom de l'informatisation de la convivialité. Le détournement d'usage de la machine, de l'usage fonctionnel, au profit de l'usage ludique, libidinal, marginal atteint un seuil limite. Ce détournement a deux effets : faciliter la vie de « convivialité » et rendre plus dure la vie des travailleurs. Ceux-ci doivent produire davantage et dans des conditions de plus en plus difficiles pour que les non-producteurs aient la vie de plus en plus facile. (La sous-consommation des ménages — et tout d'abord au niveau de l'équipement — a comme corollaire la surconsommation de l'industrie du loisir.) C'est l'ultime machination capitaliste, le dernier perfectionnement du détournement de l'usage fonctionnel. Ce détournement de sens — du sens progressiste de l'industrialisation — aboutit à l'actuelle crise. Crise structurale, interne, logique : celle des contradictions internes du libéralisme économique, celle de sa gestion par la social-démocratie libertaire.

Postface 1
(Interview par Aymeric Monville)

L'actualisation de la phénoménologie : les jeux vidéo et internet

Aymeric Monville : Toute une génération nous sépare de la première parution de votre ouvrage en 1981. N'y a-t-il pas pour le moins un problème d'actualisation ? Depuis, on a pu constater de nouveaux surgissements dans le dispositif socioculturel, notamment les jeux vidéo et surtout internet. Votre travail n'est-il pas dépassé par ces nouvelles figures socioculturelles ?

Michel Clouscard : La situation doit être appréhendée en terme de phénoménologie et de logique, qui renvoient aux deux parties de ce livre. Il s'agit en effet de figures phénoménologiques très élaborées qui sont une suite à celles déjà constituées. Il n'y a pas rupture, mais succession. Ces figures doivent être d'abord situées dans la chronologie.

Mais ce qui est essentiel, c'est que l'on dispose dès la première publication de ce livre, de l'appareil logique, des catégories de la connaissance qui permettent d'interpréter a priori ces mutations.

Pour la logique, internet et les jeux vidéo ne sont que l'accomplissement de la prospective phénoménologique. Les déterminations du système initiatique selon les cinq figures établies dans la première édition ne peuvent avoir comme conséquences que les jeux vidéo et internet. Toute une clientèle est acquise. Le système d'informatisation peut accéder à la généralisation la plus grande selon une synthèse qui s'accomplit en tant que pratique qui se fait mentalité.

A.M. : Les jeux vidéo et internet ne seraient que la conséquence logique d'une évolution fatale. La description phénoménologique ne serait que la vérification de la logique.

M.C. : Les jeux vidéo peuvent être décrits comme l'extension maximale de l'activité ludique. Le jeu du flipper se généralise et se finalise. Ce jeu sommaire qui n'est que l'algèbre des composantes fondamentales de l'industrialisation capitaliste, une axiomatisation qui s'amuse d'elle-même, passe à la fonction symbolique. L'autre se manifeste et son traitement exprime le mimétisme concurrentiel caractéristique du libéralisme libertaire : l'autre doit être exterminé. Le mimétisme concurrentiel s'achève en massacre. Il ne faut pas louper l'autre parce que l'autre ne vous loupera pas. La concurrence se fait exterminator. L'essence de ce jeu apparaît. Il n'est pas innocent. Il n'est que l'apparence aimable qui cache la férocité de la concurrence capitaliste.

Pasolini avec *Salo* montre bien que l'amusement des uns est la dévastation des autres. Le jeu est une ruse de la cruauté. Ce qui fait l'enjeu du jeu, c'est la nécessité et non la gratuité. Le jeu se joue de la vie de l'autre. C'est ce qui fait son sérieux. Le chat laisse croire que sa proie pourrait lui échapper. La ludicité est implacable. Elle se révèle et triomphe avec le cynisme et la dérision. Le jeu apprend à vivre. Il consiste à dégainer avant l'autre.

« Laissez-nous danser. » Tel était le mot d'ordre inscrit sur la banderole d'une manifestation « innocente ». Sur les génocides !

A.M. : Et internet ?

M.C. : Ici je ne ferai qu'évoquer des pistes d'investigation révèlées par notre recherche. On peut proposer des remarques qui devraient être reprises d'une manière plus démonstrative ultérieurement. Nous avons, tout au long de la constitution des cinq figures phénoménologiques, proposé la dualité constitutive du progrès technologique. Il peut servir soit au sérieux soit au frivole ; soit à l'utilitaire soit au libidinal ; soit à la révolution soit à la contre-révolution. Internet ne fait que systématiser cette dualité. Outil de travail devenu nécessaire à la praxis, il est aussi le Grand Jeu qui s'est substitué à la rêverie et au journal intime.

La meilleure illustration de cette situation pourrait être l'amourette technocratique. Celle-ci est la relation passionnelle réduite au virtuel. Les protagonistes peuvent s'adorer sans s'être jamais vus. Se voir serait même un désenchantement. Du pathos du journal, on est passé au pathos électronique. Le courrier du cœur est devenu le courriel. Le virtuel, comme le croit Baudrillard, n'est pas le contraire du réel. Il en est une région stratégique. Celle où le virtuel se substitue à l'imaginaire.

Internet est le suprême totem de la civilisation capitaliste. Il est l'instrument même des sciences de l'information et de la communication. Celles-ci apparaissent lorsqu'il n'y a plus rien à communiquer, lorsqu'il n'y a plus rien à dire. Le sens apporté par la religion, la morale, le politique est devenu obsolète. Il est oublié, refoulé. Du coup, le medium, le moyen, l'instrument devient la finalité. C'est un prodigeux renversement de sens, une manipulation sans précédent. C'est la mise en forme qui décide du contenu du message.

Postface 2

La consommation-transgressive a constitué une nouvelle économie politique.

Tout un nouveau marché, combien méconnu — marché du désir — s'est développé en France des Trente Glorieuses aux Trente Honteuses selon la loi d'airain du capitalisme (le profit). Il est fait de l'engendrement réciproque du marché et du désir. Il est bien plus que la banale promotion d'un produit, l'acte d'achat qui s'ajoute à une liste. Il crée les conditions existentielles d'une consommation qui commence quand les besoins sont satisfaits. Il s'est développé selon les niveaux d'initiation à la civilisation capitaliste. C'est le mode d'emploi qui apporte la valeur ajoutée au désir. Ce marché se développe selon trois dimensions : le ludique, le libidinal, le marginal. Ces vecteurs de la concupiscence mondaine permettent trois sortes de profit.

On peut recenser les tentations, qui se développent en marchandises clandestines d'un ténébreux marché. Nous proposerons une interprétation inédite de cette mercantilisation. Alors que la morale et la religion convergent pour constituer le consensus idéologique, les mœurs, l'opinion, alors que le péché et la faute apparaissent comme les fatales conséquences de la concupiscence, nous proposerons le profit comme cause matricielle de la consommation-transgressive. Faute il y a, mais c'est celle du profit. Notre démarche prétend dépasser le moralisme et la théologie.

Le libidinal, le ludique et le marginal, ces trois vecteurs du développement du corps, ces trois fonctions normatives sont transmuées en marchandises, en choses par le profit. Il y aura une valeur ajoutée qui est l'essence même du marché du désir. Le sexe, le jeu, la drogue, l'alcool sont des produits qui prennent de la valeur par la mercantilisation cachée. La nomenclature proposée n'est pas limitative. Elle est déjà un tri. On peut se demander, par exemple, si « la violence » n'est pas devenue, elle aussi, une consommation ludique

Les *Fleurs du Mal* vont devenir les quatre ou cinq vénéneuses marchandises clandestines qui servent de fond de commerce au libéralisme libertaire. Comment se fait-il que ces fondamentales marchandises ne soient pas reconnues comme telles en un ensemble synthétique, alors qu'elles sont devenues l'essentielle caractéristique de « la modernité »? C'est dire l'impuissance conceptuelle du prétendu « intellectuel de gauche » qui ne perçoit que des lambeaux, des fragments de ce marché du désir. Il n'y a pas d'économie politique élaborée de la marchandise clandestine, illicite, souterraine, des quatre vecteurs de la consommation transgressive.

Avec le marché du désir, le capitalisme accède à un nouveau système de profit et ouvre un second front, un second marché, clandestin. Il serait peut-être temps que nos intellectuels de gauche s'en rendent compte et « fassent quelque chose ». Le capitalisme a créé la clientèle de ce marché : la société civile décomposée, en mosaïque, de bric et de broc, qui fait de l'État un État croupion, lequel ne fait qu'assurer le minima de gestion bureaucratique et technocratique.

Il y a deux sortes de profit. Sur le travail (la plus-value) et sur la marchandise (le bénéfice). Il faut réunir en un ensemble synthétique ces deux profits, selon le procès de production et selon le procès de consommation. Jusqu'à la seconde guerre mondiale, le libéralisme en était resté (si l'on peut dire) à l'exploitation « intensive » du premier genre. La société traditionnelle devait satisfaire le nécessaire avant le superflu. Avant les biens et les conduites du désir, elle ne pouvait que se consacrer aux besoins élémentaires.

Les vénéneuses marchandises sont donc le produit à vendre. Quelles sont les cibles prescriptibles de ce marché ? Les femmes et les jeunes. Quel est le moyen de financement ? Le pouvoir d'achat des nouvelles couches moyennes, à l'origine la « politique des revenus ». Qui fait la propagande publicitaire ? L'imprécateur thuriféraire. Selon quelle stratégie ? L'initiation mondaine à la civilisation capitaliste permet aux vénéneuses marchandises d'imposer un consumérisme qui doit miner les valeurs de l'éducation nationale. Cette mercantilisation permet de proposer le tableau de la hiérarchie sociale selon le désir. (Elle révèle l'inconscient de l'inconscient). On aura l'ensemble besoin-désir qui permet de rendre compte du nouveau marché et de la nouvelle distribution des classes sociales.

Ordre de la survie		
travailleur étranger sous-prolétariat	Maghrébin, etc.	économie de survie
Ordre du besoin		
classe ouvrière	couple mixte (ouvrier-employée)	économie de subsistance (biens d'équipement collectif et des ménages)
Marché du désir		
nouvelles couches moyennes	hiérarchie du management et de l'animation	consommation transgressive
Marché du luxe		
nouveaux riches de la mondialisation	jet-society	luxe

Le marché du désir, de l'interdit, du nocturne a métamorphosé le marché officiel, licite, juridique, selon trois déterminations capitales :

- en lui adjoignant tout un nouveau système de profit ;
- en lui servant de vitrine publicitaire, de promotion de vente (libéralisation sexuelle, Hollywood, Coca Cola) ;
- en lui injectant clandestinement d'énormes capitaux (blanchiment de l'argent).

On pourrait même en conclure que ce marché du désir a sauvé le capitalisme en crise. Du coup, le fascisme national-socialiste des années folles doit être reconsidéré. Il n'y aura plus que des populismes. Celui du poujadisme, le petit boutiquier qui perd ses privilèges corporatifs. Celui du petit blanc support de l'O.A.S. qui perd ses privilèges coloniaux. Celui du petit prince du populisme estudiantin (Cohn-Bendit) qui perd ses privilèges culturels. Celui des parvenus de l'animation et du management, nouvel encadrement de la société dite de consommation, qui veulent conserver et garantir les privilèges acquis.

Du temps de la lutte classe contre classe, c'est le dispositif de la dualité antagoniste de la production et de la consommation qui joue. Le marché du désir n'intervient pas en tant que tel. Tout au contraire, le libéralisme libertaire sera l'accomplissement du système selon deux essentielles déterminations :

- le développement maximal des deux marchés, le marché traditionnel et le marché du désir, pour en venir à une économie mixte, celle du diurne et du nocturne, du licite et de l'illicite.

- alors l'accès à la double exploitation de l'humain selon l'engendrement réciproque du terrorisme économique et de la permissivité de la libéralisation.

Le freudo-marxisme à la Marcuse propose les fondements du libéralisme libertaire. Ici nous ne ferons que rappeler ses deux fondamentales propositions.

Le prolétariat se serait vendu au système pour un plat de lentilles : la participation à la société de consommation. Pour consommer, il aurait abandonné son messianisme politique. N'insistons pas sur ce thème, ses variantes sont infinies. Ne résisterait encore à ce processus d'intégration qu'une élite intellectuelle qui, à l'aide des maîtres du soupçon —

Nietzsche, Freud — opposerait l'authenticité du désir à la mercantilisation généralisée.

La réponse à cette idéologie du désir n'est autre que ce constat élémentaire : si la classe ouvrière accède aux biens de subsistance, elle ne fait que subsister, elle ne consomme pas ! Elle accède aux biens nécessaires et suffisants mais non à la consommation du surplus. Elle subsiste et utilise. Elle ne fait qu'accéder aux équipements collectifs et des ménages, grâce aux lois sociales. Est-ce que l'on consomme un frigo ? Non, mais ce qu'il y a dedans. L'usage des équipements n'est que manipulation fonctionnelle et au mieux accès au confort. Ni au libidinal, ni au luxueux. Pour Marcuse, il n'y aurait de classe ouvrière que misérabiliste.

TABLE DES MATIÈRES

Deuxième partie La logique du mondain

Achevé d'imprimer sur les presses de
l'Imprimerie France Quercy, 46090 Mercuès

N° d'impression : 60630
Dépôt légal : juin 2006

Imprimé en France